Inhaltskontrolle nicht individuell ausgehandelter Vertragsbestimmungen in B2C-Verträgen nach dem Gemeinsamen Europäischen Kaufrecht

Pforzheimer wirtschaftsrechtliche Studien

Eine Reihe der Fakultät für Wirtschaft und Recht
der Hochschule Pforzheim

Herausgegeben von Rainer Gildeggen und Andreas Willburger

Band 4

PL ACADEMIC RESEARCH

Corinna Maletzki

Inhaltskontrolle nicht individuell ausgehandelter Vertragsbestimmungen in B2C-Verträgen nach dem Gemeinsamen Europäischen Kaufrecht

PL ACADEMIC RESEARCH

Bibliografische Information der Deutschen Nationalbibliothek
Die Deutsche Nationalbibliothek verzeichnet diese Publikation in der Deutschen Nationalbibliografie; detaillierte bibliografische Daten sind im Internet über http://dnb.d-nb.de abrufbar.

ISSN 1863-205X
ISBN 978-3-631-65472-9 (Print)
E-ISBN 978-3-653-04711-0 (E-Book)
DOI 10.3726/978-3-653-04711-0

PL Academic Research ist ein Imprint der Peter Lang GmbH.

Peter Lang – Frankfurt am Main · Bern · Bruxelles · New York · Oxford · Warszawa · Wien

Diese Publikation wurde begutachtet.

www.peterlang.com

Vorwort der Herausgeber

Die Fakultät für Wirtschaft und Recht an der Hochschule Pforzheim bildet Wirtschaftsjuristen und Betriebswirte aus. Praxisorientierung und Interdisziplinarität bestimmen neben der heute unabdingbaren Internationalität das Profil der wirtschaftsrechtlichen Ausbildung in Pforzheim. Mit der vorliegenden Reihe soll dem Profil der Lehre und Forschung an der Hochschule in Pforzheim Rechnung getragen werden. Sie will Studierende, Kolleginnen und Kollegen motivieren ihre Studienergebnisse mit wirtschaftsrechtlichem Bezug weiterhin zu vertiefen und einer breiteren Öffentlichkeit zugänglich machen.

Rainer Gildeggen — Andreas Willburger

Inhalt

Abkürzungsverzeichnis

a. A.	andere Auffassung
ABl.	Amtsblatt
AcP	Archiv für die civilistische Praxis (Zeitschrift)
ACQP	Acquis Principles
AEUV	Vertrag über die Arbeitsweise der Europäischen Union
AG	Amtsgericht
Alt.	Alternative
B2B	Business-to-Business
B2C	Business-to-Consumer
BB	Betriebs-Berater (Zeitschrift)
BDI	Bundesverband der Deutschen Industrie e.V.
Begr.	Begründer
Beschl.	Beschluss
BEUC	Bureau Européen des Unions de Consommateurs
BGB	Bürgerliches Gesetzbuch
BGBl.	Bundesgesetzblatt
BGH	Bundesgerichtshof
BRAK	Bundesrechtsanwaltskammer
BR-Drs.	Bundesrats-Drucksache
BT	Deutscher Bundestag
BT-Drs.	Bundestags-Drucksache
CESL	Common European Sales Law
CISG	Übereinkommen der Vereinten Nationen über Verträge über den internationalen Warenkauf
DAV	Deutscher Anwaltverein
DCFR	Draft Common Frame of Reference
EC	European Community
EG	Europäische Gemeinschaft
Einl.	Einleitung
EL	Ergänzungslieferung
ERCL	European Review of Contract Law (Zeitschrift)
ERPL	European Review of Private Law (Zeitschrift)

et al.	et alii
EU	Europäische Union
EuGH	Europäischer Gerichtshof
EuGVVO	Verordnung Nr. 44/2001 des Rates vom 22.12.2000 über die gerichtliche Zuständigkeit und die Anerkennung und Vollstreckung von Entscheidungen in Zivilund Handelssachen
EuGVVO neu	Verordnung Nr. 1215/2012 des Europäischen Parlaments und des Rates vom 12.12.2012 über die gerichtliche Zuständigkeit und die Anerkennung und Vollstreckung von Entscheidungen in Zivil- und Handelssachen
EWeRK e.V.	Institut für Energie- und Wettbewerbsrecht in der Kommunalen Wirtschaft e. V.
EWS	Europäisches Wirtschafts- und Steuerrecht (Zeitschrift)
Fn.	Fußnote
FS	Feasibility Study
GEKR	Gemeinsames Europäisches Kaufrecht
GEKR-VO	Entwurf für eine Verordnung des Europäischen Parlaments und des Rates über ein Gemeinsames Europäisches Kaufrecht
IHR	Internationales Handelsblatt (Zeitschrift)
JuS	Juristische Schulung (Zeitschrift)
JZ	JuristenZeitung (Zeitschrift)
KlauselRL	Richtlinie 93/13/EWG des Rates vom 5. April 1993 über mißbräuchliche Klauseln in Verbraucherverträgen
m.w.N.	mit weiteren Nachweisen
MüKo	Münchener Kommentar zum BGB
NJW	Neue Juristische Wochenschrift (Zeitschrift)
NJW-RR	Neue Juristische Wochenschrift Rechtsprechungs-Report Zivilrecht (Zeitschrift)
OLG	Oberlandesgericht
PECL	Principles of European Contract Law
RabelsZ	Rabels Zeitschrift für ausländisches und internationales Privatrecht (Zeitschrift)
RIW	Recht der Internationalen Wirtschaft (Zeitschrift)

Rn.	Randnummer
Rom-I-VO	Verordnung (EG) Nr. 593/2008 des Europäischen Parlaments und des Rates vom 17. Juni 2008 über das auf vertragliche Schuldverhältnisse anzuwendende Recht (Rom I)
S.	Seite
st. Rspr.	ständige Rechtsprechung
Teilurt.	Teilurteil
UNIDROIT PICC	UNIDROIT Principles of International Commercial Contracts
Urt.	Urteil
v.	vom
verb. Rs.	verbundene Rechtssache
VerbraucherrechteRL	Richtlinie 2011/83/EU des Europäischen Parlaments und des Rates vom 25. Oktober 2011 über die Rechte der Verbraucher, zur Abänderung der Richtlinie 93/13/EWG des Rates und der Richtlinie 1999/44/EG des Europäischen Parlaments und des Rates sowie zur Aufhebung der Richtlinie 85/577/EWG des Rates und der Richtlinie 97/7/EG des Europäischen Parlaments und des Rates
VRRL-UmsG	Gesetz zur Umsetzung der Verbraucherrechterichtlinie und zur Änderung des Gesetzes zur Regelung der Wohnungsvermittlung
VuR	Verbraucher und Recht (Zeitschrift)
vzbv	Verbraucherzentrale Bundesverband e.V.
ZEuP	Zeitschrift für Europäisches Privatrecht (Zeitschrift)
ZGS	Zeitschrift für das Vertragsgestaltung, Schuld- und Haftungsrecht (Zeitschrift)
ZIP	Zeitschrift für Wirtschaftsrecht (Zeitschrift)
ZPO	Zivilprozessordnung

1. Einleitung

Seit der Industriellen Revolution und der damit einhergehenden Serienproduktion[1] sind standardisierte Vertragsbestimmungen aus dem Wirtschaftsleben nicht mehr hinweg zu denken. Die Serienproduktion führte zu einer Vielzahl gleichartiger Rechtsgeschäfte, die es unmöglich machten, für jedes einzelne Rechtsgeschäft einen neuen Vertrag zu entwerfen und auszuhandeln.[2] Es wurden daher vorformulierte, nicht individuell ausgehandelte Vertragsbestimmungen verwendet, die bei Vertragsschluss gestellt und mit der anderen Vertragspartei vereinbart wurden.[3] Auch heute ist es in Zeiten von Massengeschäften und Internetversandhandel undenkbar, die Rahmenbedingungen eines Vertrags für jedes einzelne Rechtsgeschäft zwischen den Vertragsparteien aufwendig neu auszuhandeln. Stattdessen kann eine Partei – in Verbraucherverträgen ist dies in der Regel der Verkäufer – seine vorformulierten Allgemeinen Geschäftsbedingungen in den Vertrag einbringen und so für eine Vielzahl von Verträgen ein einheitliches Regelwerk nutzen.

Solche vorformulierten, nicht individuell ausgehandelten Vertragswerke bieten den Vorteil, dass alle während des Vertragsverhältnisses möglicherweise auftretenden Probleme im Voraus umfassend geregelt werden können,[4] ohne dass langwierige und kostenintensive Verhandlungen nötig sind. Die Vertragsverhandlungen können sich so auf die essentiala negotii – Vertragsgegenstand, Vertragsparteien und Vergütung – konzentrieren.[5] Dies führt zu einer Beschleunigung der Vertragsabschlüsse und zu einer Senkung der Transaktionskosten,[6] wodurch die Ware dem Kunden zu niedrigeren Preisen angeboten werden kann. Auch die Kalkulation von Kosten[7] und Risiken[8] des Verwenders

---

1 MüKo/*Basedow*, BGB, vor § 305 Rn. 1.
2 *Abels* in: Abels/Lieb, AGB im Wirtschaftsverkehr, S. 27, 31.
3 *Niebling*, Allgemeine Geschäftsbedingungen, S. 15.
4 MüKo/*Basedow*, BGB, vor § 305 Rn. 2; *Ernst*, Vertragsschluss im Internet, S. 208.
5 *Schäfer/Leyens* in: Larouche/Chirico, Economic Analysis, S. 97, 99.
6 MüKo/*Basedow*, BGB, vor § 305 Rn. 2; *Niebling*, Allgemeine Geschäftsbedingungen, S. 15;*Schäfer/Leyens* in: Larouche/Chirico, Economic Analysis, S. 97, 99.
7 MüKo/*Basedow*, BGB, vor § 305 Rn. 2.
8 *Niebling*, Allgemeine Geschäftsbedingungen, S. 17.

von standardisierten Vertragsbedingungen wird erleichtert. Durch die Verwendung eines standardisierten Vertragswerks kann so die Abwicklung von Massenverträgen vereinfacht und optimiert werden.[9] Während durch standardisierte Vertragsbedingungen grundsätzlich das Vertragsrisiko angemessen auf die Vertragsparteien verteilt werden kann, findet in der Praxis häufig eine Abwälzung des Vertragsrisikos durch den Verwender auf seinen Kunden statt.[10] Dies ist möglich,[11] da der Verwender die standardisierten Vertragsbedingungen in aller Ruhe und notfalls mit fachlicher Hilfe ausarbeiten kann. Der Verbraucher nimmt die Bedingungen dagegen häufig ungelesen bzw. ohne sie verstanden zu haben an. In der Regel ist er zudem tatsächlich nicht in der Lage, einzelne Bedingungen individuell aushandeln zu können.

Der Verbraucher kann jedoch darauf vertrauen, vom Gesetzgeber durch eine Kontrolle Allgemeiner Geschäftsbedingungen[12] nach §§ 305 ff. BGB vor missbräuchlichen Klauseln geschützt zu werden. Dem Unternehmer wiederum bieten die §§ 305 ff. BGB bei der Erstellung seines Vertragswerks dazu eine Orientierung, welche Klauseln zulässig sind und welche nicht.[13]

Problematisch wird die Verwendung von nicht individuell ausgehandelten Vertragsbestimmungen, wenn Verträge zwischen Parteien aus unterschiedlichen Staaten geschlossen werden. Je nach Rechtsordnung können sich die Regelungen zur Kontrolle von nicht individuell ausgehandelten Vertragsbestimmungen erheblich unterscheiden. Zwar wurde innerhalb der Europäischen Union eine gewisse Rechtsangleichung durch die Richtlinie über missbräuchliche Klauseln in Verbraucherverträgen[14] durchgeführt, jedoch handelt es sich nur um eine Mindestharmonisierung.[15] Die Mitgliedstaaten konnten im Rahmen der Umsetzung gemäß Art. 8 KlauselRL strengere gesetzliche Regelungen erlassen.[16] Will ein Unternehmer einen Vertrag mit einem Verbraucher

---

9 *Von Westphalen*, Allgemeine Verkaufsbedingungen, S. 1.

10 Ulmer/Brandner/Hensen/*Ulmer/Habersack*, AGB-Recht, Einl. Rn. 5.

11 Tamm/Tonner/*Tamm*, Verbraucherrecht, § 16 Rn. 6.

12 Im Folgenden: AGB.

13 *Van Gool*, Problematik des Rechts der missbräuchlichen Klauseln, S. 83.

14 Richtlinie 93/13/EWG des Rates vom 5. April 1993 über mißbräuchliche Klauseln in Verbraucherverträgen, ABl. EG Nr. L 95/29; im Folgenden: KlauselRL.

15 MüKo/*Basedow*, BGB, vor § 305 Rn. 20.

16 Einen Überblick über die Umsetzung der KlauselRL in den Mitgliedsstaaten der EU bieten: *Ebers* in: EWeRK e.V., Festgabe H.-P. Schwintowski, 43, 60; *Ebers* in: Schulte-Nölke/Twigg-Flesner/Ebers, EG-Verbraucherrechtskompendium, S. 356, 356-459, <http://ec.europa.eu/consumers/cons_int/safe_shop/acquis/comp_analysis_de.pdf>; *Jansen*, ZEuP 2010, 69, 71 f.; *Nebbia*, Unfair contract terms,

aus einem anderen Mitgliedsstaat abschließen, muss er daher das anwendbare Recht ermitteln und im Anschluss gemäß Art. 6 Abs. 2 Rom-I-VO prüfen, ob in dem Heimatrecht des Verbrauchers kein höheres Verbraucherschutzniveau vorherrscht.[17] Bei einem höheren Verbraucherschutzniveau wäre das standardisierte Vertragswerk anzupassen. Neben erheblichen Transaktionskosten für den Unternehmer durch die Prüfung fremder Rechtsordnungen führt dies dazu, dass der Unternehmer für jeden Staat, in dem er Verträge abschließen möchte, ein eigenes Vertragswerk nutzen muss.

Abhilfe für dieses Problem sollte eine Vollharmonisierung der Klauselkontrolle in den EU-Staaten im Rahmen der Richtlinie über Rechte der Verbraucher[18] schaffen. In der endgültigen Version[19] wurde eine solche Kontrolle jedoch nicht umgesetzt.[20] Am 11.10.2011 hat die Europäische Kommission daraufhin den Vorschlag für eine Verordnung über ein Gemeinsames Europäisches Kaufrecht[21] vorgelegt, der unter anderem stark von dem Entwurf eines Gemeinsamen Referenzrahmens[22] inspiriert ist. Am 26.02.2014 hat das Europäische Parlament dem Vorschlag für eine Verordnung über ein Gemeinsames Europäisches Kaufrecht zugestimmt.[23] Durch das Gemeinsame Europäische Kaufrecht[24] soll die Problematik grenzüberschreitender Verträge durch ein optionales Instrument

---

S. 23-34, 40-44; *Ranieri*, Europäisches Obligationenrecht, S. 403-420; Ulmer/Brandner/Hensen/*Ulmer/Habersack*, AGB-Recht, Einl. Rn. 111-151.

17 *Moser* in: Remien/Herrler/Limmer, Gemeinsames Europäisches Kaufrecht, S. 7, 8, Rn. 4; *Staudenmayer* in: Hahn, Gemeinsames Europäisches Kaufrecht, S. 33, 33 f.

18 Vorschlag für eine Richtlinie des Europäischen Parlaments und des Rates über Rechte der Verbraucher, KOM(2008) 614 endgültig, Stand 08.10.2008.

19 Richtlinie 2011/83/EU des Europäischen Parlaments und des Rates vom 25. Oktober 2011 über die Rechte der Verbraucher, zur Abänderung der Richtlinie 93/13/EWG des Rates und der Richtlinie 1999/44/EG des Europäischen Parlaments und des Rates sowie zur Aufhebung der Richtlinie 85/577/EWG des Rates und der Richtlinie 97/7/EG des Europäischen Parlaments und des Rates, ABl. L 304/64; im Folgenden: VerbraucherrechteRL.

20 MüKo/*Basedow*, BGB, vor § 305 Rn. 23.

21 Entwurf für eine Verordnung des Europäischen Parlaments und des Rates über ein Gemeinsames Europäisches Kaufrecht, KOM (2011) 635 endgültig, Stand 11.10.2011; im Folgenden: GEKR-VO.

22 *VonBar/Clive*, Principles, Definitions and Model Rules of European Private Law – Draft Common Frame of Reference (DCFR); im Folgenden: DCFR.

23 Europäisches Parlament, Angenommene Texte, PE 526.539, Oral P7_TA-PROV (2014) 0159, S. 87-201, <http://www.europarl.europa.eu/sides/getDoc.do?pubRef=-//EP//NONSGML+TA+20140226+SIT-03+DOC+WORD+V0//DE&language=DE>.

24 Im Folgenden: GEKR.

beseitigt werden. Die Europäische Kommission sieht in der Vielzahl unterschiedlicher Rechtsordnungen ein erhebliches Hindernis für den grenzübergreifenden Handel.[25] Daher soll durch das GEKR Unternehmern und Verbrauchern ein optionaler, einheitlicher Rechtsrahmen für grenzüberschreitende Verträge zur Verfügung gestellt werden. Die Europäische Kommission möchte damit den grenzübergreifenden Handel fördern und so den Binnenmarkt konsolidieren und funktionsfähiger machen.[26] Einheitliche und umfassende Regelungen der wichtigsten Fragen im Zusammenhang mit grenzüberschreitenden Verträgen – darunter die Einbeziehung, Auslegung und Inhaltskontrolle von nicht individuell ausgehandelten Vertragsbestimmungen – sollen die Möglichkeit schaffen, auch für grenzüberschreitende Verträge in weiten Teilen ein einziges Vertragswerk nutzen zu können. Hierdurch sollen die Transaktionskosten der Unternehmen sinken und es ihnen ermöglicht werden, ihren grenzüberschreitenden Handel auszubauen. Im Ergebnis soll der Wettbewerb im Binnenmarkt gesteigert und den Verbrauchern mehr Auswahl zu niedrigeren Preisen bei hohem Verbraucherschutz geboten werden.[27]

Die Vorlage des Entwurfs der GEKR-VO hat in der Literatur eine kritische Diskussion ausgelöst. Ein Schwerpunkt der Diskussion bildet die Frage nach der Kompetenzgrundlage für den Entwurf sowie der Verhältnismäßigkeit und Subsidiarität.[28] Teilweise wird bemängelt, es bestünde überhaupt keine Notwendigkeit

25 Entwurf für eine Verordnung des Europäischen Parlaments und des Rates über ein Gemeinsames Europäisches Kaufrecht, KOM (2011) 635 endgültig, Begründung, S. 2.

26 Entwurf für eine Verordnung des Europäischen Parlaments und des Rates über ein Gemeinsames Europäisches Kaufrecht, KOM (2011) 635 endgültig, Begründung, S. 4.

27 Entwurf für eine Verordnung des Europäischen Parlaments und des Rates über ein Gemeinsames Europäisches Kaufrecht, KOM (2011) 635 endgültig, Begründung, S. 4 f, 9.

28 Kritisch hierzu: BDI, Stellungnahme D0485, S. 4-6, <http://www.bdi.eu/download_content/RechtUndOeffentlichesAuftragswesen/Stn_GB_D485.pdf>; Deutscher Bundestag, BT-Drs. 17/8000, S. 3-7; *Grigoleit* in: Remien/Herrler/Limmer, Gemeinsames Europäisches Kaufrecht, S. 67, 75-84, Rn. 29-56; *Perner* in: Wendehorst/Zöchling-Jud, Am Vorabend eines Gemeinsamen Europäischen Kaufrechts, S. 21, 33-38; *Tamm,* VuR 2012, 3, 5-11; *Wernicke/Groß* in: Hahn, Gemeinsames Europäisches Kaufrecht, S. 157, 157 f.; kein Problem hingegen sehen: BRAK, Stellungnahme Nr. 2/2012, S. 9-14, <http://brak.de/zur-rechtspolitik/stellungnahmen-pdf/stellungnahmen-deutschland/2012/januar/stellungnahme-der-brak-2012-02.pdf>; *Conte* in: Alpa et al., Proposed Common European Sales Law, S. 61, 65-68;

für das GEKR[29] und der optionale Charakter des Instruments sei nicht sinnvoll[30]. Kritisiert wird weiter, dass der Entwurf in der jetzigen Form unattraktiv sei[31] und zu einer erheblichen Rechtsunsicherheit führen würde[32]. Auch das Verhältnis des GEKR zum Internationalen Privatrecht ist Gegenstand der Diskussion.[33]

In der Literatur häufig vertreten ist auch die Auffassung, der Anwendungsbereich des GEKR sei zu eng.[34] Geregelt wird der Anwendungsbereich in den

---

Maier-Reimer in: Alpa et al., Proposed Common European Sales Law, S. 79, 82-87; *Moser* in: Remien/Herrler/Limmer, Gemeinsames Europäisches Kaufrecht, S. 7, 10 f., Rn. 15-21; *Reding* in: Hahn, Gemeinsames Europäisches Kaufrecht, S. 1, 3-6; *Schmidt-Kessel* in: Schmidt-Kessel, Einheitliches europäisches Kaufrecht?, S. 1, 9-15; *Staudenmayer*, Vorschlag für eine Verordnung über ein GEKR, S. XX – XXIII.

29 Ausführlich hierzu: *Balthasar*, RIW 2012, 361, 365-368; BDI, Stellungnahme D0485, S. 4-6, <http://www.bdi.eu/download_content/RechtUndOeffentlichesAuftragswesen/Stn_GB_D485.pdf>; Deutscher Bundestag, BT-Drs. 17/8000, S. 3-7, <http://dipbt.bundestag.de/dip21/btd/17/080/1708000.pdf>; *Palige* in: Hahn, Gemeinsames Europäisches Kaufrecht, S. 149, 153-155; *Stabentheiner* in: Wendehorst/Zöchling-Jud, Am Vorabend eines Gemeinsamen Europäischen Kaufrechts, S. 3, 16; vzbv, Ein Gemeinsames Europäisches Kaufrecht Teil I, S. 3-8, <http://www.vzbv.de/cps/rde/xbcr/vzbv/Stellungnahme-vzbv-Gemeinsames-Europäisches-Kaufrecht-2012-01-13.pdf>.

30 Ausführlich hierzu: *Pachl/Reyna*, Unfair contract terms, S. 7 f., <http://www.europarl.europa.eu/document/activities/cont/201205/20120530ATT46064/20120530ATT46064EN.pdf>.

31 Ausführlich hierzu: BRAK, Stellungnahme Nr. 2/2012, S. 5, <http://brak.de/zur-rechtspolitik/stellungnahmen-pdf/stellungnahmen-deutschland/2012/januar/stellungnahme-der-brak-2012-02.pdf>; *Kamphausen* in: Hahn, Gemeinsames Europäisches Kaufrecht, S. 167, 170 f.; *Wernicke/Groß* in: Hahn, Gemeinsames Europäisches Kaufrecht, S. 157, 161-165.

32 Ausführlich hierzu: Deutscher Bundestag, BT-Drs. 17/8000, S. 6 f.; *Palige* in: Hahn, Gemeinsames Europäisches Kaufrecht, S. 149, 149-153.

33 Ausführlich hierzu: *Augenhofer* in: Augenhofer, Verbraucherrecht im Umbruch, S. 1, 5; *Lehmann* in: Gebauer, Gemeinsames Europäisches Kaufrecht, S. 67, 67-88; *Wojcik* in: Gebauer, Gemeinsames Europäisches Kaufrecht, S. 51, 52-60.

34 Ausführlich hierzu: *Augenhofer* in: Augenhofer, Verbraucherrecht im Umbruch, S. 1, 5 ff., 14 f.; BRAK, Stellungnahme Nr. 2/2012, S. 4 f., 7, <http://brak.de/zur-rechtspolitik/stellungnahmen-pdf/stellungnahmen-deutschland/2012/januar/stellungnahme-der-brak-2012-02.pdf>; *Budde/Eckhoff* in: Hahn, Gemeinsames Europäisches Kaufrecht, S. 113, 115-117; *Herresthal* in: Schulte-Nölke et al., Entwurf für ein optionales europäisches Kaufrecht, S. 85, 90-97; *Schmidt-Kessel* in: Schmidt-Kessel, Einheitliches europäisches Kaufrecht?, S. 29, 29-33; *Wernicke/Groß* in: Hahn, Gemeinsames Europäisches Kaufrecht, S. 157, 159-161.

Art. 4 bis 7 GEKR-VO. Der persönliche Anwendungsbereich soll nur gegeben sein, wenn der Verkäufer Unternehmer ist.[35] Demnach wäre das GEKR auf Verträge zwischen einem Unternehmer und einem Verbraucher[36] anwendbar sowie auf Verträge zwischen zwei Unternehmern, wobei mindestens einer der beiden ein kleines oder mittleres Unternehmen sein muss[37]. Ausgeschlossen ist die Anwendung auf Verträge zwischen zwei Verbrauchern, wie sie beispielsweise auf Plattformen wie eBay häufig geschlossen werden.[38] Sachlich soll sich der Anwendungsbereich des GEKR auf Kaufverträge, Verträge über die Bereitstellung digitaler Inhalte und Verträge über verbundene Dienstleistungen beschränken.[39] Mischverträge und Verträge, bei denen der Unternehmer dem Verbraucher einen Kredit gewährt, sollen nicht unter den Anwendungsbereich fallen.[40] Problematisch ist, dass eine solche Kreditgewährung auch die in Verbraucherverträgen im Internet häufig vorkommenden Vorleistungen des Unternehmers, Zahlungen per Kreditkarte,[41] Ratenzahlungen[42] und Zahlpausen[43] umfasst. Die Änderungen des vom Europäischen Parlaments angenommenen Textes sehen hingegen vor, den sachlichen Anwendungsbereich auf Fernabsatzverträge, einschließlich Online-Verträge, einzuschränken, dafür aber mit einem Verbraucherkredit verbundene Verträge zuzulassen.[44] Der Hintergrund dieser Änderungen ist, dass grenzüberschreitende Kaufverträge – vor allem Verbraucherverträge – sehr häufig über das Internet geschlossen werden.[45] Die

---

35 Art. 7 Abs. 1 S. 1 GEKR-VO.

36 So genannte „Verbraucherverträge".

37 Art. 7 Abs. 1, 2 GEKR-VO.

38 *Pfeiffer*, ERPL 2011, 835, 845; *Schmidt-Kessel* in: Schmidt-Kessel, Einheitliches europäisches Kaufrecht? S. 29, 32 f.

39 Art. 5 GEKR-VO.

40 Art. 6 GEKR-VO.

41 *Schmidt-Kessel* in: Schmidt-Kessel, Einheitliches europäisches Kaufrecht?, S. 29, 32.

42 *Balthasar*, RIW 2012, 361, 364.

43 *Stabentheiner* in: Wendehorst/Zöchling-Jud, Am Vorabend eines Gemeinsamen Europäischen Kaufrechts, S. 3, 9.

44 Europäisches Parlament, Angenommene Texte, PE 526.539, Oral P7_TA-PROV (2014) 0159, en 61-69, S. 87, 118-122, <http://www.europarl.europa.eu/sides/getDoc.do?pubRef=-//EP//NONSGML+TA+20140226+SIT-03+DOC+WORD+V0//DE&language=DE>.

45 Rechtsausschuss des Europäischen Parlaments, Entwurf eines Berichts PE505.998, Änderungsantrag 55, Begründung, S. 39 f., <http://www.europarl.europa.eu/sides/getDoc.do?pubRef=-//EP//NONSGML+COMPARL+PE-505.998+02+DOC+PDF+V0//DE&language=DE>.

örtliche Anwendung soll sich auf grenzüberschreitende Verträge beschränken.[46] In Verträgen zwischen Unternehmern müssen diese ihren gewöhnlichen Aufenthalt in unterschiedlichen Staaten, davon mindestens einem EU-Mitgliedstaat, haben.[47] Bei Verbraucherverträgen muss der Verbraucher seine Anschrift, Lieferanschrift oder Rechnungsanschrift in einem anderen Staat als dem Staat des gewöhnlichen Aufenthalts des Unternehmers haben. Auch hier muss mindestens einer dieser Staaten EU-Mitgliedstaat sein.[48] Die Mitgliedsstaaten sollen die Möglichkeit erhalten, die Anwendung des GEKR auch auf Inlandsgeschäfte auszudehnen.[49] Bei dem GEKR soll es sich zudem um ein optionales Instrument handeln. Es soll also nur anwendbar sein, wenn die Parteien die Geltung des GEKR ausdrücklich vereinbart haben.[50]

Ziel dieser Arbeit ist es, die Regelungen des Gemeinsamen Europäischen Kaufrechts zur Kontrolle nicht individuell ausgehandelter Vertragsbestimmungen in Verbraucherverträgen zu untersuchen und mit den deutschen Regeln zur AGB-Kontrolle des BGB zu vergleichen. Hierbei sollen insbesondere die Vor- und Nachteile der Inhaltskontrolle nach dem GEKR für Verbraucher und Unternehmen ermittelt werden.

Die Arbeit beginnt mit einer Definition des für die Inhaltskontrolle nach dem GEKR relevanten Begriffes der nicht individuell ausgehandelten Vertragsbestimmung. In diesem Zusammenhang soll eine Abgrenzung zu dem ebenfalls durch das GEKR verwendeten Begriff der Standardvertragsbestimmungen sowie der Allgemeinen Geschäftsbedingungen des BGB erfolgen. Ebenso werden die für die Bestimmung des Anwendungsbereichs wichtigen Verbraucher- und Unternehmerbegriffe definiert. Im Anschluss werden die Anforderungen des GEKR an die Einbeziehung und Ausgestaltung von nicht individuell ausgehandelten Vertragsbestimmungen beschrieben. Es folgt eine kurze Betrachtung der Bestimmungen zur Auslegung von nicht individuell ausgehandelten Vertragsbestimmungen.

Den Schwerpunkt dieser Arbeit bildet eine ausführliche und kritische Betrachtung der Regelungen zur Inhaltskontrolle. Die Regelungen des Verordnungsentwurfs im Hinblick auf nicht individuell ausgehandelte Vertragsbestimmungen sollen bewertet und die Vor- und Nachteile für Verbraucher und Unternehmer herausgearbeitet werden. Weiter soll aufgezeigt werden, an welchen Stellen noch

---

46 Art. 4 Abs. 1 GEKR-VO.
47 Art. 4 Abs. 2 GEKR-VO.
48 Art. 4 Abs. 3 GEKR-VO.
49 Art. 13 a GEKR-VO.
50 Art. 3, 8 GEKR-VO.

Nachbesserungsbedarf besteht. Hierbei wird zunächst erläutert, weshalb eine Inhaltskontrolle erforderlich ist, wie die Inhaltskontrolle des GEKR aufgebaut ist und welche Vertragsbestimmungen der Inhaltskontrolle unterfallen sollen. Danach werden die Klauselverbote der Art. 84 und 85 GEKR untersucht. Im Rahmen dieser Arbeit werden die Klauselverbote nach ihrem Zweck – Klauseln zum Vertragsschluss, Klauseln zur Wirkung des Vertrages, Klauseln zur Nichterfüllung, Klauseln zur Beendigung und Verlängerung des Vertrages sowie Klauseln zu Streitigkeiten – unterteilt. Da eine Analyse aller in Art. 84 und 85 GEKR aufgeführten Klauseln den Rahmen dieser Arbeit sprengen würde, werden jeweils nur einige ausgewählte, für die Praxis besonders relevante, Vertragsbestimmungen betrachtet. Im Anschluss wird näher auf die Generalklausel in Art. 83 GEKR eingegangen.

Hinsichtlich der Kontrolle nicht individuell ausgehandelter Vertragsbestimmungen nach dem GEKR wird ein Vergleich mit den Regelungen des BGB angestellt. In diesem Zusammenhang sollen auch die Ansätze zur Inhaltskontrolle nach der KlauselRL sowie des DCFR und der Acquis Principles[51] herangezogen werden. Zu beachten ist, dass es sich bei dem DCFR und den ACQP lediglich um „soft law" handelt. Die Regelungen des DCFR und des ACQP können daher nicht unmittelbar herangezogen, wohl aber als Rechtserkenntnisquelle genutzt werden.[52] Auch in Hinblick auf die KlauselRL ist zu beachten, dass das GEKR nach Art. 4 GEKR autonom auszulegen ist und daher auf die KlauselRL nicht direkt zurückgegriffen werden darf, ohne dies kritisch zu hinterfragen.[53] Dennoch hat die KlauselRL und die hierzu erfolgte Rechtsprechung des Europäischen Gerichtshofs vor allem bei identischen Formulierungen eine erhebliche Bedeutung für die Auslegung des GEKR, da dieses das Schutzniveau des bestehenden Acquis erhalten bzw. erhöhen möchte.[54]

Im Anschluss wird auf die Rechtsfolgen unfairer Vertragsbestimmungen und die Frage der richterlichen Überprüfung nicht individuell ausgehandelter Vertragsbestimmungen eingegangen. Den Abschluss der Arbeit bildet ein Fazit

---

51 *Acquis Group*, Contract I, im Folgenden: ACQP.

52 *Gsell* in: Remien/Herrler/Limmer, Gemeinsames Europäisches Kaufrecht, S. 145, 153, Rn. 21; *Möslein* in: Schmidt-Kessel, Einheitliches europäisches Kaufrecht?, S. 255, 261.

53 *Möslein* in: Schmidt-Kessel, Einheitliches europäisches Kaufrecht?, S. 255, 259 ff.

54 *Budde/Eckhoff* in: Hahn, Gemeinsames Europäisches Kaufrecht, S. 113, 117; *Schmidt-Kessel* in: Schmidt-Kessel, Einheitliches europäisches Kaufrecht?, S. 1, 19; Schulze/*Schulte-Nölke*, CESL, Annex I, Art. 4 Rn. 4.

mit der Zusammenfassung der wichtigsten Ergebnisse sowie einem Ausblick auf die Wahrscheinlichkeit der Nutzung des GEKR in der aktuellen Form.

Im Anhang dieser Arbeit findet sich zur Veranschaulichung eine Gegenüberstellung der relevanten Artikel zu nicht individuell ausgehandelten Vertragsbestimmungen des GEKR mit den Regelungen der KlauselRL, des BGB und des DCFR.

2. Grundlagen

2.1. Definitionen

2.1.1. Nicht individuell ausgehandelte Vertragsbestimmung, Standardvertragsbestimmungen und Allgemeine Geschäftsbedingungen

Auffallend ist zunächst, dass das GEKR zwei Begriffe – den der „nicht individuell ausgehandelten Vertragsbestimmung“[55] und den der „Standardvertragsbestimmung“[56] – verwendet.

Eine nicht individuell ausgehandelte Vertragsbestimmung liegt nach Art. 7 Abs. 1 GEKR vor, wenn sie von einer Partei gestellt wurde und die andere Partei nicht in der Lage war, ihren Inhalt zu beeinflussen. Hierbei gelten in Verbraucherverträgen auch Vertragsbestimmungen, die ein Dritter entworfen hat, als vom Unternehmer gestellt, sofern sie nicht vom Verbraucher in den Vertrag eingebracht wurden.[57] Art. 7 Abs. 1 GEKR spricht im Singular von „einer Vertragsbestimmung“. Es wird somit auf die einzelne Vertragsbestimmung abgestellt, nicht auf den Vertrag als Ganzes. Daher besteht die Möglichkeit, dass einzelne Vertragsbestimmungen individuell ausgehandelt sein können, während der Rest des Vertrages nicht individuell ausgehandelt ist.[58] Besondere Bedeutung ist der Frage beizumessen, wann eine Vertragsbestimmung individuell ausgehandelt wurde. Hierfür müssten tatsächliche und bedeutende Verhandlungen über den Vertragsinhalt stattgefunden haben und die andere Partei müsste eine reelle Chance besessen haben, die Vertragsbestimmungen zu ändern.[59] Sofern der Verwender der anderen Partei mehrere Klauseln vorgibt, von denen diese eine Vertragsbestimmung auswählen kann, führt dies alleine

55 Art. 7 GEKR.

56 Art. 2 d GEKR-VO.

57 Art. 7 Abs. 5 GEKR.

58 *Möslein* in Schmidt-Kessel, Einheitliches europäisches Kaufrecht?, S. 255, 268.

59 Schulze/*Mazeaud/Sauphanor-Brouillaud*, CESL, Annex I, Art. 7 Rn. 5; ebenso im DCFR: *von Bar/Clive*, DCFR, II.-1:110, B, S. 161 f.

nicht zu einer individuell ausgehandelten Vertragsbestimmung.[60] Es bleibt abzuwarten, wie die Gerichte das Kriterium des individuellen Aushandels bzw. der Möglichkeit der Einflussnahme auf die Vertragsbestimmungen im Detail auslegen werden.

Der Begriff der Standardvertragsbestimmungen ist enger als der Begriff der nicht individuell ausgehandelten Vertragsbestimmungen. Er umfasst nach Art. 7 GEKR nicht individuell ausgehandelte Vertragsbestimmungen, die für mehrere Geschäfte und verschiedene Vertragsbestimmungen im Voraus verfasst wurden.[61] Es kommt bei Standardvertragsbestimmungen also auf die Mehrfachverwendungsabsicht an. Im Gegensatz zu nicht individuell ausgehandelten Vertragsbestimmungen stellen Standardvertragsbestimmungen nicht auf die einzelnen Klauseln, sondern auf das Vertragswerk als Ganzes ab.[62]

Das Nebeneinander der Begriffe Standardvertragsbestimmungen und nicht individuell ausgehandelte Vertragsbestimmungen ist sowohl inhaltlich als auch strukturell nicht ganz geglückt und verwirrend. Inhaltlich wird der Begriff der Standardvertragsbestimmungen nur zwei Mal durch das GEKR aufgegriffen, im Rahmen der Definition nicht individuell ausgehandelter Vertragsbestimmungen[63] und bei widersprechenden Standardvertragsbestimmungen[64]. Im Übrigen ist, insbesondere im Rahmen der Inhaltskontrolle, der Begriff der nicht individuell ausgehandelten Vertragsbestimmungen maßgeblich. Strukturell sind Standardvertragsbestimmungen in dem Katalog mit Definitionen des Art. 2 GEKR-VO zu finden, wogegen nicht individuell ausgehandelte Vertragsbestimmungen an gänzlich anderer Stelle, in Art. 7 GEKR im Anhang 1 der GEKR-VO, definiert sind.[65] Zudem verweisen die beiden Definitionen gegenseitig auf sich. Zur Vereinfachung und besseren Verständlichkeit wäre daher zu überlegen, ob die Definition der nicht individuell ausgehandelten Vertragsbestimmungen ebenfalls der Liste des

---

60 Art. 7 Abs. 2 GEKR; ähnlich auch im BGB: BGH, Urt. v. 03.07.1985 – IVa ZR 246/83, NJW-RR 1986, 54, 54; BGH, Urt. v. 09.04.1987 – III ZR 84/86, NJW 1987, 2011, 2011; BGH, Urt. v. 07.02.1996 – IV ZR 16/95, NJW 1996, 1676, 1677; *Niebling*, Allgemeine Geschäftsbedingungen, S. 41.

61 Art. 2 d GEKR-VO.

62 *Ernst* in: Remien/Herrler/Limmer, Gemeinsames Europäisches Kaufrecht, S. 93, 96, Rn. 8.

63 Art. 7 Abs. 3 GEKR.

64 Art. 39 GEKR, für Verträge zwischen Unternehmern relevant.

65 *Möslein* in: Schmidt-Kessel, Einheitliches europäisches Kaufrecht?, S. 255, 267; *Müller-Graff* in: Schmidt-Kessel, Einheitliches europäisches Kaufrecht?, S. 51, 78.

Art. 2 GEKR-VO zugeordnet[66] oder der Begriff der Standardvertragsbestimmungen ganz aus dem GEKR herausgenommen[67] werden sollte.

Das deutsche Recht verwendet den Begriff der „Allgemeinen Geschäftsbedingungen". Hierunter sind Vertragsbedingungen zu verstehen, die für eine Vielzahl von Verträgen vorformuliert wurden und die der Verwender der anderen Partei stellt, ohne dass sie im Einzelnen ausgehandelt wurden.[68] In Verbraucherverträgen gelten die Vertragsbestimmungen als gestellt, sofern der Verbraucher sie nicht eingeführt hat.[69] Bei AGB kommt es zunächst, vergleichbar mit den Standardvertragsbestimmungen des GEKR, auf die Mehrfachverwendungsabsicht an. Für Verbraucherverträge wird dies jedoch durch § 310 Abs. 3 Nr. 2 BGB eingeschränkt, wonach die §§ 305 c Abs. 2, 306 – 309 BGB auch bei einmaliger Verwendung anzuwenden sind, wenn der Verbraucher keinen Einfluss auf den Inhalt der Klauseln nehmen konnte. Auch hier darf die andere Vertragspartei tatsächlich nicht in der Lage gewesen sein, die Gestaltung der AGB zu beeinflussen; ein rein formelles Verhandeln reicht nicht aus um als individuell ausgehandelt zu gelten.[70] Stattdessen muss laut dem Bundesgerichtshof der Verwender einer Vertragsbestimmung die andere Vertragspartei über den Inhalt und die Tragweite der Vertragsbestimmungen belehren, oder es muss anderweitig erkennbar sein, dass die andere Vertragsbestimmung ihren Sinn wirklich erfasst hat.[71]

Die zentrale Fragestellung sowohl bei nicht individuell ausgehandelten Vertragsbestimmungen nach dem GEKR als auch bei AGB des BGB ist somit, ob die Vertragsbestimmungen individuell ausgehandelt wurden. Es handelt sich hierbei um einen häufig streitigen Sachverhalt, weshalb Beweislastregelungen notwendig sind.[72] Nach dem GEKR trägt grundsätzlich die Partei die Beweislast, die behauptet eine Vertragsbestimmung, die Teil von Standardvertragsbestimmungen ist, wäre erst nach dem ersten Bereitstellen individuell ausgehandelt worden.[73]

---

66 *Müller-Graff* in: Schmidt-Kessel, Einheitliches europäisches Kaufrecht?, S. 51, 78.

67 *Ernst* in: Remien/Herrler/Limmer, Gemeinsames Europäisches Kaufrecht, S. 93, 97, Rn. 10.

68 § 305 Abs. 1 BGB.

69 § 310 Abs. 3 Nr. 1 BGB.

70 BGH, Urt. v. 03.11.1999 – VIII ZR 269/98, NJW 2000, 1110, 1111; BGH, Urt. v. 18.04.2002 – VII ZR 192/01, NJW 2002, 2388, 2389;BGH, Urt. v. 19.05.2005 – III ZR 437/04, NJW 2005, 2543, 2544; Tamm/Tonner/*Tamm*, Verbraucherrecht, § 16 Rn. 33.

71 BGH, Urt. v. 19.05.2005 – III ZR 437/04, NJW 2005, 2543, 2544.

72 *Ernst* in: Remien/Herrler/Limmer, Gemeinsames Europäisches Kaufrecht, S. 93, 96, Rn. 7.

73 Art. 7 Abs. 3 GEKR.

Bedeutender für Verbraucherverträge ist jedoch, dass hier der Unternehmer immer die Beweislast dafür trägt, dass eine von ihm gestellte Vertragsbestimmung individuell ausgehandelt wurde.[74] Im deutschen Recht trägt der Verbraucher die Beweislast für das Vorliegen von AGB, also auch dafür, dass sie für eine Vielzahl von Verträgen vorformuliert wurden.[75] Dieser Beweislast kann häufig durch einen Anscheinsbeweis bzw. Indizien, wie der äußeren Form der vorformulierten Vertragsbestimmungen, nachgekommen werden.[76] Hat der Verbraucher seine Beweislast erfüllt, liegt es am Verwender nachzuweisen, dass die Vertragsbestimmungen trotz der Vorformulierung individuell ausgehandelt wurden.[77] Sind die Vertragsbestimmungen nur zur einmaligen Verwendung bestimmt, trägt der Verbraucher die Beweislast sowohl dafür, dass sie vorformuliert waren als auch dafür, dass er keine Einflussnahme auf sie hatte.[78] Auch hier kann er sich jedoch durch einen Anscheinsbeweis entlasten.[79]

Zusammenfassend lässt sich sagen, dass die Begriffe der nicht individuell ausgehandelten Vertragsbestimmungen des GEKR und der AGB des BGB im Wesentlichen miteinander vergleichbar sind. Auf den ersten Blick scheint allerdings die Beweislast für das Vorliegen nicht individuell ausgehandelter Vertragsbestimmungen bzw. AGB gegensätzlich geregelt zu sein. Während nach dem GEKR der Unternehmer in Verbraucherverträgen nachweisen muss, dass von ihm gestellte Vertragsbestimmungen individuell ausgehandelt wurden, hat nach dem BGB immer der Verbraucher das Vorliegen von AGB nachzuweisen. Da jedoch hierfür bereits ein Anscheinsbeweis ausreicht, dürfte die unterschiedliche Regelung hinsichtlich der Beweislast in der Praxis kaum ins Gewicht fallen.

2.1.2. Verbraucher und Unternehmer

Das GEKR definiert Verbraucher als natürliche Personen, deren Handeln nicht zu Zwecken einer gewerblichen, geschäftlichen, handwerklichen oder beruflichen

---

74 Art. 7 Abs. 4 GEKR.

75 Ulmer/Brandner/Hensen/*Ulmer/Habersack*, AGB-Recht, § 305 BGB Rn. 60.

76 Ulmer/Brandner/Hensen/*Ulmer/Habersack*, AGB-Recht, § 305 BGB Rn. 60 f.

77 Ulmer/Brandner/Hensen/*Ulmer/Habersack*, AGB-Recht, § 305 BGB Rn. 60 f.; *von Westphalen* in: Geimer/Schütze/Garber, Europäische und internationale Dimension des Rechts, S. 659, 661 f.

78 BGH, Urt. v. 15.04.2008 – X ZR 126/06, NJW 2008, 2250, 2252; Ulmer/Brandner/Hensen/*Ulmer/Schäfer*, AGB-Recht, § 310 BGB Rn. 77; *von Westphalen* in: Geimer/Schütze/Garber, Europäische und internationale Dimension des Rechts, S. 659, 661 f.

79 Ulmer/Brandner/Hensen/*Ulmer/Schäfer*, AGB-Recht, § 310 BGB Rn. 77.

Tätigkeit erfolgt.[80] Spiegelbildlich sind Unternehmer natürliche oder juristische Personen, die zu Zwecken ihrer gewerblichen, geschäftlichen, handwerklichen oder beruflichen Tätigkeit handeln.[81] Im BGB wird ein Verbraucher als natürliche Person definiert, „die ein Rechtsgeschäft zu einem Zweck abschließt, der weder ihrer gewerblichen noch ihrer selbstständigen beruflichen Tätigkeit zugerechnet werden kann“[82]. Unternehmer hingegen sind natürliche oder juristische Personen sowie rechtsfähige Personengesellschaften, die das Rechtsgeschäft in Ausübung ihrer gewerblichen oder selbstständigen beruflichen Tätigkeit abschließen.[83] Sowohl nach dem GEKR als auch nach dem BGB können nur natürliche Personen Verbraucher sein. Rechtsfähige Vereine können daher nie Verbraucher sein.[84]

Der Verbraucherbegriff des GEKR ist deutlich enger als der des BGB. Während das BGB nur ein Handeln zu gewerblichen oder selbstständigen beruflichen Zwecken ausschließt, spricht das GEKR von gewerblichen, geschäftlichen, handwerklichen oder beruflichen Tätigkeiten. Somit fallen im Gegensatz zum BGB auch natürliche Personen nicht mehr unter den Verbraucherbegriff des GEKR, wenn sie im Rahmen ihrer unselbstständigen beruflichen Tätigkeit, insbesondere als Arbeitnehmer, einen Einkauf – beispielsweise eines Computers, Berufskleidung oder Fachliteratur – tätigen.[85]

Problematisch ist auch ein Kauf teils zu privaten, teils zu gewerblichen Zwecken, beispielsweise eines privaten PKWs, der gelegentlich auch gewerblich genutzt wird.[86] Das BGB regelte diesen Fall bislang nicht explizit. Bei einem solchen Fall sollte für die Verbrauchereigenschaft nach der herrschenden Meinung im deutschen Recht entscheidend sein, welcher Zweck überwiegt.[87] Am 13. Juni 2014 tritt jedoch das Gesetz zur Umsetzung der Verbraucherrechterichtlinie und zur Änderung des Gesetzes zur Regelung der Wohnungsvermittlung[88] in Kraft[89], das eine

80 Art. 2 f GEKR-VO.

81 Art. 2 e GEKR-VO.

82 § 13 BGB.

83 § 14 Abs. 1 BGB.

84 Tamm/Tonner/*Tamm*, Verbraucherrecht, § 2 Rn. 11.

85 Schulze/*Wendehorst*, CESL, Regulation, Art. 2 Rn. 15; zum Verbraucherbegriff nach dem BGB: Erman/*Saenger*, BGB, § 13 Rn. 15; Palandt/*Ellenberger*, BGB, § 13 Rn. 3.

86 Erman/*Saenger*, BGB, § 13 Rn. 17; Palandt/*Ellenberger*, BGB, § 13 Rn. 4.

87 OLG Naumburg, Urt. v. 11.12.1997 – 3 U 144-96, NJW-RR 1998, 1351, 1351; OLG-Celle, Urt. v. 11.08.2004 – 7 U 17/04, NJW-RR 2004, 1645, 1646; Erman/*Saenger*, BGB, § 13 Rn. 17; Palandt/*Ellenberger*, BGB, § 13 Rn. 4; Tamm/Tonner/*Tamm*, Verbraucherrecht, § 2 Rn. 42, jeweils m.w.N.

88 Im Folgenden: VRRL-UmsG.

89 Art. 15 VRRL-UmsG.

Änderung von § 13 BGB vorsieht. Demnach soll zukünftig für die Verbrauchereigenschaft ausreichen, dass ein Rechtsgeschäft zu Zwecken abgeschlossen wird, die „überwiegend" weder der gewerblichen noch der selbstständigen beruflichen Tätigkeit zugerechnet werden kann.[90] Sowohl in Art. 1:202 ACQP als auch in Art. I.-1:105 Abs. 1 DCFR ist dieses Problem geregelt, indem ein Verbraucher „vorwiegend zu Zwecken handelt", die außerhalb seiner unternehmerischen Tätigkeit liegen bzw. nicht mit seinem Geschäft, Gewerbe oder Beruf in Verbindung stehen. Art. I.-1:105 Abs. 3 DCFR geht darüber hinaus: Eine Person, die sowohl unter den Verbraucher- als auch unter den Unternehmerbegriff fällt, wird bei einer Regelung, die Verbrauchern Schutz gewährt, als Verbraucher angesehen. Anderenfalls gilt sie als Unternehmer. In Art. 2 f GEKR-VO, der inhaltlich Art. 2 Nr. 1 VerbraucherrechteRL entspricht, sucht man eine vergleichbare Regelung bisher vergeblich. Im Gegensatz zum GEKR werden solche „Verträge mit doppeltem Zweck" aber in der VerbraucherrechteRLin Erwägungsgrund 17 erwähnt. Demnach soll die natürliche Person dann als Verbraucher angesehen werden, wenn der gewerbliche Zweck im Gesamtzusammenhang des Vertrags nicht überwiegt. In der Literatur ist die Frage streitig, ob nach dem GEKR eine natürliche Person bei einem Rechtsgeschäft mit teils privatem und teils gewerblichem Zweck seine Verbrauchereigenschaft verliert.[91] In Anbetracht der Tatsache, dass das GEKR anstrebt, das Schutzniveau der Verbraucher auf Grundlage des EU-Verbraucherrechts beizubehalten oder zu erhöhen,[92] erscheint es unwahrscheinlich, dass der Verbraucherbegriff des GEKR enger als der Verbraucherbegriff der VerbraucherrechteRL sein soll.[93] Eine Klarstellung wäre hier wünschenswert. Dieser Auffassung ist wohl auch das Europäische Parlament, das in dem von ihm angenommenen Text Art. 2 f GEKR-VO dahingehend abändert, dass eine Person, die einen Vertrag teils zu gewerblichen und teils nicht privaten Zwecken abschließt, als Verbraucher gilt,

---

90 Art. 1 Nr. 2 VRRL-UmsG.

91 *Augenhofer* in: Augenhofer, Verbraucherrecht im Umbruch, S. 1, 9; *Billen* in: Hahn, Gemeinsames Europäisches Kaufrecht, S. 63, 64; *Schulte-Nölke,* Consumer Protection, S. 18, <http://www.europarl.europa.eu/committees/en/studiesdownload.html?languageDocument=EN&file=79165>; vzbv, Ein Gemeinsames Europäisches Kaufrecht Teil II, S. 3 f., <http://vzbv.de/cps/rde/xbcr/vzbv/Gemeinsames_Europaeisches_Kaufrecht-Stellungnahme-vzbv-2012-05-13.pdf>; a. A.: Schulze/*Wendehorst,* CESL, Regulation, Art. 2 Rn. 16; *Weller* in: Schmidt-Kessel, Einheitliches europäisches Kaufrecht?, S. 147, 149 f.

92 Erwägungsgrund 11 GEKR-VO.

93 Schulze/*Wendehorst,* CESL, Regulation, Art. 2 Rn. 16; *Weller* in: Schmidt-Kessel, Einheitliches europäisches Kaufrecht?, S. 147, 149 f.

wenn der gewerbliche Zweck so gering ist, „dass er im Gesamtkontext des Geschäfts als nicht überwiegend erscheint".[94]

2.2. Einbeziehung von nicht individuell ausgehandelten Vertragsbestimmungen in den Vertrag

Damit nicht individuell ausgehandelte Vertragsbestimmungen im Sinne von Art. 7 GEKR in den Vertrag einbezogen werden, muss die andere Partei nach Art. 70 Abs. 1, 1. Alt. GEKR die Vertragsbestimmungen gekannt haben. Fehlt der anderen Partei die Kenntnis, so muss der Verwender gemäß Art. 70 Abs. 1, 2. Alt. GEKR vor oder bei Vertragsschluss angemessene Schritte unternommen haben, um sie darauf aufmerksam zu machen.

Der Unternehmer muss zunächst die andere Partei im Falle der Unkenntnis vor oder bei Vertragsschluss auf die Vertragsbestimmungen hinweisen. Übersendet der Unternehmer seine Vertragsbestimmungen im Rahmen der Annahme des durch den Kunden erfolgten Angebots bzw. macht dort auf sie aufmerksam, ist es verspätet. Die Annahme mit Hinweis auf seine Vertragsbestimmungen wäre als neues, abänderndes Angebot nach Art. 38 GEKR zu behandeln.[95]

Es stellt sich weiter die Frage, welche Schritte im Sinne des Art. 70 Abs. 1 GEKR „angemessen" sind. Hier kann an Art. 5 Abs. 1 GEKR angeknüpft werden, wonach objektiv unter Berücksichtigung von Art und Zweck des Vertrags, der Umstände des Einzelfalls und der entsprechenden Gebräuche und Gepflogenheiten zu bestimmen ist, was angemessen ist. In jedem Fall soll in Verbraucherverträgen ein bloßer Verweis auf die Vertragsbestimmungen in einem Dokument, auch wenn der Verbraucher dieses unterschreibt, nicht ausreichen.[96] Nach der Kommentierung des DCFR soll es genügen, wenn der Verwender der anderen Partei die Vertragsbestimmungen übermittelt und Schritte einleitet, die normalerweise dazu führen, dass die andere Partei weiß, dass es nicht individuell ausgehandelte Bestimmungen gibt und wo sie zu finden sind. Es findet sich dort weiter eine Liste mit Schritten, die normalerweise genügen.

94 Europäisches Parlament, Angenommene Texte, PE 526.539, Oral P7_TA-PROV (2014) 0159, Abänderung 32, S. 87, 108, <http://www.europarl.europa.eu/sides/getDoc.do?pubRef=-//EP//NONSGML+TA+20140226+SIT-03+DOC+WORD+V0//DE&language=DE>.

95 *Von Bar/Clive*, DCFR, II.-9:103, C, S. 589.

96 Art. 70 Abs. 2 GEKR.

Dies ist der Fall, wenn die Bestimmungen Teil des durch die Parteien unterzeichneten Dokuments sind, sie auf der Rückseite des Angebots abgedruckt oder dem Angebot bzw. Vertragsdokument angehängt sind und auf sie verwiesen wird oder sie der anderen Partei übermittelt wurden und der Vertrag sich so darauf bezieht, dass ausreichend deutlich wird, dass die Bestimmungen Bestandteil des Vertrags werden sollen.[97] Art. 70 Abs. 1, 2 GEKR entspricht inhaltlich der Regelung des Art. II.-9:103 Abs. 1, 3 DCFR, auch wenn die konkrete Ausformulierung der deutschen Fassungen[98] von ihr abweicht. Es ist daher anzunehmen, dass die oben genannten Schritte auch im Sinne des Art. 70 Abs. 1 GEKR als angemessen anzusehen sind. Hier hätte mehr Rechtssicherheit erreicht werden können, wenn Art. 70 Abs. 2 GEKR eine explizite Aussage getroffen hätte, welche Schritte ausreichen sollen,[99] anstatt lediglich zu sagen, was nicht ausreichend ist.[100]

Die Frage, ob die andere Partei Kenntnis hatte, kann für den Verwender zu erheblichen Problemen führen. Behauptet die andere Partei im Nachhinein, sei es nun berechtigter- oder unberechtigterweise, keine Kenntnis von den Vertragsbestimmungen gehabt zu haben, wird es für den Verwender schwierig, das Gegenteil zu beweisen.[101] Auch in Fällen, in denen aus Sicht des Verwenders die andere Partei Kenntnis zu haben scheint, ist es daher sinnvoll, die in Art. 70 Abs. 1, 2. Alt. GEKR geforderten angemessenen Schritte zu unternehmen.

Fraglich ist, ob Art. 70 GEKR dem Verwender lediglich eine Hinweispflicht auferlegt oder ob die andere Partei eine tatsächliche Möglichkeit zur Kenntnisnahme haben muss. Art. 6:201 Abs. 4 ACQP regelt explizit, dass Verbraucher dann nicht an Vertragsbestimmungen gebunden sind, wenn sie „vor Vertragsschluss keine hinreichende Möglichkeit hatten, von ihnen Kenntnis zu nehmen“. Eine entsprechende Regelung fand sich auch in Art. 31 Abs. 2 des Entwurfs der

---

97 *Von Bar/Clive*, DCFR, II.-9:103, D, S. 589.

98 In den englischen Fassungen der Art. 70 Abs. 1, 2 GEKR und Art. II.-9:103 Abs. 1, 3 DCFR sind die sprachlichen Abweichungen deutlich geringer.

99 In den Änderungen des vom Europäischen Parlaments angenommenen Textes wird hierauf eingegangen: Europäisches Parlament, Angenommene Texte, PE 526.539, Oral P7_TA-PROV (2014) 0159, Abänderung 149, S. 87, 154 f., <http://www.europarl.europa.eu/sides/getDoc.do?pubRef=-//EP//NONSGML+TA+20140226+SIT-03+DOC+WORD+V0//DE&language=DE>.

100 Deutscher Bundesrat, BR-Drs. 274/12, S. 14; *Wendehorst* in: Wendehorst/Zöchling-Jud, Am Vorabend eines Gemeinsamen Europäischen Kaufrechts, S. 87, 95 f.

101 *McMeel*, Unfair Contract Terms Provisions, S. 12, <http://www.europarl.europa.eu/document/activities/cont/201205/20120530ATT46060/20120530ATT46060EN.pdf>; Schulze/*Kieninger*, CESL, Annex I, Art. 70 Rn. 14.

VerbraucherrechteRL vom 08.10.2008, wonach dem Verbraucher die Vertragsbestimmungen so zur Verfügung gestellt werden sollten, dass er vor Vertragsabschluss „tatsächlich die Möglichkeit hat, sich mit ihnen vertraut zu machen". Nach Anhang Nr. 1 i KlauselRL kann eine Klausel als missbräuchlich erklärt werden, wenn „die Zustimmung des Verbrauchers zu Klauseln unwiderlegbar festgestellt wird, von denen er vor Vertragsabschluss nicht tatsächlich Kenntnis nehmen konnte". Das GEKR und der DCFR schweigen zur Frage der Kenntnisnahme. Stellt man auf den reinen Wortlaut ab, so zielen die „angemessenen Schritte" nach Art. 70 GEKR bzw. Art. II-9:103 DCFR darauf hin, die andere Partei auf die Vertragsbestimmungen aufmerksam zu machen und nicht darauf, ihr eine tatsächliche Möglichkeit zur Kenntnisnahme zu bieten.[102] Teilweise wird jedoch die Auffassung vertreten, dass die Verpflichtung, angemessene Schritte zu unternehmen, in Verbindung mit Art. 70 Abs. 2 GEKR dazu führt, dass eine tatsächliche, zumutbare Möglichkeit zur Kenntnisnahme bestehen muss.[103] Dies würde auch durch die Kommentierung zum DCFR verdeutlicht.[104]

Sofern eine tatsächliche Möglichkeit zur Kenntnisnahme nicht vorausgesetzt wird, würde dies eine Verschlechterung des Verbraucherschutzes im GEKR im Vergleich zu dem bisherigen EU-Verbraucherrecht darstellen.[105] Dies stünde nicht mit der Zielsetzung, das Verbraucherschutzniveau beizubehalten oder zu erhöhen,[106] im Einklang. Hierzu sollte der Gesetzgeber daher noch Stellung nehmen.

Auch im Vergleich zum deutschen Recht ergäbe sich eine Verschlechterung des Verbraucherschutzes, wenn das GEKR eine tatsächliche Möglichkeit zur Kenntnisnahme nicht voraussetzen würde. § 305 Abs. 2 Nr. 1 BGB setzt für Verbraucherverträge voraus, dass der Verwender die andere Partei bei Vertragsschluss auf die AGB hinweist. Dieser Hinweis muss entweder ausdrücklich oder, falls dies aufgrund der Art des Vertragsschlusses mit unverhältnismäßigen Schwierigkeiten verbunden ist, durch deutlich sichtbaren Aushang am Ort des Vertragsschlusses erfolgen. Außerdem muss nach § 305 Abs. 2 Nr. 2 BGB der anderen Partei ermöglicht werden, in zumutbarer Weise von den AGB Kenntnis zu nehmen. Zuletzt setzt § 305 Abs. 2 BGB voraus, dass die andere Partei mit der Geltung der AGB einverstanden ist. Art. 70 GEKR trifft hingegen keine Aussage

---

102 *Pfeiffer* in: Schulze, Common Frame of Reference, S. 177, 181.

103 *Hellwege*, AcP 2011, 665, 682; *Looschelders/Makowsky* in: Schmidt-Kessel, Einheitliches europäisches Kaufrecht?, S. 227, 240.

104 *Hellwege*, AcP 2011, 665, 682; *von Bar/Clive*, DCFR, II.-9:103, D, S. 589 f.

105 *Pfeiffer* in: Schulze, Common Frame of Reference, S. 177, 181.

106 Erwägungsgrund 11 GEKR-VO.

darüber, ob die andere Partei mit der Geltung einverstanden sein muss. Allerdings sind auch hinsichtlich nicht individuell ausgehandelter Vertragsbestimmungen die Regelungen zum Vertragsschluss in Kapitel 3 GEKR anzuwenden. Insbesondere ist es nach Art. 30 Abs. 1 GEKR für den Vertragsschluss erforderlich, dass beide Parteien eine Einigung erzielen. Eine solche Einigung liegt nur dann vor, wenn auch beide Parteien mit der Geltung der nicht individuell ausgehandelten Vertragsbestimmungen einverstanden sind.[107]

Von besonderer Bedeutung für grenzüberschreitende Verbraucherverträge sind Vertragsschlüsse über das Internet, da hier ein Einkauf, auch im Ausland, für Verbraucher schnell und einfach „von Zuhause aus" möglich ist. Nach Art. II.-9:103 Abs. 2 DCFR werden nicht einzeln ausgehandelte Vertragsbestimmungen bei einem Vertragsschluss auf elektronischem Weg, also auch via Internet, einbezogen, wenn sie der anderen Partei in Textform zugänglich gemacht wurden. Hierzu gehört insbesondere die Darstellung der Vertragsbestimmungen auf einer Internetseite, wenn die andere Partei sie herunterladen, speichern und ausdrucken kann.[108] Auch nach deutschem Recht sind die Anforderungen erfüllt, wenn auf die AGB durch einen nicht übersehbaren Link auf der Bestellseite hingewiesen wird und die AGB durch Anklicken des Links gut lesbar, speicherbar und ausdruckbar aufgerufen werden können.[109] Im GEKR findet sich hierzu Art. 24 Abs. 4 GEKR, wonach Vertragsbestimmungen bei Vertragsschluss auf elektronischem Weg auf einem dauerhaften Datenträger so zur Verfügung zu stellen sind, dass das Lesen und Aufnehmen der im Text enthaltenen Information sowie die Wiedergabe in materieller Form ermöglicht wird. Allerdings führt eine Verletzung dieser Pflicht lediglich zu einer Haftung, nicht jedoch zur Nichteinbeziehung der nicht individuell ausgehandelten Vertragsbestimmungen.[110]

Es dürfte auch den Anforderungen des GEKR genügen, wenn die AGB der anderen Partei über einen auf der Bestellseite aufrufbaren Link gut lesbar, speicherbar und ausdruckbar angezeigt werden. Sinnvoll ist es, den Bestellvorgang davon abhängig zu machen, dass der Kunde der Geltung der AGB, zum Beispiel durch Setzung eines entsprechenden Häkchens, zustimmt. In Anbetracht der hohen Relevanz von Internetverträgen wäre es wünschenswert, wenn das GEKR explizit auf die besonderen Anforderungen, die sich hierbei an die

---

107 Zum DCFR: *von Bar/Clive*, DCFR, II.-9:103, A, S. 588.

108 V*on Bar/Clive*, DCFR, II.-9:103, H, S. 592.

109 BGH, Urt. v. 14.06.2006 – I ZR 75/03, NJW 2006, 2976, 2977; *Niebling*, Allgemeine Geschäftsbedingungen, S. 47; Tamm/Tonner/*Tamm*, Verbraucherrecht, § 16 Rn. 76, 80.

110 Art. 29 Abs. 1 GEKR; *Ebers* in: Festgabe H.-P. Schwintowski, S. 43, 56.

Einbeziehung nicht individuell ausgehandelter Vertragsbestimmungen stellen, eingehen würde.[111]

Erfüllt der Verwender die Anforderungen des Art. 70 Abs. 1 GEKR nicht, werden die nicht individuell ausgehandelten Vertragsbestimmungen nicht in den Vertrag einbezogen, sofern die andere Partei einer Einbeziehung nicht zustimmt.[112]

2.3. Pflicht zur Transparenz, Art. 82 GEKR

Nach Art. 82 GEKR müssen nicht individuell ausgehandelte Vertragsbestimmungen in Verträgen zwischen einem Unternehmer und einem Verbraucher in einfacher und verständlicher Sprache abgefasst und mitgeteilt werden.[113] Die Anforderung an eine einfache und verständliche Sprache findet sich auch in Art. II.-9:402 Abs. 1 DCFR. Art. 5 Satz 1 KlauselRL und § 307 Abs. 1 Satz 2 BGB verlangen hingegen eine klare und verständliche Sprache. Ziel der Pflicht zur Transparenz ist es, dass der Verbraucher ohne fremde Hilfe in der Lage sein soll, seine vertraglichen Rechte und Pflichten aus den Vertragsbestimmungen zu entnehmen.[114] Die Transparenzpflicht bezieht sich hierbei sowohl auf die sprachliche Verständlichkeit als auch auf die Lesbarkeit der Vertragsbestimmungen.[115] Die durch die Vertragsbestimmungen vermittelten Informationen müssen richtig, komplett und nicht irreführend sein.[116]

Nach Art. II.-9:402 Abs. 2 DCFR kann eine Klausel schon dadurch unfair sein, dass sie der Anforderung an eine einfache und verständliche Sprache nicht entspricht. Auch nach Art. 307 Abs. 1 Satz 2 BGB kann sich aus einer nicht klaren und verständlichen Klausel eine unangemessene Benachteiligung ergeben, die

111 Schulze/*Kieninger*, CESL, Annex I, Art. 70, Rn. 18.

112 Schulze/*Kieninger*, CESL, Annex I, Art. 70, Rn. 8; *von Bar/Clive*, DCFR, II.-9:103, C, S. 591.

113 In den Änderungen des vom Europäischen Parlaments angenommenen Textes wird gefordert, dass der Unternehmer bei von ihm gestellten Vertragsbestimmungen dafür Sorge zu tragen hat, dass diese in „einfacher, ***klarer und*** verständlicher Sprache abgefasst und mitgeteilt werden.“: Europäisches Parlament, Angenommene Texte, PE 526.539, Oral P7_TA-PROV (2014) 0159, Abänderung 154, S. 87, 157, <http://www.europarl.europa.eu/sides/getDoc.do?pubRef=-//EP//NONSGML+TA+20140226+SIT-03+DOC+WORD+V0//DE&language=DE>.

114 Zum DCFR: *von Bar/Clive*, DCFR, II.-9:402, A, S. 629.

115 Zur KlauselRL: *van Gool*, Problematik des Rechts der missbräuchlichen Klauseln, S. 271.

116 Zum DCFR:*von Bar/Clive*, DCFR, II.-9:402, B, S. 630.

zur Unwirksamkeit führt. Das GEKR macht hingegen keine Aussagen zu den Folgen eines Verstoßes gegen die Transparenzpflicht. Nach Art. 83 Abs. 2 a GEKR ist die Erfüllung der Transparenzpflicht zwar bei der Prüfung der Unfairness heranzuziehen, es bleibt jedoch offen, ob schon allein ein Verstoß gegen sie zur Unfairness führen kann.[117] Der Gesetzgeber sollte klarstellen, ob bereits durch einen Verstoß gegen Art. 82 GEKR Unfairness gegeben sein kann[118] oder ob hierzu bewusst keine Aussage gemacht wurde.

§ 305 c Abs. 1 BGB regelt, dass Klauseln nicht Vertragsbestandteil werden, die nach den Umständen, insbesondere dem äußeren Erscheinungsbild des Vertrags, so ungewöhnlich sind, dass der Klauselgegner mit ihnen nicht zu rechnen braucht. Es handelt sich um eine Ausprägung des Transparenzgebots in Art. 5 Satz 1 KlauselRL.[119] Durch diese Regelung soll verhindert werden, dass der Verwender den Klauselgegner durch eine Klausel mit ungewöhnlichem Inhalt überrumpelt.[120] Eine Klausel wird demnach nicht Vertragsbestandteil, wenn sie deutlich vom begründeten Erwartungshorizont abweicht und dadurch so überraschend ist, dass der Klauselgegner nicht mit ihr rechnen muss.[121] Während sich sowohl in Art. 80 als auch in Art. 87 der von der Expertengruppe erstellten Machbarkeitsstudie zur Einführung eines Europäischen Vertragsrechts[122] Regelungen zu überraschenden Klauseln finden, äußert sich der Entwurf des GEKR hierzu nicht.[123] Denkbar wäre jedoch, dass eine

117 *Loos,* ZEuP 2012, 776, 787; *Möslein* in: Schmidt-Kessel, Einheitliches europäisches Kaufrecht?, S. 255, 281; Schulze/*Mazeaud/Sauphanor-Brouillaud,* CESL, Annex I, Art. 82 Rn. 8; vzbv, Ein Gemeinsames Europäisches Kaufrecht Teil II, S. 14, <http://vzbv.de/cps/rde/xbcr/vzbv/Gemeinsames_Europaeisches_Kaufrecht-Stellungnahme-vzbv-2012-05-13.pdf>.

118 In diese Richtung tendiert: *von Westphalen* in: Geimer/Schütze/Garber, Europäische und internationale Dimension des Rechts, S. 659, 667.

119 Erman/*Roloff,* BGB, § 305 c Rn. 7; MüKo/*Basedow*, BGB, § 305 c Rn. 2; Ulmer/Brandner/Hensen/*Ulmer/Schäfer*, AGB-Recht, § 305 c BGB Rn. 8a.

120 Ulmer/Brandner/Hensen/*Ulmer/Schäfer,* AGB-Recht, § 305 c BGB Rn. 2.

121 BGH, Urt. v. 30.06.1995 – V ZR 184/94, NJW 1995, 2637, 2638; BGH, Urt. v. 16.01.2001 – XI ZR 84/00, NJW 2001, 1416, 1416 f.; BGH, Urt. v. 11.12.2003 – III ZR 118/03, NJW-RR 2004, 780, 781.

122 A European contract law for consumers and businesses: Publication of the results of the feasibility study carried out by the Expert Group on European contract law for stakeholders' and legal practitioners' feedback, <http://ec.europa.eu/justice/contract/files/feasibility_study_final.pdf>, im Folgenden: FS.

123 *Ernst* in: Remien/Herrler/Limmer, Gemeinsames Europäisches Kaufrecht?, S. 93, 98, Rn. 11; *Hesselink/Loos,* Unfair contract terms in B2C contracts, S. 8, <http://

Auslegung der Einbeziehungsregelung in Art. 70 GEKR oder die Transparenzpflicht in Art. 82 GEKR zu einem vergleichbaren Schutz vor überraschenden Klauseln führen könnte.[124] Im deutschen Recht ist anerkannt, dass eine überraschende Klausel im Sinne von § 305 c BGB häufig auch eine unangemessene Benachteiligung im Sinne des § 307 BGB darstellt.[125] Es wäre daher auch möglich, dass eine entsprechende Klausel durch die Inhaltskontrolle des GEKR für unfair erklärt werden würde. Ob das Fehlen einer Regel zu überraschenden Klauseln den Schutz des Verbrauchers im Vergleich zu den Vorschriften des BGB verringert, lässt sich zum jetzigen Zeitpunkt nicht sagen. Es kommt hier maßgeblich auf die richterliche Auslegung an.

2.4. Verwendete Sprache

Will ein Verbraucher einen grenzüberschreitenden Einkauf tätigen und kommt er dabei mit nicht individuell ausgehandelten Vertragsbestimmungen in Kontakt, kann er sie nur verstehen, wenn sie in einer ihm bekannten Sprache abgefasst sind. Im GEKR findet sich keine Regelung zur Vertragssprache. Art. 61 GEKR regelt nur, welche Sprachfassung gelten soll, wenn der Vertrag in zwei oder mehr voneinander abweichenden Sprachen abgefasst ist. In Art. 76 GEKR ist geregelt, welche Sprache für die Kommunikation in Bezug auf den Vertrag zu verwenden ist. Hierbei wird zwar auf die Vertragssprache verwiesen aber nicht erläutert, welche Sprache das sein soll. Hier hilft Erwägungsgrund 27 des GEKR-VO weiter. Die Vertragssprache soll durch das aufgrund des Internationalen Privatrechts anzuwendende, nationale Recht bestimmt werden.

---

www.europarl.europa.eu/document/activities/cont/201205/20120530ATT46066/20120530ATT46066EN.pdf>; vzbv, Ein Gemeinsames Europäisches Kaufrecht Teil II, S. 13, http://vzbv.de/cps/rde/xbcr/vzbv/Gemeinsames_Europaeisches_Kaufrecht-Stellungnahme-vzbv-2012-05-13.pdf; in den Änderungen des vom Europäischen Parlaments angenommenen Textes findet sich hingegen eine Regelung zu überraschenden Klauseln: Europäisches Parlament, Angenommene Texte, PE 526.539, Oral P7_TA-PROV (2014) 0159, Abänderung 156, S. 87, 157 f., <http://www.europarl.europa.eu/sides/getDoc.do?pubRef=-//EP//NONSGML+TA+20140226+SIT-03+DOC+WORD+V0//DE&language=DE>.

124 *Ernst* in: Remien/Herrler/Limmer, Gemeinsames Europäisches Kaufrecht?, S. 93, 98, Rn. 11.

125 Tamm/Tonner/*Tamm*, Verbraucherrecht, § 16 Rn. 86; Ulmer/Brandner/Hensen/*Ulmer/Schäfer*, AGB-Recht, § 305 c BGB Rn. 5.

Im deutschen Recht[126] müssen die AGB und der Hinweis auf diese grundsätzlich in der Verhandlungssprache abgefasst sein.[127] Bei der Verhandlungssprache handelt es sich um die Sprache, die von den Vertragspartnern übereinstimmend bei den Verhandlungen tatsächlich genutzt wurde.[128] Bei Vertragsschlüssen im Internet wird in der Regel die Sprache maßgeblich sein, die für die Darstellung der Homepage bzw. der Werbung und des Bestellformulars verwendet wurden.[129] Stellt der Verkäufer diese in mehreren Sprachen dar, muss er auch seine Vertragsbestimmungen in allen diesen Sprachen[130] oder zumindest in einer Weltsprache wie Englisch anbieten.[131] Im Ergebnis ist es daher möglich, dass eine Vertragssprache verwendet wird, derer der Verbraucher nicht mächtig ist.

Bei der Frage nach der Vertragssprache[132] wird das Spannungsverhältnis zwischen dem Verbraucherschutz und der Unternehmerinteressen besonders deutlich: Ein hoher Schutz des Verbrauchers ist nicht möglich, wenn der Vertrag in einer für ihn nicht verständlichen Sprache geschlossen werden könnte.[133] Gleichzeitig würden für den Unternehmer immense Kosten entstehen, wenn er sein Vertragswerk in zahlreiche Sprachen übersetzen müsste. Bei der Sprache handelt es sich daher um ein erhebliches Hindernis

---

126 Ausführlich hierzu: *Ernst*, Vertragsschluss im Internet, S. 224 f.; *Harłacz*, Bedeutung Allgemeiner Geschäftsbedingungen, S. 100 f.; MüKo/*Basedow*, BGB, § 305 Rn. 63; Tamm/Tonner/*Brönneke*, Verbraucherrecht, § 15 Rn. 29-32; Ulmer/Brandner/Hensen/*Schmidt*, AGB-Recht, Anh. § 305 BGB, Rn. 13-15; von Westphalen/*von Westphalen/Thüsing*, Vertragsrecht und AGB-Klauseln, Gerichtsstandsklauseln, Rn. 27, jeweils m.w.N.

127 BGH, Urt. v. 10.03.1983 - VII ZR 302/82, NJW 1983, 1489, 1489; BGH, Urt. v. 27.10.1994 - IX ZR 168/93, NJW 1995, 190, 190; OLG Frankfurt am Main, Urt. v. 11.12.2002 - 23 U 185/01, NJW-RR 2003, 704, 705; Erman/*Roloff*, BGB, § 305 Rn. 26; *Ernst*, Vertragsschluss im Internet, S. 224; MüKo/*Basedow*, BGB, § 305 Rn. 63; Ulmer/Brandner/Hensen/*Schmidt*, AGB-Recht, Anh. § 305 BGB, Rn 14 f.; von Westphalen/*von Westphalen/Thüsing*, Vertragsrecht und AGB-Klauseln, Gerichtsstandsklauseln, Rn. 27.

128 *Ernst*, Vertragsschluss im Internet, S. 225; Ulmer/Brandner/Hensen/*Schmidt*, AGB-Recht, Anh. § 305 BGB, Rn. 14.

129 *Ernst*, Vertragsschluss im Internet, S. 225.

130 *Brönneke*, Widerrufsrecht, S. 32.

131 *Ernst*, Vertragsschluss im Internet, S. 225.

132 Weiterführend zur Fremdsprachenproblematik de lege lata sowie de lege ferenda (mit konkreten rechtspolitischen Vorschlägen): *Brönneke*, Widerrufsrecht, S. 29-33.

133 *Budde/Eckhoff* in: Hahn, Gemeinsames Europäisches Kaufrecht, S. 113, 132.

für grenzüberschreitende Verträge, das auch durch das GEKR nicht beseitigt werden kann.[134]

2.5. Auslegung nicht individuell ausgehandelter Vertragsbestimmungen

In den Art. 58 bis 65 GEKR finden sich Regelungen zur Auslegung von Verträgen, auf die in dieser Arbeit nicht im Detail eingegangen werden kann.[135] Lediglich die Auslegungsregelungen für nicht individuell ausgehandelte Vertragsbestimmungen sollen kurz dargestellt werden. So regelt Art. 62 GEKR, dass individuell ausgehandelte Vertragsbestimmungen, die zu nicht individuell ausgehandelten Vertragsbestimmungen im Widerspruch stehen, vorrangig sind. Dies entspricht im Wesentlichen der Regelung in § 305 b BGB, wobei die Bundesrechtsanwaltskammer die im Vergleich zu § 305 b BGB zu umständliche Formulierung des Art. 62 GEKR bemängelt.[136] Nach Art. 63 GEKR hat die Auslegung Vorrang, nach der eine Vertragsbestimmung wirksam ist.

Bei Zweifeln an der Bedeutung nicht individuell ausgehandelter Vertragsbestimmungengeht – vergleichbar mit § 305 c Abs. 2 BGB – nach Art. 65 GEKR die vorrangige Auslegung zu Lasten desjenigen, der die Vertragsbestimmung gestellt hat. Für Verbraucherverträge gilt jedoch die speziellere und nicht abdingbare[137] Regelung des Art. 64 GEKR. Hiernach ist bei Zweifeln an der Bedeutung einer Vertragsbestimmung, also bei mehrdeutigen Vertragsbestimmungen,[138] in Verbraucherverträgen die für den Verbraucher günstigste Auslegung vorzunehmen.

---

134 BDI, Stellungnahme D0485, S. 3, <http://www.bdi.eu/download_content/RechtUndOeffentlichesAuftragswesen/Stn_GB_D485.pdf>; *Schulte-Nölke,* Consumer Protection, S. 8, <http://www.europarl.europa.eu/committees/en/studiesdownload.html?languageDocument=EN&file=79165>; *Stabentheiner* in: Wendehorst/Zöchling-Jud, Am Vorabend eines Gemeinsamen Europäischen Kaufrechts, S. 3, 16; vzbv, Ein Gemeinsames Europäisches Kaufrecht Teil I, S. 3 f., <http://www.vzbv.de/cps/rde/xbcr/vzbv/Stellungnahme-vzbv-Gemeinsames-Europäisches-Kaufrecht-2012-01-13.pdf>.

135 Ausführlich hierzu: *Maultzsch* in: Schmidt-Kessel, Einheitliches europäisches Kaufrecht?, S. 203, 203-226.

136 BRAK, Stellungnahme Nr. 15/2012, S. 10, <http://www.brak.de/zur-rechtspolitik/stellungnahmen-pdf/stellungnahmen-deutschland/2012/april/stellungnahme-der-brak-2012-15.pdf>.

137 Art. 64 Abs. 2 GEKR.

138 Schulze/*Wendehorst,* CESL, Annex I, Art. 64 Rn. 11.

Es ist unerheblich, ob es sich um eine individuell oder nicht individuell ausgehandelte Vertragsbestimmung handelt[139] oder ob sie vom Unternehmer oder einem neutralen Dritten gestellt wurde[140]. Art. 64 GEKR greift nur dann nicht ein, wenn die Vertragsbestimmung durch den Verbraucher selbst gestellt wurde, wobei die Formulierung „es sei denn" impliziert, dass die Beweislast hierfür der Unternehmer trägt.[141]

Im deutschen Recht wird zwischenzeitlich auch bei Individualprozessen hinsichtlich der „kundenfreundlichen" Auslegung nach § 305 c Abs. 2 BGB zunächst geprüft, ob eine Klausel bei der kundenfeindlichsten Auslegung nach §§ 307 ff. BGB wirksam wäre.[142] Sofern die Klausel unwirksam ist, wird hierdurch das kundenfreundlichste Ergebnis erzielt, nämlich der Wegfall der entsprechenden Klausel.[143] Bleibt die Klausel hingegen auch bei kundenfeindlichster Auslegung wirksam, ist sie mit der kundenfreundlichsten Bedeutung auszulegen.[144] Ob auch bei der für den Verbraucher günstigsten Auslegung nach Art. 64 GEKR so vorzugehen sein wird, wird die Rechtsprechung zeigen.

139 Schulze/*Wendehorst*, CESL, Annex I, Art. 64 Rn. 1.

140 *Maultzsch*, in: Schmidt-Kessel, Einheitliches europäisches Kaufrecht?, S. 203, 222; Schulze/*Wendehorst*, CESL, Annex I, Art. 64 Rn. 4.

141 Schulze/*Wendehorst*, CESL, Annex I, Art. 64 Rn. 5.

142 BGH, Teilurt. v. 29.04.2008 – KZR 2/07, NJW 2008, 2172, 2173; Ulmer/Brandner/Hensen/*Ulmer/Schäfer*, AGB-Recht, § 305 c BGB Rn. 91 m.w.N.

143 BGH, Teilurt. v. 29.04.2008 – KZR 2/07, NJW 2008, 2172, 2173.

144 BGH, Teilurt. v. 29.04.2008 – KZR 2/07, NJW 2008, 2172, 2173; Ulmer/Brandner/Hensen/*Ulmer/Schäfer*, AGB-Recht, § 305 c BGB Rn. 91.

3. Inhaltskontrolle nicht individuell ausgehandelter Vertragsbestimmungen

3.1. Notwendigkeit der Inhaltskontrolle

Um die Ausgestaltung der gesetzlichen Inhaltskontrolle nachvollziehen und die entsprechenden Normen korrekt auslegen zu können, ist es wichtig zu verstehen, aus welchen Gründen der jeweilige Gesetzgeber eine solche Kontrolle als notwendig erachtet hat.

Grundsätzlich ist die Vertragsfreiheit ein maßgebliches Merkmal der freien Marktwirtschaft.[145] Auch bei dem GEKR ist die Vertragsfreiheit, geregelt in Art. 1 GEKR, daher eines der tragenden Prinzipien.[146] Vertragsfreiheit bedeutet, dass jeder frei entscheiden kann, ob, mit wem und mit welchem Inhalt er einen Vertrag abschließen möchte.[147] Ihr liegt der Gedanke zugrunde, dass zwischen zwei Parteien nur dann ein Vertrag geschlossen wird, wenn sich beide einen Vorteil davon versprechen und nach der Vertragserfüllung besser als zuvor dastehen.[148] Dennoch sehen viele Rechtsordnungen die Notwendigkeit, die Vertragsfreiheit durch zwingendes Recht und eine Inhaltskontrolle der Vertragsbestimmungen einzuschränken. Ein solcher Eingriff darf nicht willkürlich erfolgen, sondern muss gerechtfertigt und klar umrissen sein.[149]

Grundsätzlich gilt, dass der Verwender von nicht individuell ausgehandelten Vertragsbestimmungen durch diese seine Gestaltungsfreiheit als Ausprägung der Vertragsfreiheit ausübt.[150] Gleichzeitig schränkt er hierdurch die Gestaltungsfreiheit der anderen Vertragspartei ein, die oft keine andere Wahl hat, als sich den gestellten Vertragsbestimmungen zu unterwerfen.[151] Ein Ausgleich

---

145 Gabler Kompakt-Lexikon Wirtschaft, Stichwort: „Vertragsfreiheit".

146 *Herresthal* in: Schulte-Nölke et al., Entwurf für ein optionales europäisches Kaufrecht, S. 85, 111.

147 Alpmann Brockhaus Fachlexikon Recht, Stichwort: „Privatautonomie"; *Herresthal* in: Schulte-Nölke et al., Entwurf für ein optionales europäisches Kaufrecht, S. 85, 112; *Kötz,* JuS 2003, 209, 209.

148 *Kötz,* JuS 2003, 209, 209.

149 *Schäfer/Leyens* in Larouche/Chirico, Economic Analysis, S. 97, 98.

150 *Von Westphalen,* ZGS 2006, 81, 81.

151 *Von Westphalen,* ZGS 2006, 81, 81.

dieses Freiheitsverlustes[152] soll durch die Inhaltskontrolle erzielt werden, indem die gestellten Vertragsbestimmungen an den Gerechtigkeitsvorstellungen des dispositiven Rechts gemessen werden.[153]

Das deutsche Recht begründet die Beschränkung der Vertragsfreiheit durch eine Inhaltskontrolle mit dem Schutz vor Missbrauch durch die einseitig beanspruchte Gestaltungsfreiheit.[154] Das BGB stellt somit alleine auf die einseitige Formulierung der Vertragsbestimmung, also der Setzung von abstraktem Vertragsrecht, ab und begründet die Inhaltskontrolle nicht mit dem Schutz des Schwächeren.[155]

Der Schutz des Schwächeren, insbesondere des Verbrauchers, gilt jedoch in vielen europäischen Staaten als Anknüpfungspunkt für die Inhaltskontrolle.[156] Hierbei wird darauf abgestellt, dass der Verwender von gestellten Vertragsbestimmungen als Unternehmer häufig eine wirtschaftliche, psychologische oder intellektuelle Übermacht gegenüber dem Verbraucher habe.[157] Durch für den Verbraucher nachteilige Vertragsbestimmungen könne der Unternehmer seine Macht missbrauchen, während dem Verbraucher keine andere Wahl bliebe, als sich den Bestimmungen zu unterwerfen.[158] Im französischen Recht beispielsweise führte der Gedanke des Verbraucherschutzes dazu, dass die Inhaltskontrolle auf Verbraucherverträge beschränkt, gleichzeitig jedoch auf individuell ausgehandelte Vertragsbestimmungen erweitert wurde.[159] Auch europarechtlich fand der Gedanke, der Verbraucher müsse als die schwächere Partei vor unfairen Vertragsbestimmungen geschützt werden, in der KlauselRL seinen Niederschlag.[160]

---

152 Das Bundesverfassungsgericht leitet dieses Verständnis aus der in Art. 2 Abs. 1 GG verankerten Privatautonomie sowie dem in Art. 20 Abs. 1 und Art. 28 Abs. 1 GG verankerten Sozialstaatsprinzip ab. Siehe hierzu: BVerfG, Beschl. v. 19.10.1993 – 1 BvR 567/89 u.a., NJW 1994, 36, 38; Roßnagel/*Brönneke,* Recht der Telemediendienste, Einleitung Fernabsatzverträge, Rn. 20-21 m.w.N.

153 *Von Westphalen,* ZGS 2006, 81, 81.

154 BGH, Urt. v. 11.11.1968 – VIII ZR 151/66, NJW 1969, 230, 230; BGH, Urt. v. 08.02.1978 – VIII ZR 240/76, NJW 1978, 945, 947; BGH, Urt. v. 30.06.1994 – VII ZR 116/93, NJW 1994, 2825, 2826; *Hommelhoff/Wiedenmann,* ZIP 1993, 562, 565; *van Gool,* Problematik des Rechts über missbräuchliche Klauseln, S. 15.

155 *Hommelhoff/Wiedenmann,* ZIP 1993, 562, 565; *Jansen,* ZEuP 2010, 69, 70; *Nebbia,* Unfair contract terms, S. 34; Ulmer/Brandner/Hensen/*Ulmer/Habersack,* AGB-Recht, Einl. Rn. 48.

156 *Jansen,* ZEuP 2010, 69, 70; *Nebbia,* Unfair contract terms, S. 34.

157 *Kötz,* JuS 2003, 209, 210.

158 *Kötz,* JuS 2003, 209, 210; *Nebbia,* Unfair contract terms, S. 34.

159 *Jansen,* ZEuP 2010, 69, 70.

160 Erwägungsgründe 4, 6, 8, 9 KlauselRL; *Hommelhoff/Wiedenmann,* ZIP 1993, 562, 565 f.

Die Überlegung, die andere Partei würde sich nur aufgrund ihrer Unterlegenheit zum Verwender dessen Vertragsbestimmungen unterwerfen, kann nicht überzeugen. Dies zeigt sich dadurch, dass häufig auch Vertragsparteien mit gleicher oder größerer Marktmacht als der Verwender dessen Vertragsbestimmungen akzeptieren.[161] Es stellt sich die Frage, warum das so ist. In der Regel werden für den Käufer bei seiner Kaufentscheidung die Qualität der Ware und deren Preis entscheidend sein. Hinsichtlich der Nebenbedingungen des Vertrages, die oft durch nicht individuell ausgehandelte Vertragsbestimmungen geregelt sind, lässt er rationale Ignoranz walten.[162] Dies kommt daher, dass der Aufwand, den ein genaues Prüfen und notfalls Aushandeln der Nebenbedingungen erfordern würde, gerade in Alltagsgeschäften in keinem Verhältnis zum damit verbundenen Nutzen steht.[163] Die Alternativen des Käufers – eine monetäre Bewertung der Vertragsbestimmungen[164], einen Vergleich der Vertragsbestimmungen unterschiedlicher Anbieter[165] oder das Verhandeln über einzelne Vertragsbestimmungen[166] – sind mit einem hohen Zeit- und Geldaufwand verbunden. Für den Käufer wird es in der Regel auch keine Alternative sein, auf den Abschluss des Geschäfts zu verzichten.[167]

Da der Käufer somit häufig die durch den Verkäufer gestellten Vertragsbestimmungen widerspruchslos akzeptiert, bieten kundenfreundliche Vertragsbestimmungen dem Verkäufer keinen Wettbewerbsvorteil.[168] Aus diesem Grund wird der Verkäufer versuchen, die Hauptbedingungen des Vertrags – Preis und Qualität der Ware – aus Kundensicht zu verbessern und die hierdurch für ihn entstehenden Kosten über kundenfeindliche Vertragsbestimmungen wieder „hereinzuholen".[169] Es kommt zu einer Informationsasymmetrie, da

---

161 *Faust* in: Abels/Lieb, AGB im Wirtschaftsverkehr, S. 39, 46; *Jansen,* ZEuP 2010, 69, 84; *van Gool,* Problematik des Rechts über missbräuchliche Klauseln, S. 15.

162 *Eidenmüller* in: Schulze/von Bar/Schulte-Nölke, Der akademische Entwurf für einen Gemeinsamen Europäischen Referenzrahmen, S. 73, 92; *Jansen*, ZEuP 2010, 69, 84; *Kötz,* JuS 2003, 209, 211.

163 *Jansen*, ZEuP 2010, 69, 84; *Kötz,* JuS 2003, 209, 211.

164 *Miethaner*, AGB-Kontrolle vs. Individualvereinbarung, S. 65 ff.

165 *Miethaner*, AGB-Kontrolle vs. Individualvereinbarung, S. 67.

166 *Miethaner*, AGB-Kontrolle vs. Individualvereinbarung, S. 67 ff.

167 *Miethaner*, AGB-Kontrolle vs. Individualvereinbarung, S. 69-71.

168 *Eidemüller* in: Schulze/von Bar/Schulte-Nölke, Der akademische Entwurf für einen Gemeinsamen Referenzrahmen, S. 73, 92 f.; *Faust*in: Abels/Lieb, AGB im Wirtschaftsverkehr, S. 39, 47 f.; *Jansen*, ZEuP 2010, 69, 84; *Miethaner,* AGB-Kontrolle vs. Individualvereinbarung, S. 73.

169 *Kötz,* JuS 2003, 209, 213.

der Verkäufer im Gegensatz zum Käufer den Inhalt der gestellten Vertragsbestimmungen beurteilen kann.[170] Um wettbewerbsfähig zu bleiben, haben Mitbewerber keine Wahl, als ihre Preise ebenfalls zu senken und den Kunden die Vertragsrisiken über gestellte Vertragsbestimmungen aufzubürden.[171] Dies führt zu einem „race to the bottom" bis allein die schlechteste Qualität der gestellten Vertragsbestimmungen verbleibt[172] und es zu einem Marktversagen kommt.[173] Die Inhaltskontrolle nicht individuell ausgehandelter Vertragsbestimmungen soll einem Marktversagen durch Informationsasymmetrien entgegenwirken und einen Mindeststandard der Vertragsbestimmungen sicherstellen.[174]

Die Inhaltskontrolle nicht an das Schutzbedürfnis der schwächeren Partei, sondern generell an das einseitige Stellen der Vertragsbestimmungen und das hiermit verbundene Marktversagen durch Informationsasymmetrien anzuknüpfen, ist überzeugend. Aus diesem Grund ist es erfreulich, dass im DCFR und im GEKR im Vergleich zur KlauselRL von dem Ansatz der Rechtfertigung alleine durch den Verbraucherschutz abgewichen wurde.[175] Dies zeigt sich dadurch, dass die Inhaltskontrolle auch auf den Handelsverkehr ausgeweitet wurde.[176]

3.2. Aufbau der Inhaltskontrolle im GEKR

3.2.1. Aufbau des Kapitel 8 GEKR zu unfairen Vertragsbestimmungen

Die Regelungen zur Kontrolle nicht individuell ausgehandelter Vertragsbestimmungen finden sich in Kapitel 8 „Unfaire Vertragsbestimmungen" des GEKR, das

---

170 *Jansen*, ZEuP 2010, 69, 84; *Kötz*, JuS 2003, 209, 212; *Miethaner*, AGB-Kontrolle vs. Individualvereinbarung, S. 73.

171 *Miethaner*, AGB-Kontrolle vs. Individualvereinbarung, S. 73.

172 So genannter „Markt für Zitronen": *Schäfer/Ott*, ökonomische Analyse des Zivilrechts, S. 553 ff.

173 *Eidemüller* in: Schulze/von Bar/Schulte-Nölke, Der akademische Entwurf für einen Gemeinsamen Referenzrahmen, S. 73, 92 f.; *Jansen*, ZEuP 2010, 69, 84; *Kötz*, JuS 2003, 209, 213; *Miethaner*, AGB-Kontrolle vs. Individualvereinbarung, S. 73.

174 *Kötz*, JuS 2003, 209, 213; *Leyens/Schäfer*, AcP 2010, 771, 776; *Miethaner*, AGB-Kontrolle vs. Individualvereinbarung, S. 73.

175 *Wagner* in: Eidenmüller et al., Revision des Verbraucher-acquis, S. 1, 32.

176 Art. 79 – 81; Art. 86 GEKR; Art. II.-9:401, II.-9:402, II.-9:405 DCFR.

sich in drei Abschnitte aufteilt. In Abschnitt 1 finden sich allgemeine Vorschriften zu der Wirkung unfairer Vertragsbestimmungen[177], von der Inhaltskontrolle ausgenommene Vertragsbestimmungen[178] sowie eine Bestimmung zum zwingenden Charakter von Kapitel 8[179]. Abschnitt 2[180] regelt unfaire Vertragsbestimmungen in Verbraucherverträgen, während sich Abschnitt 3[181], der im Rahmen dieser Arbeit nicht weiter behandelt wird, unfairen Vertragsbestimmungen in Verträgen zwischen Unternehmern widmet.

In der KlauselRL fand sich zur Prüfung der Missbräuchlichkeit eine Generalklausel[182] in Verbindung mit einer Liste von Klauseln, die als missbräuchlich erklärt werden können[183]. Der dortige Klauselkatalog ist jedoch nicht verbindlich, sondern hat lediglich einen Hinweis- und Beispielcharakter, weshalb die aufgeführten Klauseln nicht immer unwirksam sein müssen.[184] Auch im DCFR und den ACQP wird vorwiegend mit einer Generalklausel[185] und einer Liste mit Klauseln gearbeitet, bei denen die Unfairness vermutet wird[186]. Nur eine Klausel wird als per se unfair angesehen.[187] Im DCFR wurde sich bewusst für eine graue Liste, bei der die Unfairness vermutet wird, anstelle einer schwarzen Liste mit in jedem Fall unfairen Bestimmungen entschieden. Hierdurch sollte eine größere Flexibilität gewährleistet werden, da die Umstände des jeweiligen Einzelfalls in die Prüfung der Unfairness mit einbezogen werden können.[188] Der Entwurf des GEKR geht weiter als die KlauselRL, der DCFR und die ACQP und enthält neben einer Generalklausel[189] und einer grauen Liste[190] mit

177 Art. 79 GEKR.
178 Art. 80 GEKR.
179 Art. 81 GEKR.
180 Art. 82 – 85 GEKR.
181 Art. 86 GEKR.
182 Art. 3 Abs. 1 KlauselRL.
183 Art. 3 Abs. 3 i. V. m. Anhang KlauselRL.
184 EuGH, Urt. v. 07.05.2002 – Rs. C-478/99, EuZW 2002, 465, 466; *Ebers* in: EWerRK e.V., Festgabe H.-P. Schwintowski, S. 43, 63; *Kieninger*, RabelsZ 2009, 793, 796; *Knapp*, Europarecht und Vertragsgestaltung, S. 52; *von Westphalen* in: Hahn, Gemeinsames Europäisches Kaufrecht, S. 39, 53.
185 Art. 6:301 ACQP und Art. II.-9:403 DCFR.
186 16 Klauseln in Art. 6:305 ACQP bzw. 17 Klauseln in Art. II.-9:410 DCFR.
187 Art. 6:304 ACQP und Art. II.-9:409 DCFR.
188 V*on Bar/Clive*, DCFR, II.-9:410, B, S. 664.
189 Art. 83 GEKR.
190 Art. 85 GEKR.

23 Klauseln auch eine schwarze Liste[191] mit 11 Klauseln.[192] Um festzustellen, ob eine unfaire Klausel vorliegt, ist nach dem GEKR in drei Stufen vorzugehen. Zunächst ist zu prüfen, ob eine Klausel nach Art. 84 GEKR vorliegt, die immer ohne Berücksichtigung des konkreten Einzelfalls unfair ist. Danach ist die graue Liste in Art. 85 GEKR zu prüfen, wobei der konkrete Einzelfall rechtlich zu bewerten und abzuwägen ist. Liegt keine in den Art. 84 und 85 GEKR aufgeführte Klausel vor, könnte sie dennoch aufgrund der Generalklausel in Art. 83 GEKR unfair sein.[193]

Dieser Regelungsansatz ist vergleichbar mit dem des deutschen Rechts, wo neben einer Generalklausel[194] ein Katalog mit Klauseln ohne Wertungsmöglichkeit[195] und ein Katalog mit Klauseln mit Wertungsmöglichkeit[196] verwendet wird.[197] Auch in Italien, den Niederlanden, Portugal und Ungarn findet sich nach deutschem Vorbild die Kombination einer Generalklausel mit einer grauen und schwarzen Liste.[198] Dass eine solche Kombination der Generalklausel mit beiden Klausellisten im Rahmen des Gemeinschaftsrechts nicht nur vom Europäischen Parlament und einer Mehrzahl der Mitgliedstaaten, sondern auch teilweise durch die Wirtschaft gewünscht wurde, soll die öffentliche Konsultation im Rahmen des Grünbuchs zur Revision des Verbraucheracquis[199] ergeben haben.[200]

191 Art. 84 GEKR.

192 *Ebers* in: EWerRK e.V., Festgabe H.-P. Schwintowski, S. 43, 63; *von Westphalen* in: Hahn, Gemeinsames Europäisches Kaufrecht, S. 39, 53.

193 *Möslein* in: Schmidt-Kessel, Einheitliches europäisches Kaufrecht?, S. 255, 265.

194 § 307 BGB.

195 § 309 BGB.

196 § 308 BGB.

197 *Möslein* in: Schmidt-Kessel, Einheitliches europäisches Kaufrecht?, S. 255, 265; *von Westphalen* in: Hahn, Gemeinsames Europäisches Kaufrecht, S. 39, 53.

198 *Ebers* in: Schulte-Nölke/Twigg-Flesner/Ebers, EG-Verbraucherrechtskompendium, S. 356, 415-423, <http://ec.europa.eu/consumers/cons_int/safe_shop/acquis/comp_analysis_de.pdf>; *von Bar/Clive*, DCFR, II.-9:410, Notes, S. 666 f.

199 Europäische Kommission, Green Paper on the Revision of the Consumer Acquis, COM (2006) 744 final.

200 Europäische Kommission, Commission Staff Working Paper, S. 7, <http://ec.europa.eu/consumers/cons_int/safe_shop/acquis/acquis_working_doc.pdf>; kritisch hierzu: *Jansen*, ZEuP 2010, 69, 76 f., Fn. 57 m.w.N.

3.2.2. Grundsätzliches zu schwarzen und grauen Listen in Verbindung mit einer Generalklausel

Dieses Ergebnis lässt sich damit erklären, dass Klauselverbote, wie sie in grauen und schwarzen Listen zu finden sind, die Rechtsanwendung vereinfachen und Verwendern, Klauselgegnern und Gerichten eine Orientierung bieten, welche Klauseln unfair sind.[201]

Eine schwarze Liste mit per se unfairen Vertragsbestimmungen bietet den Parteien nicht nur Schutz vor richterlicher Willkür, sondern auch genaue Aussagen zur Gewichtung bei der Konkretisierung der Generalklausel.[202] Gleichwohl fehlt es der schwarzen Liste an Flexibilität. Es ist nicht möglich, auf die Umstände des Einzelfalls und die Interessen der Parteien Rücksicht zu nehmen.[203] Ein höheres Maß an Flexibilität bietet die graue Liste. Hier besteht lediglich die Vermutung der Unfairness, die im Einzelfall durch entgegenstehende Gründe von erheblichem Gewicht widerlegt werden kann.[204] Die Klauselliste des § 308 BGB verwendet durchgängig unbestimmte Rechtsbegriffe.[205] Die Wertungsmöglichkeit in Art. 85 GEKR wird dagegen erreicht, indem sowohl eine Vermutung der Unfairness aufgestellt[206] als auch teilweise mit unbestimmten konkretisierungsbedürftigen Rechtsbegriffen gearbeitet[207] wird.[208] Es besteht die Befürchtung, dass die zahlreichen unbestimmten Rechtsbegriffe in der Praxis zu Problemen bei der autonomen Auslegung des GEKR nach Art. 4 GEKR führen werden.[209]

---

201 *Hesselink/Loos*, Unfair contract terms in B2C contracts, S. 15, <http://www.europarl.europa.eu/document/activities/cont/201205/20120530ATT46066/20120530ATT46066EN.pdf>; *Jansen* in: Eidenmüller et al., Revision des Verbraucher-acquis, S. 53, 100; *van Gool*, Problematik des Rechts der missbräuchlichen Klauseln, S. 83.

202 *Jansen* in: Eidenmüller et al., Revision des Verbraucher-acquis, S. 53, 102.

203 *Van Gool*, Problematik des Rechts der missbräuchlichen Klauseln, S. 84.

204 *Jansen* in: Eidenmüller et al., Revision des Verbraucher-acquis, S. 53, 101.

205 *Ernst* in: Remien/Herrler/Limmer, Gemeinsames Europäisches Kaufrecht, S. 93, 101, Rn. 20; *von Westphalen*, ZIP 2011, 1985, 1987.

206 Art. 85 S. 1 GEKR.

207 Beispielsweise „unangemessen" bzw. „angemessen" in Art. 85 b, c, g, h, o, p, q, r GEKR; „unverhältnismäßig hoch" in Art. 85 e; „im Verhältnis […] zu hoch" in Art. 85 k GEKR; „überhöht" in Art. 85 s, „in nicht zu erwartender Weise" in Art. 85 u und „übermäßig zu erschweren" in Art. 85 v.

208 *Ernst* in: Remien/Herrler/Limmer, Gemeinsames europäisches Kaufrecht, S. 93, 101, Rn. 20; *Jansen* in: Eidenmüller et al., Revision des Verbraucher-acquis, S. 53, 101; *von Westphalen*, ZIP 2011, 1985, 1987.

209 Deutscher Bundesrat, BR-Drs. 274/12, S. 15; BDI, Stellungnahme D0485, S. 15.

Kurz- und mittelfristig wird sich eine solche Rechtsunsicherheit nicht vermeiden lassen, da die unbestimmten Rechtsbegriffe durch Richterrecht erst neu zu konkretisieren sind.[210] Dennoch sind sie konkret ausgestalteten Formulierungen vorzuziehen, da durch unbestimmte Rechtsbegriffe eine weit größere Flexibilität und Berücksichtigung der Umstände des Einzelfalls erreicht werden kann.

Die Ausgestaltung der Inhaltskontrolle durch eine Kombination einer schwarzen und grauen Liste mit der Generalklausel ist zu begrüßen, da hierdurch Rechtssicherheit und ein umfassender Schutz vor unfairen Vertragsbestimmungen geschaffen werden kann. Der Gefahr, dass der Verwender die Klauselverbote aus den Listen umgeht, wird durch die Kombination mit der Generalklausel wirksam begegnet.[211] Zudem erlauben die graue Liste und die Generalklausel eine ausreichende Berücksichtigung der Umstände des Einzelfalls.

3.2.3. Regelungen zu Vertragsbestimmungen außerhalb des Kapitel 8 GEKR

Auch außerhalb des Kapitels 8 GEKR zu unfairen Vertragsbestimmungen finden sich Regelungen, die bei nicht individuell ausgehandelten Vertragsbestimmungen zu beachten sind. Auf diese Regelungen soll im Folgenden der Vollständigkeit halber kurz eingegangen werden.

Zunächst gilt nach Art. 1 Abs. 2 GEKR, dass die Parteien von den Bestimmungen des GEKR abweichen oder die Anwendung der Bestimmungen ausschließen können, wenn im GEKR nichts anderes bestimmt ist. Sofern Regelungen des GEKR jedoch zwingend im Sinne von Art. 2 v GEKR-VO sind, dürfen die Parteien sie weder ausschließen noch von ihnen abweichen oder ihre Wirkung abändern. Grundsätzlich gibt es im GEKR nur vereinzelt zwingende Regelungen, die sowohl für Verbraucherverträge als auch für Verträge zwischen Unternehmern gelten.[212] Es finden sich jedoch unzählige Normen[213], die einzelne Absätze, Artikel, Abschnitte und sogar Kapitel in Verbraucherverträgen als zwingend

---

210 *Grigoleit* in: Remien/Herrler/Limmer, Gemeinsames Europäisches Kaufrecht, S. 67, 70, Rn. 8 f.

211 *Van Gool*, Problematik des Rechts der missbräuchlichen Klauseln, S. 83.

212 Art. 2 Abs. 3, Art 56, Art. 74 Abs. 2, Art. 81, Art. 171 und Art. 186 Abs. 4 GEKR.

213 Art. 10 Abs. 6, Art. 22, Art. 27, Art. 28 Abs. 3, Art. 29 Abs. 4, Art. 47, Art. 56 Abs. 2, Art. 64 Abs. 2, Art. 69 Abs. 4, Art. 70 Abs. 3, Art. 71 Abs. 2, Art. 72 Abs. 4, Art. 75 Abs. 4, Art. 77 Abs. 2, Art. 92 Abs. 3, Art. 99 Abs. 4, Art. 101 Abs. 2, Art. 102 Abs. 5, Art. 105 Abs. 5, Art. 108, Art. 135 Abs. 4, Art. 142 Abs. 5, Art. 148 Abs. 5, Art. 150 Abs. 3, Art. 158 Abs. 3, Art. 167 Abs. 5, Art. 177 und Art. 186 Abs. 5 GEKR.

erklären, so dass in Verbraucherverträgen zwingende Regelungen eher die Norm als die Ausnahme sein dürften.

Zu beachten ist auch, dass eine Wahl des GEKR nicht „versteckt" durch AGB[214] erfolgen kann, sondern separat erfolgen muss.[215] In Verbraucherverträgen werden durch die Art. 8 und 9 GEKR-VO hohe Anforderungen an die Wahl des GEKR gestellt.[216] So muss das GEKR nach Art. 8 Abs. 1 GEKR-VO vereinbart werden, wobei der Verbraucher nach Art. 8 Abs. 2 GEKR-VO in die Wahl des GEKR ausdrücklich und gesondert von der Erklärung, mit der er dem Vertragsschluss zustimmt, einwilligen muss. Für Verträge über das Internet bedeutet dies eine „Doppel-Klick-Lösung"[217]: der Verbraucher müsste die Wahl des GEKR zunächst bestätigen, bevor er den Vertrag abschließen kann. Nach Art. 8 Abs. 2 GEKR-VO muss der Unternehmer dem Verbraucher eine Bestätigung der Vereinbarung auf einem dauerhaften Datenträger, etwa per E-Mail,[218] übersenden. Zudem muss der Verbraucher gemäß Art. 9 GEKR-VO durch den Unternehmer das in Anhang II des GEKR zu findende Informationsblatt erhalten. Hierdurch soll gewährleistet werden, dass der Verbraucher sich bewusst und informiert für das GEKR und gegen das nationale Recht entscheidet.[219] Die hohen Anforderungen an die Wahl des GEKR in Verbraucherverträgen werden in der Literatur kritisch betrachtet.[220] Insbesondere wird angezweifelt, dass die hohen Hürden

---

214 Gefordert wird eine solche Möglichkeit zur Wahl des GEKR durch AGB von: *Eidenmüller et al.*, JZ 2012, 269, 276; für notwendig hält der Ausschluss der Wahl durch AGB hingegen: *Mankowski*, RIW 2012, 97, 103; teilweise wird vorgebracht, eine Vertragsbestimmung zur Wahl des GEKR durch AGB wäre ohnehin unfair im Sinne des Art. 3 Abs. 1 KlauselRL: *Pachl/Reyna*, Unfair contract terms, S. 9, <http://www.europarl.europa.eu/document/activities/cont/201205/20120530ATT46064/20120530ATT46064EN.pdf>; *Whittaker*, ERCL 2011, 371, 387-392; kritisch hierzu: *Basedow*, ERCL 2012, 82, 82-87.

215 Erwägungsgrund 22 GEKR-VO; *Busch* in: Gebauer, Gemeinsames Europäisches Kaufrecht, S. 89, 94; *Eidenmüller et al.*, JZ 2012, 269, 276; *Leible* in: Remien/Herrler/Limmer, Gemeinsames Europäisches Kaufrecht, S. 21, 30, Rn. 31; *Perner* in: Wendehorst/Zöchling-Jud, Am Vorabend eines Gemeinsamen Europäischen Kaufrechts, S. 21, 31; *Schmidt-Kessel* in: Schmidt-Kessel, Einheitliches europäisches Kaufrecht?, S. 29, 41; *Staudenmayer*, NJW 2011, 3491, 3494; *Tamm*, VuR 2012, 3,5.

216 Zu den Folgen einer fehlerhaften Wahl des GEKR: *Busch* in: Gebauer, Gemeinsames Europäisches Kaufrecht, S. 89, 96-101.

217 *Busch* in: Gebauer, Gemeinsames Europäisches Kaufrecht, S. 89, 94.

218 *Busch* in: Gebauer, Gemeinsames Europäisches Kaufrecht, S. 89, 94.

219 *Busch* in: Gebauer, Gemeinsames Europäisches Kaufrecht, S. 89, 93.

220 *Ayad/Schnell*, BB 2012, 1487, 1489; *Busch* in: Gebauer, Gemeinsames Europäisches Kaufrecht, S. 89, 94 f.; *Eidenmüller et al.*, JZ 2012, 269, 276; *Leible* in: Remien/

für die Wahl des GEKR zum Schutz des Verbrauchers aufgrund des angestrebten hohen Schutzniveaus überhaupt nötig sind.[221] Außerdem wird vermutet, dass das Informationsblatt eher zur Verwirrung als zur Information des Verbrauchers führen wird.[222] Im Übrigen wird zu Recht angezweifelt, dass die hohen Hürden an eine Wahl des GEKR dazu führen, dass sich der Verbraucher für das GEKR und gegen das nationale Recht entscheiden kann.[223] Denn dies würde voraussetzen, dass der Verbraucher tatsächlich eine solche Wahlmöglichkeit hat. Vor allem im Onlinehandel wird es allerdings in der Praxis darauf hinauslaufen, dass der Verkäufer sich für oder gegen die Anwendung des GEKR entscheidet. Will der Verbraucher einen Vertrag abschließen, wird er sich daher entweder mit der Entscheidung des Verkäufers einverstanden erklären oder einen Vertrag mit einem anderen Händler abschließen müssen.[224]

Bei der Erstellung bzw. Bewertung von nicht individuell ausgehandelten Vertragsbestimmungen ist auch Art. 71 GEKR zu beachten. Hiernach sind in Verbraucherverträgen Klauseln, die den Verbraucher über die Vergütung für die vertragliche Hauptpflicht hinaus zu einer zusätzlichen Zahlung verpflichten, nicht bindend, sofern der Verbraucher der zusätzlichen Zahlung nicht im Voraus ausdrücklich zugestimmt hat.[225] Dies soll insbesondere dann gelten, wenn

---

Herrler/Limmer, Gemeinsames Europäisches Kaufrecht, S. 21, 31, Rn. 36; *Perner* in: Wendehorst/Zöchling-Jud, Am Vorabend eines Gemeinsamen Europäischen Kaufrechts, S. 21, 32; *Schmidt-Kessel* in: Schmidt-Kessel, Einheitliches europäisches Kaufrecht, S. 29, 41; *Thomas*, Proposal for a Regulation, S. 9, <http://www.europarl.europa.eu/committees/en/juri/studiesdownload.html?languageDocument=EN&file=79153>.

221 *Ayad/Schnell*, BB 2012, 1487, 1489; *Leible* in: Remien/Herrler/Limmer, Gemeinsames Europäisches Kaufrecht, S. 21, 31, Rn. 36; *Schmidt-Kessel* in: Schmidt-Kessel, Einheitliches europäisches Kaufrecht?, S. 29, 41.

222 *Eidenmüller et al.*, JZ 2012, 269, 276; *Pachl/Reyna*, Unfair contract terms, S. 8,<http://www.europarl.europa.eu/document/activities/cont/201205/20120530ATT46064/20120530ATT46064EN.pdf>; *Thomas*, Proposal for a Regulation, S. 9, <http://www.europarl.europa.eu/committees/en/juri/studiesdownload.html?languageDocument=EN&file=79153>.

223 Dauses/*Micklitz/Rott*, EU-Wirtschaftsrecht, H. V. Verbraucherschutz, Rn. 140; *Tamm*, VuR 2012, 3, 11.

224 Dauses/*Micklitz/Rott*, EU-Wirtschaftsrecht, H. V. Verbraucherschutz, Rn. 140; *Tamm*, VuR 2012, 3, 11.

225 Eine vergleichbare Regelung zu Kosten für Nebenleistungen findet sich auch in Art. 22
VerbraucherrechteRL. Im deutschen Recht soll nach Art. 1 Nr. 6 VRRL-UmsG in § 312 a Abs. 3 BGB zukünftig eine entsprechende Regelung enthalten sein. Ausführlich zu

die Verpflichtung zu einer zusätzlichen Zahlung durch die Verwendung von Standardoptionen eingefügt wurde, die vom Verbraucher ausdrücklich abgelehnt werden musste. Es soll verhindert werden, dass bei dem Verbraucher die Vorstellung eines bestimmten Preises geweckt wird und ihm letztlich ein für ihn unerwarteter, höherer Preis, beispielsweise durch Liefer- und Transportversicherungskosten, untergeschoben wird.[226] Nicht klar erscheint hier das Verhältnis zwischen Art. 71 GEKR und Art. 14 i. V. m. Art. 29 Abs. 2 GEKR, die die Informationspflichten des Unternehmers in Verbraucherverträgen hinsichtlich des Preises und der zusätzlichen Kosten regeln.[227]

Art. 72 GEKR regelt Klauseln, die beinhalten, dass das Vertragsdokument alle Vertragsbestimmungen enthält und frühere, nicht im Dokument enthaltene, Erklärungen, Zusicherungen und Vereinbarungen nicht Vertragsbestandteil sind.[228] Solche sogenannten Integrationsklauseln sollen nach Art. 72 Abs. 3 GEKR zwar den Unternehmer, nicht aber den Verbraucher binden.[229]

Befindet sich der Verbraucher in Verzug, richtet sich grundsätzlich die Zinshöhe nach Art. 166 GEKR und der Beginn des Verzugs nach Art. 167 Abs. 2 GEKR. Nach Art. 167 Abs. 3 GEKR ist eine Vertragsbestimmung, die einen höheren Zinssatz oder einen früheren Verzugsbeginn vorsieht, nicht verbindlich, wenn sie unfair im Sinne von Art. 83 GEKR wäre. Unklar hierbei ist, ob der Verweis auf die Voraussetzungen des Art. 83 GEKR bedeutet, dass nur eine nicht individuell ausgehandelte Vertragsbestimmung unfair und damit nicht bindend sein kann. Hierfür spricht der Wortlaut „soweit eine Klausel unfair im Sinne von Artikel 83 wäre“, da Art. 83 GEKR explizit eine „im Sinne von Artikel 7 nicht individuell ausgehandelte, vom Unternehmer gestellte Bestimmung“ voraussetzt. Dagegen spricht jedoch, dass Art. 170 GEKR, der eine ähnliche Regelung für Verträge zwischen Unternehmern enthält, bei der Fairnessprüfung nicht zwischen individuell und nicht individuell ausgehandelten Vertragsbestimmungen differenziert. Es scheint unwahrscheinlich, dass Art.

---

den neuen Regelungen im BGB nach der Umsetzung der VerbraucherrechteRL zu den Kosten für Nebenleistungen: *Schomburg*, VuR 2014, 18-23.

226 *Wendehorst* in: Wendehorst/Zöchling-Jud, Am Vorabend eines Gemeinsamen Europäischen Kaufrechts, S. 87, 96 f.

227 BDI, Stellungnahme D0485, S. 38, <http://www.bdi.eu/download_content/RechtUndOeffentlichesAuftragswesen/Stn_GB_D485.pdf>; vzbv, Ein Gemeinsames Europäisches Kaufrecht Teil II, S. 13., <http://vzbv.de/cps/rde/xbcr/vzbv/Gemeinsames_Europaeisches_Kaufrecht-Stellungnahme-vzbv-2012-05-13.pdf>.

228 Art. 72 Abs. 1 GEKR.

229 Schulze/*Kieninger*, CESL, Annex I, Art. 72, Rn. 8.

170 GEKR Unternehmern einen Schutz auch vor unfairen individuell ausgehandelten Vertragsbestimmungen gewährt, während ein solcher Schutz den Verbrauchern nach Art. 167 Abs. 3 GEKR versagt werden soll.[230] Auch die Positionierung von Art. 167 Abs. 3 GEKR außerhalb von Kapitel 8 Abschnitt 2 GEKR deutet darauf hin, dass auch eine individuell ausgehandelte Vertragsbestimmung nach Art. 167 Abs. 3 i. V. m. Art. 83 GEKR auf ihre Fairness zu prüfen sein soll. Andernfalls ist nicht ersichtlich, warum diese Regelung nicht in Kapitel 8 Abschnitt 2 GEKR integriert ist.[231]

3.3. Welche Vertragsbestimmungen unterliegen der Inhaltskontrolle

3.3.1. Inhaltskontrolle individuell oder nicht individuell ausgehandelter Vertragsbestimmungen?

Voraussetzung für die Inhaltskontrolle in Verbraucherverträgen nach Kapitel 8 GEKR ist zunächst gemäß Art. 79 Abs. 1 GEKR und Art. 83 Abs. 1 GEKR, dass die Vertragsbestimmung durch den Unternehmer gestellt[232] wurde. Problematischer ist die Frage, ob die Vertragsbestimmung auch nicht individuell ausgehandelt[233] sein muss, der Verbraucher also tatsächlich keine Möglichkeit der Einflussnahme haben durfte. Während die Generalklausel in Art. 83 Abs. 1 GEKR eine nicht individuell ausgehandelte Bestimmung voraussetzt,[234] findet sich in den Klauselkatalogen der Art. 84 und 85 GEKR keine entsprechende Äußerung. Hier ist nur von einer „Vertragsbestimmung“ die Rede. Auch Art. 79 Abs. 1 GEKR, der die Wirkung unfairer Vertragsbestimmungen regelt, spricht nur von

---

230 Schulze/*Možina*, CESL, Annex I, Art. 167 Rn. 13; kritisch hierzu: BDI, Stellungnahme D0485, S. 36, <http://www.bdi.eu/download_content/RechtUndOeffentliches-Auftragswesen/Stn_GB_D485.pdf>.

231 *De Cristofaro* in: Schulze/Stuyck, Towards a European contract law, S. 97, 110; *Ernst* in: Remien/Herrler/Limmer, Gemeinsames Europäisches Kaufrecht, S. 93, 98.

232 Siehe hierzu unter 2.1.1.

233 Siehe hierzu unter 2.1.1.

234 Anders in den Änderungen des vom Europäischen Parlaments angenommenen Textes, dort wurde der Halbsatz „im Sinne von Art. 7 nicht individuell ausgehandelte“ gestrichen: Europäisches Parlament, Angenommene Texte, PE 526.539, Oral P7_TA-PROV (2014) 0159, Abänderung 155, S. 8, 157, <http://www.europarl.europa.eu/sides/getDoc.do?pubRef=-//EP//NONSGML+TA+20140226+-SIT-03+DOC+WORD+V0//DE&language=DE>.

einer Vertragsbestimmung, die von einer Partei gestellt wurde. Es stellt sich daher die Frage, ob Art. 84 und 85 GEKR als Konkretisierung der Generalklausel insoweit auf dieser aufbauen, dass sie nur für nicht individuell ausgehandelte Bestimmungen gelten. Denkbar wäre auch, dass Art. 83 GEKR hinter den Art. 84 und 85 GEKR als speziellere Regeln zurücktritt und die Klauselkataloge auch auf individuell ausgehandelte Bestimmungen Anwendung finden.[235]

Im nationalen Recht der Mitgliedsstaaten zeigt sich bei der Frage, auf welche Vertragsbestimmungen eine Inhaltskontrolle stattzufinden hat, ein uneinheitliches Bild: Art. 3 Abs. 1 KlauselRL sah eine Inhaltskontrolle nur für nicht im Einzelnen ausgehandelte Vertragsbestimmungen vor, zahlreiche Mitgliedsstaaten haben sie jedoch auf individuell ausgehandelte Bestimmungen ausgeweitet.[236] In Art. 6:101 Abs. 1 ACQP wurde auf nicht individuell ausgehandelte Vertragsbestimmungen abgestellt. Im DCFR konnten sich die beteiligten Gruppen in dieser Frage hingegen nicht einigen, weshalb Art. II.-9:403 DCFR zwei Versionen – einmal beschränkt auf nicht individuell ausgehandelte, einmal ausgeweitet auf individuell ausgehandelte Vertragsbestimmungen – enthält.[237] Art. 81 FS sah eine Anwendung der Generalklausel auf individuell ausgehandelte Vertragsbestimmungen vor. Die öffentliche Konsultation im Rahmen des Grünbuchs zur Revision des Verbraucheracquis führte zu dem Ergebnis, dass von einer Mehrheit – insbesondere aus der Wirtschaft – die Beschränkung auf nicht individuell ausgehandelte Vertragsbeschränkung gewünscht wird.[238] Vor allem von Seiten der Verbraucherverbände werde hingegen eine Ausweitung auch auf individuell ausgehandelte Vertragsbestimmungen bevorzugt.[239]

Teilweise wird in der Literatur die Auffassung vertreten, dass zwar die Generalklausel nach Art. 83 GEKR nur auf nicht individuell ausgehandelte Vertragsbestimmungen anwendbar ist, die Klauselkataloge nach Art. 84 und

235 *Ernst* in: Remien/Herrler/Limmer, Gemeinsames Europäisches Kaufrecht, S. 93, 99 f.

236 *Ebers* in: EWeRK e.V., Festgabe H.-P. Schwintowski, S. 43, 60; *Ebers* in: Schulte-Nölke/Twigg-Flesner/Ebers, EG-Verbraucherrechtskompendium, S. 356, 369-370, <http://ec.europa.eu/consumers/cons_int/safe_shop/acquis/comp_analysis_de.pdf>.

237 *Ebers* in: EWeRK e.V., Festgabe H.-P. Schwintowski, S. 43, 60; *Leyens/Schäfer*, AcP 2010, 771, 788; *Pfeiffer* in: Schulze, Common Frame of Reference, S. 177, 183; *Pfeiffer*, ZEuP 2008, 679, 703.

238 Europäische Kommission, Commission Staff Working Paper, S. 6, <http://ec.europa.eu/consumers/cons_int/safe_shop/acquis/acquis_working_doc.pdf>.

239 Europäische Kommission, Commission Staff Working Paper, S. 6, <http://ec.europa.eu/consumers/cons_int/safe_shop/acquis/acquis_working_doc.pdf>.

85 GEKR hingegen auch für individuell ausgehandelte Vertragsbestimmungen gelten sollen.[240] Es findet sich auch die Meinung, dass der Schutz vor unfairen Klauseln nach den Art. 84 und 85 GEKR auf nicht individuell ausgehandelte Vertragsbestimmungen beschränkt sei, aber auf ausgehandelte Bestimmungen ausgeweitet werden sollte.[241] Andere Stimmen gehen davon aus, dass auch die Art. 84 und 85 GEKR nur für nicht individuell ausgehandelte Vertragsbestimmungen gelten[242]. Als Begründung wird angeführt, dass es nicht einleuchtet, dass Art. 84 und 85 GEKR zwar die Generalklausel konkretisieren, aber an andere Bedingungen anknüpfen.[243] Die Forderung, individuell ausgehandelte Vertragsbestimmungen von der Inhaltskontrolle auszuschließen,[244] gründet darauf, dass die Inhaltskontrolle individuell ausgehandelter Vertragsbedingungen ein zu großer Eingriff in die Vertragsfreiheit wäre,[245] dem es an ausreichender Legitimation fehle[246]. Dieser Auffassung ist zu folgen. Im Übrigen wird der Verbraucher auch bei individuell ausgehandelten Vertragsbestimmungen nicht schutzlos gestellt. Zunächst ist eine Ausweitung

---

240 DAV, Stellungnahme Nr. 39/2012, S. 31 f., <http://www.anwaltverein.de/downloads/stellungnahmen/12-04-24-Stellungnahme-Europaeisches-Kaufrecht-endgueltig-ohne-Logo.pdf>; *Ernst* in: Remien/Herrler/Limmer, Gemeinsames Europäisches Kaufrecht, S. 93, 100, Rn. 18; *Wendehorst* in: Wendehorst/Zöchling-Jud, Vorabend eines Gemeinsamen Europäischen Kaufrechts, S. 87, 100.

241 Rechtsausschuss des Europäischen Parlaments, Änderungsanträge 206-531 PE510.560, Änderungsanträge 339, 341, S. 85-87, <http://www.europarl.europa.eu/sides/getDoc.do?pubRef=-%2f%2fEP%2f%2fNONSGML%2bCOMPARL%2bPE-510.560%2b01%2bDOC%2bPDF%2bV0%2f%2fDE>; *Thomas*, Proposal for a Regulation, S. 12, <http://www.europarl.europa.eu/committees/en/juri/studies-download.html?languageDocument=EN&file=79153>.

242 *Budde/Eckhoff* in: Hahn, Gemeinsames Europäisches Kaufrecht, S. 113, 130; *Ernst* in: EWeRK e.V., Festgabe H.-P. Schwintowski, S. 43, 59; *Möslein* in: Schmidt-Kessel, Einheitliches europäisches Kaufrecht?, S. 255, 256.

243 *Budde/Eckhoff* in: Hahn, Gemeinsames Europäisches Kaufrecht, S. 113, 130; *Ernst* in: EWeRK e.V., Festgabe H.-P. Schwintowski, S. 43, 59.

244 Deutscher Bundesrat, BR-Drs. 274/12, S. 15; BDI, Stellungnahme D0485, S. 16.

245 BRAK, Stellungnahme Nr. 38/2011, S. 4, <http://www.brak.de/zur-rechtspolitik/stellungnahmen-pdf/stellungnahmen-europa/2011/juni/stellungnahme-der-brak-2011-38.pdf>; Eidenmüller in: Schulze/von Bar/Schulte-Nölke, Der akademische Entwurf für einen Gemeinsamen Referenzrahmen, S. 73, 94; Miethaner, AGB-Kontrolle vs. Individualvereinbarung, S. 266; *Pfeiffer*, ZEuP 2008, 679, 704.

246 Eidenmüller in: Schulze/von Bar/Schulte-Nölke, Der akademische Entwurf für einen Gemeinsamen Referenzrahmen, S. 73, 94; *Pfeiffer*, ZEuP 2008, 679, 704.

der Inhaltskontrolle auf individuell ausgehandelte Vertragsbestimmungen gar nicht geeignet, um eine allgemeine Vertragsgerechtigkeit zu schaffen.[247] Hierfür kann jedoch auf eine Prüfung des Vertrags auf Gesetzes- und Sittenwidrigkeit zurückgegriffen werden.[248] Zudem ist der Begriff der nicht individuell ausgehandelten Vertragsbestimmung im GEKR sehr weit gefasst, so dass es sich bei Vertragsbestimmungen in Verbraucherverträgen in der Regel um solche handeln dürfte.[249]

Um Zweifel auszuräumen wäre jedoch eine Klarstellung im GEKR sinnvoll, ob auch die Art. 84 und 85 GEKR nur auf nicht individuell ausgehandelte Vertragsbestimmungen anwendbar sind.

3.3.2. Keine Inhaltskontrolle bei deklaratorischen Klauseln

Art. 80 GEKR regelt Vertragsbestimmungen, die von der Inhaltskontrolle ausgenommen sind. So sind nach Art 80 Abs. 1 GEKR deklaratorische Vertragsbestimmungen, die lediglich die Regelungen des GEKR wiederholen, nicht der Inhaltskontrolle der Abschnitte 2 und 3 des achten Kapitels unterworfen.

Ein Kontrollbedürfnis besteht bei deklaratorischen Vertragsbestimmungen nicht. Zum einen würde hier eine Inhaltskontrolle zu dem unsinnigen Ergebnis führen, dass eine für unwirksam erklärte Bestimmung durch eine identische Regelung des GEKR ersetzt werden würde.[250] Zum anderen wurden die dispositiven Regelungen des GEKR schon bei der Erstellung des GEKR auf Fairness geprüft.[251] Im Übrigen darf die Möglichkeit der Inhaltskontrolle nicht dazu führen, dass ein nationaler Richter die Vorschriften des GEKR auf deren Angemessenheit prüft und sich so an die Stelle des Gesetzgebers setzt.[252] Da das GEKR in Art. 80 Abs. 1 GEKR somit eine eigentliche Selbstverständlichkeit regelt, wird

---

247 *Leyens/Schäfer*, AcP 2010, 771, 788-790.

248 *Ebers* in: EWeRK e.V., Festgabe H.-P. Schwintowski, S. 43, 61; *Leyens/Schäfer*, AcP 2010, 771, 788-790.

249 BDI, Stellungnahme D0485, S. 15 f., <http://www.bdi.eu/download_content/RechtUndOeffentlichesAuftragswesen/Stn_GB_D485.pdf>; *Ebers* in: EWeRK e.V., Festgabe H.-P. Schwintowski, S. 43, 61.

250 *Ebers* in: EWeRK e.V., Festgabe H.-P. Schwintowski, S. 43, 57.

251 Schulze/*Mazeaud/Sauphanor-Brouillaud*, CESL, Annex, Art. 80 Rn. 4.

252 *Ebers* in: EWeRK e.V., Festgabe H.-P. Schwintowski, S. 43, 57; Erman/*Roloff*, BGB, § 307 Rn. 38; Ulmer/Brandner/Hensen/*Fuchs*, AGB-Recht, § 307 BGB Rn. 6.

die Ausnahme von deklaratorischen Vertragsbestimmungen teilweise als unnötig[253] bzw. „geradezu idiotisch“[254] bezeichnet.

Ähnliche Regelungen finden sich aber auch in Art. 6:303 Abs. 1 ACQP, Art. II.-9:406 Abs. 1 DCFR, Art. 1 Abs. 2 KlauselRL und zahlreichen nationalen Rechtsordnungen[255], wie zum Beispiel§ 307 Abs. 3 Satz 1 BGB. Auffallend ist, dass die Ausnahmeregelung in den ACQP, dem DCFR und der KlauselRL weiter gefasst ist als nach dem GEKR. So sind nach den ACQP Vertragsbestimmungen, die auf gesetzlichen Bestimmungen oder internationalen Übereinkommen, bei denen die Mitgliedsstaaten oder die EU Vertragsparteien sind, beruhen, ausgenommen.[256] Auch der DCFR beruft sich auf anwendbare Rechtsvorschriften, internationale Übereinkommen und die Regeln des DCFR.[257] Die KlauselRL spricht von bindenden Rechtsvorschriften und Bestimmungen oder Grundsätzen internationaler Übereinkommen.[258] In § 307 Abs. 3 Satz 1 BGB wird nur von „Rechtsvorschriften“ gesprochen, wobei dieser Begriff weit auszulegen ist und alle gültigen Gesetze im materiellen Sinn, einschließlich ungeschriebener Rechtsgrundsätze und Richterrecht, umfasst.[259] Nach Art. 80 Abs. 1 GEKR sind hingegen nur Vertragsbestimmungen ausgenommen, die „Regeln des Gemeinsamen Europäischen Kaufrechts aufgreifen, die gelten würden, wenn der Sachverhalt nicht durch die Vertragsbestimmungen geregelt würde“. Dies bedeutet, dass nach dem GEKR auch Vertragsbestimmungen, die nationales Recht aufgreifen, der richterlichen Inhaltskontrolle unterworfen sind.[260] Fraglich ist, ob das auch gilt, wenn Vertragsbestimmungen nationales Recht zu Bereichen, die im GEKR nicht geregelt sind,[261] wiedergeben. Da in Erwägungsgrund 27 explizit

---

253 BRAK, Stellungnahme Nr. 15/2012, S. 12, <http://www.brak.de/zur-rechtspolitik/stellungnahmen-pdf/stellungnahmen-deutschland/2012/april/stellungnahme-der-brak-2012-15.pdf>.

254 *Ernst* in: Remien/Herrler/Limmer, Gemeinsames Europäisches Kaufrecht, S. 93, 99, Rn. 13.

255 *Ebers* in: Schulte-Nölke/Twigg-Flesner/Ebers, EG-Verbraucherrechtskompendium, S. 356, 402 f., <http://ec.europa.eu/consumers/cons_int/safe_shop/acquis/comp_analysis_de.pdf>.

256 Art. 6:303 Abs. 1 ACQP.

257 Art. II.-9:406 Abs. DCFR.

258 Art. 1 Abs. 2 KlauselRL.

259 BGH, Urt. v. 10.12.92 – I ZR 186/90, NJW 1993, 721, 722; Erman/*Roloff*, BGB, § 307 Rn. 39; Palandt/*Grüneberg*, BGB, § 307 Rn. 51; Ulmer/Brandner/Hensen/*Fuchs*, § 307 BGB Rn. 26.

260 *Möslein* in: Schmidt-Kessel, Einheitliches europäisches Kaufrecht?, S. 255, 271.

261 Erwägungsgrund 27 GEKR-VO.

auf das anwendbare innerstaatliche Recht verwiesen wird, sollte Art. 80 Abs. 1 GEKR so weit ausgelegt werden, dass in diesem Fall eine Inhaltskontrolle ebenfalls ausgeschlossen ist.[262]

3.3.3. Keine Inhaltskontrolle bezüglich des Hauptvertragsgegenstands und der Angemessenheit des Preises

Nach Art. 80 Abs. 2 GEKR unterfällt auch der Hauptgegenstand des Vertrages und die Frage, ob die Höhe des Preises angebracht ist, nicht der Inhaltskontrolle nach Abschnitt 2, wenn der Unternehmer seine Transparenzpflicht nach Art. 82 GEKR erfüllt hat.[263] Diese Ausnahme liegt mit Art. 4 Abs. 2 KlauselRL, Art. 6:303 Abs. 2 ACQP sowie Art. II.-9:406 Abs. 2 DCFR inhaltlich auf einer Linie. Auch aus § 307 Abs. 3 Satz 1 BGB ergibt sich, dass der Hauptgegenstand des Vertrags und die Angemessenheit des Preises nicht von der Inhaltskontrolle erfasst werden soll.[264]

Insbesondere von den Verbraucherschutzverbänden wird gefordert, dass auch der Hauptvertragsgegenstand und die Angemessenheit des Preises kontrolliert werden sollte.[265] Bereits die öffentliche Konsultation im Rahmen des Grünbuchs zur Revision des Verbraucheracquis ergab jedoch, dass eine Ausweitung der Inhaltskontrolle auf den Hauptvertragsgegenstand und die Angemessenheit des Preises von einer Mehrheit nicht gewünscht wird.[266] Dies ist im Ergebnis richtig.

262 *Möslein* in: Schmidt-Kessel, Einheitliches europäisches Kaufrecht?, S. 255, 271.

263 In den Änderungen des vom Europäischen Parlaments angenommenen Texte wurde Art. 80 Abs. 2 GEKR hingegen ersatzlos gestrichen: Europäisches Parlament, Angenommene Texte, PE 526.539, Oral P7_TA-PROV (2014) 0159, Abänderung 153, S. 87, 156 f., <http://www.europarl.europa.eu/sides/getDoc.do?pubRef=-//EP//NONSGML+TA+20140226+SIT-03+DOC+WORD+V0//DE&language=DE>.

264 Erman/*Roloff*, BGB, § 307 Rn. 42, 45; Palandt/*Grüneberg*, BGB, § 307 Rn. 41; Ulmer/Brandner/Hensen/*Fuchs*, AGB-Recht, § 307 BGB Rn. 14, 18.

265 Europäische Kommission, Commission Staff Working Paper, S. 7, <http://ec.europa.eu/consumers/cons_int/safe_shop/acquis/acquis_working_doc.pdf>; *Pachl/Reyna*, Unfair contract terms, S. 11 f., <http://www.europarl.europa.eu/document/activities/cont/201205/20120530ATT46064/20120530ATT46064EN.pdf>;Rechtsausschuss des Europäischen Parlaments, Änderungsanträge 206-531 PE510.560, Änderungsantrag 337, S. 84, <http://www.europarl.europa.eu/sides/getDoc.do?pubRef=-%2f%2fEP%2f%2fNONSGML%2bCOMPARL%2bPE-510.560%2b01%2bDOC%2bPDF%2bV0%2f%2fDE>.

266 Europäische Kommission, Commission Staff Working Paper, S. 7, <http://ec.europa.eu/consumers/cons_int/safe_shop/acquis/acquis_working_doc.pdf>.

Zunächst fehlt es an einem passenden rechtlichen Maßstab zur Kontrolle der vertraglichen Hauptbestimmungen.[267] Zudem ist, wie bereits dargelegt,[268] eine Inhaltskontrolle nicht individuell ausgehandelter Vertragsbestimmungen durch das Marktversagen aufgrund von Informationsasymmetrien erforderlich. Während der Klauselgegner jedoch bei Nebenbedingungen ein rationales Desinteresse an den Tag legt, ist dies bei dem Hauptvertragsgegenstand und dem Preis nicht der Fall. Über diese wird er in der Regel gut informiert sein und die Information seiner Entscheidung zugrunde legen. Daher besteht in diesem Punkt kein Schutzbedürfnis.[269] Da hier somit kein Marktversagen vorliegt, ist davon auszugehen, dass der Markt sich durch die Lenkungs- und Ordnungsfunktion des Wettbewerbs selbst kontrolliert.[270] Eine richterliche Kontrolle des Hauptvertragsgegenstands und der Angemessenheit des Preises würde einen unzulässigen Eingriff in die Marktwirtschaft und in die Vertragsfreiheit darstellen.[271]

Aus diesem Grund ist auch die Einschränkung sinnvoll, dass eine Inhaltskontrolle nur ausgeschlossen ist, wenn der Unternehmer seiner Transparenzpflicht nachgekommen ist.[272] Denn nur bei transparenten Preis- und Leistungsbestimmungen kann der Käufer sich diese ausreichend bewusst machen und mit anderen Angeboten vergleichen und so der Markt funktionsfähig bleiben.[273]

Eine zentrale Frage bei Art. 80 Abs. 2 GEKR ist, wie der Hauptgegenstand des Vertrages von den Nebenbestimmungen abzugrenzen ist. Die kontrollfreien

---

267 Ulmer/Brandner/Hensen/*Fuchs,* AGB-Recht, § 307 BGB Rn. 18; *von Bar/Clive,* DCFR, II.-9:406, A, S. 646.

268 Siehe hierzu unter 3.1.

269 *Jansen,* ZEuP 2010, 69, 74; *Miethaner,* AGB-Kontrolle vs. Individualvereinbarung, S. 110;*Möslein* in: Schmidt-Kessel, Einheitliches europäisches Kaufrecht?, S. 255, 272; Ulmer/Brandner/Hensen/*Fuchs,* AGB-Recht, § 307 BGB Rn. 18.

270 Creifelds Rechtswörterbuch, Stichwort: „Marktwirtschaft“; Gabler Kompakt-Lexikon Wirtschaft, Stichwort: „Marktwirtschaft“, Stichwort: „Preismechanismus“, Stichwort: „Wettbewerb“.

271 *Loos,* ZEuP 2012, 776, 783;*Möslein* in: Schmidt-Kessel, Einheitliches europäisches Kaufrecht?, S. 255, 272; Ulmer/Brandner/Hensen/*Fuchs,* AGB-Recht, § 307 BGB Rn. 18, *von Bar/Clive,* DCFR, II.-9:406, A, S. 646.

272 *Jansen,* ZEuP 2010, 69, 74; *Möslein* in: Schmidt-Kessel, Einheitliches europäisches Kaufrecht?, S. 255, 272; Ulmer/Brandner/Hensen/*Fuchs,* AGB-Recht, § 307 BGB Rn. 22; a. A.: BDI, Stellungnahme D0485, S. 14, <http://www.bdi.eu/download_content/RechtUndOeffentlichesAuftragswesen/Stn_GB_D485.pdf>.

273 *Jansen,* ZEuP 2010, 69, 74; *Möslein* in: Schmidt-Kessel, Einheitliches europäisches Kaufrecht?, S. 255, 272; Ulmer/Brandner/Hensen/*Fuchs,* AGB-Recht, § 307 BGB Rn. 22.

Bereiche des Hauptvertragsgegenstands und des Preises wurden in der KlauselRL[274], der deutschen Rechtsprechung und Literatur[275] sowie dem DCFR[276] eng ausgelegt. So fallen nach der ständigen deutschen Rechtsprechung diejenigen Leistungsbeschreibungen nicht unter die Inhaltskontrolle, ohne die von einem wirksamen Vertrag selbst mangels Bestimmtheit oder Bestimmbarkeit des wesentlichen Vertragsinhalts nicht mehr ausgegangen werden kann.[277] Diese Leistungsbeschreibungen entsprechen im Wesentlichen den essentialia negotii.[278] Auch hinsichtlich des Preises sind nach dem BGB nur diejenigen Bestimmungen kontrollfrei, die unmittelbar die Art und den Umfang der Vergütung festlegen.[279] Der Inhaltskontrolle hingegen unterworfen sind Preisnebenabreden; hierunter fallen auch Preisvorbehalts- und Preisanpassungsklauseln und Entgelte für Neben- und Zusatzleistungen.[280] Im GEKR regelt die zwingende Vorschrift des Art. 71 GEKR, dass eine Vertragsbestimmung, durch die der Verbraucher über die ausgewiesene Vergütung für die vertragliche Hauptverpflichtung hinaus zu einer zusätzlichen Zahlung verpflichtet wird, nicht bindend ist. Hinsichtlich Preisanpassungsklauseln findet sich in Art. 85 k GEKR eine Vermutung der Unfairness. Es ist daher anzunehmen, dass der kontrollfreie Bereich des

274 *Nebbia,* Unfair Contract Terms, S. 124.

275 BGH, Urt. v. 13.07.1994 - IV ZR 107/93, NJW 1994, 2693, 2694; BGH, Urt. v. 30.06.1995 - V ZR 184/94, NJW 1995, 2637, 2638; BGH, Urt. v. 24.03.1999 - IV ZR 90/98, NJW 1999, 2279, 2280; BGH, Urt. v. 22.11.2000 - IV ZR 235/99, NJW 2001, 1132, 1133; BGH, Urt. v. 12.06.2001 - XI ZR 274/00, NJW 2001, 2635, 2636; *Damm,* JZ 1994, 161, 170;Erman/*Roloff,* BGB, § 307 Rn.42-47; Ulmer/Brandner/Hensen/*Fuchs,* AGB-Recht, § 307 BGB Rn. 37-39, 53-54.

276 *Von Bar/Clive,* DCFR, II.-9:406, C, S. 647 f.

277 BGH, Urt. v. 13.07.1994 - IV ZR 107/93, NJW 1994, 2693, 2694; BGH, Urt. v. 30.06.1995 - V ZR 184/94, NJW 1995, 2637, 2638; BGH, Urt. v. 24.03.1999 - IV ZR 90/98, NJW 1999, 2279, 2280; BGH, Urt. v. 22.11.00 - IV ZR 235/99, NJW 2001, 1132, 1133; BGH, Urt. v. 12.06.2001 - XI ZR 274/00, NJW 2001, 2635, 2636; Erman/*Roloff,* BGB, § 307 Rn.42; Ulmer/Brandner/Hensen/*Fuchs,* AGB-Recht, § 307 BGB Rn. 40.

278 Ulmer/Brandner/Hensen/*Fuchs,* AGB-Recht, § 307 BGB Rn. 40.

279 BGH, Urt. v. 20.10.92 - X ZR 95/90, NJW 1993, 1128, 1129; BGH, Beschl. v. 24.09.98 - III ZR 219/97, NJW 1999, 864, 864; BGH, Urt. v. 18.04.2002 - III ZR 199/01, NJW 2002, 2386, 2386; BGH Urt. v. 18.03.10 - III ZR 254/09, NJW 2010, 3222, 3224; Ulmer/Brandner/Hensen/*Fuchs,* AGB-Recht, § 307 BGB Rn. 71.

280 *Nebbia,* Unfair Contract Terms, S. 124; Ulmer/Brandner/Hensen/*Fuchs,* AGB-Recht, § 307 BGB Rn. 75, 79.

Hauptvertragsgegenstands und des Preises im GEKR ähnlich eng abzustecken ist, wie dies im deutschen Recht der Fall ist.[281]

3.3.4. Vertragsbestimmungen mit Regelungsbereich außerhalb des GEKR

Ebenfalls nicht von der Inhaltskontrolle des GEKR umfasst sind Vertragsbestimmungen, die außerhalb des Regelungsbereichs des GEKR[282] liegen. Dies bedeutet, dass in der Praxis wichtige Bestimmungen zu Eigentumsvorbehalten, Stellvertretung, Aufrechnung, Abtretung und Gerichtsstand, aber auch Jugend- und Datenschutz grundsätzlich nicht der Inhaltskontrolle des GEKR unterliegen.[283] Hier ist stattdessen eine Kontrolle der Vertragsbestimmungen durch das nach dem Kollisionsrecht anwendbare nationale Recht durchzuführen.[284]

Dennoch finden sich in den Klauselkatalogen der Art. 84 und 85 GEKR einzelne Vertragsbestimmungen zu Stellvertretung[285], prozessualen Fragen[286], Beweislast[287] und Aufrechnung[288], obwohl diese Bereiche vom Regelungsbereich des GEKR ausgenommen sein sollen. Nach Art. 11 GEKR-VO soll alleine das GEKR und nicht die nationale Rechtsordnung für die Fragen maßgeblich sein, die darin geregelt sind. Solche Regelungen im Sinne des Art. 11 GEKR-VO trifft das GEKR auch in den genannten – eigentlich ausgenommenen – Bereichen, indem es in den Art. 84 und 85 GEKR Klauselverbote hierzu aufführt.[289] Es findet hier somit eine Inhaltskontrolle nach dem GEKR und nicht nach einer nationalen Rechtsordnung statt.[290]

---

281 *Loos*, ZEuP 2012, 776, 783.

282 Erwägungsgründe 27 und 28 GEKR-VO.

283 *Budde/Eckhoff* in: Hahn, Gemeinsames Europäisches Kaufrecht, S. 113, 119; *Ernst* in: Remien/Herrler/Limmer, Gemeinsames Europäisches Kaufrecht, S. 93, 104-105, Rn. 31; *Gsell* in: Remien/Herrler/Limmer, Gemeinsames Europäisches Kaufrecht, S. 145, 156-158, Rn. 27-30.

284 Erwägungsgrund 27 GEKR-VO; *Budde/Eckhoff* in: Hahn, Gemeinsames Europäisches Kaufrecht, S. 113, 119; *Gsell* in: Remien/Herrler/Limmer, Gemeinsames Europäisches Kaufrecht, S. 145, 154 Rn. 23.

285 Art. 84 c GEKR.

286 Art. 84 d, e GEKR.

287 Art. 85 a GEKR.

288 Art. 85 c GEKR.

289 *Möslein* in: Schmidt-Kessel, Einheitliches europäisches Kaufrecht?, S. 255, 283.

290 *Möslein* in: Schmidt-Kessel, Einheitliches europäisches Kaufrecht?, S. 255, 283; *Wendehorst* in: Wendehorst/Zöchling-Jud, Am Vorabend eines Gemeinsamen

3.4. Ausschluss der Inhaltskontrolle

Art. 81 GEKR legt fest, dass die Regelungen zu unfairen Vertragsbestimmungen im achten Kapitel zwingend sind. Die Parteien dürfen sie daher in keinem Fall ausschließen, von ihnen abweichen oder ihre Wirkung abändern. Eine Vertragsbestimmung, die auf einen Ausschluss oder eine Abänderung des achten Kapitels abzielt, ist unwirksam.[291]

Europäischen Kaufrechts, S. 87, 103; kritisch hierzu: *Eidenmüller et al.*, JZ 2012, 269, 278f., 289.

291 Schulze/*Mazeaud/Sauphanor-Brouillaud*, CESL, Annex I, Art. 81 Rn. 3.

4. Klausellisten in Art. 84 und 85 GEKR

4.1. Klauseln zum Vertragsschluss

Grundvoraussetzung für die Geltung von Vertragsbestimmungen ist, dass der Vertrag zustande gekommen ist. Vertragsabschlussklauseln regeln jedoch Fragen, die vor dem wirksamen Zustandekommen eines Vertrags auftreten. Dennoch werden sie im deutschen Recht Vertragsbestimmungen gleichgesetzt und der Inhaltskontrolle unterworfen.[292] Dies ist im GEKR offensichtlich auch der Fall, da in der grauen Liste des Art. 85 GEKR mit den Art. 85 d, 85 k, 85 o GEKR auch Vertragsabschlussklauseln aufgeführt sind.[293] Art. 84 GEKR beinhaltet keine Vertragsabschlussklauseln. Für die Praxis besonders relevant sind die Klauselverbote in Art. 85 k zu Preiserhöhungsklauseln und Art. 85 o GEKR zu überlangen Bindungsfristen an das Angebot.[294]

4.1.1. Preiserhöhungsklauseln, Art. 85 k GEKR

Nach Art. 85 k Alt. 1 GEKR besteht bei Klauseln die Vermutung der Unfairness, wenn sie dem Verwender erlauben, den Preis für Waren, digitale Inhalte oder verbundene Dienstleistungen zum Zeitpunkt der Lieferung, Bereitstellung oder Erbringung festzulegen. Auch bei Klauseln, wonach der Unternehmer den Preis erhöhen kann, besteht eine Vermutung der Unfairness nach Art. 85 k Alt. 2 GEKR.[295] Nach

---

292 BGH, Urt. v. 11.06.2010 – V ZR 85/09, NJW 2010, 2873, 2873; Erman/*Roloff*, BGB, § 308 Rn. 2.

293 Schulze/*Mazeaud/Sauphanor-Brouillaud*, CESL, Annex I, Art. 85 Rn. 5.

294 *Docekal* in: Wendehorst/Zöchling-Jud, Am Vorabend eines Gemeinsamen Europäischen Kaufrechts, S. 297, 312 f.

295 Auch hinsichtlich der nachträglichen Erhöhung des Preises gibt es Änderungen in dem vom Europäischen Parlaments angenommenen Text. Demnach sollen Klauseln per se unfair sein, die es dem Unternehmer ermöglichen, „für seine Leistung ein höheres als das bei der Vertragsschließung bestimmte Entgelt zu verlangen, es sei denn, dass der Vertrag bei Vorliegen der vereinbarten Voraussetzungen für eine Entgeltänderung auch eine Entgeltsenkung vorsieht, dass die für die Entgeltänderung maßgebenden Umstände im Vertrag umschrieben und sachlich gerechtfertigt

Art. 85 k GEKR[296] ist dies jedoch nur der Fall, wenn dem Verbraucher bei einer im Verhältnis zu dem bei Vertragsschluss vereinbarten Preis zu hohen Preiserhöhung nicht das Recht eingeräumt wird, den Vertrag zu widerrufen. Eine vergleichbare Klausel findet sich auch in Anhang 1 l KlauselRL.

Ein solches Klauselverbot ist grundsätzlich aus zwei Gesichtspunkten sinnvoll. Zum einen wird der Verbraucher vor einem unzumutbaren Risiko durch einen nicht vorhersehbaren Preis geschützt.[297] Zum anderen würden nachträgliche, einseitige Preiserhöhungen dazu führen, dass – für einen funktionierenden Wettbewerb wichtige – Preisvergleiche vor Vertragsschluss als Entscheidungsgrundlage an Bedeutung verlieren.[298] Andererseits wäre es verfehlt, solche Preisänderungsklauseln in jedem Fall zu untersagen. Vertragsbestimmungen, die die Möglichkeit einer Preisänderung regeln, sind vor allem bei langfristigen Lieferzeiten von hoher Bedeutung, um das Gleichgewicht zwischen Leistung und Preis während der Vertragsdauer zu erhalten.[299] Gerade bei Verträgen, bei denen eine lange Zeit zwischen Vertragsschluss und Lieferung liegt, steigt die Wahrscheinlichkeit von Preiserhöhungen, die der Verkäufer nicht zu verantworten hat.[300] Solche Verträge würden für den Verkäufer ein großes Risiko darstellen. Preisänderungsklauseln erlauben dem Verkäufer, das Risiko langfristiger Kalkulation zu senken und seine Gewinnspanne auch bei nachträglichen und für ihn nachteiligen Kostensteigerungen zu sichern.[301] Dies hat auch für den

---

sind sowie die Preisänderung nicht vom Unternehmer willkürlich herbeigeführt werden kann": Europäisches Parlament, Angenommene Texte, PE 526.539, Oral P7_TA-PROV (2014) 0159, Abänderung 161, S. 87, 159 f. und Abänderung 171, S. 87, 163, <http://www.europarl.europa.eu/sides/getDoc.do?pubRef=-//EP//NONSGML+TA+20140226+SIT-03+DOC+WORD+V0//DE&language=DE>.

296 Art. 85 k GEKR entspricht im Wesentlichen Art. 6:305 Nr. 1 k ACQP und Art. II.-9:410 Nr. 1 k DCFR.

297 *Niebling,* Allgemeine Geschäftsbedingungen, S. 141; Ulmer/Brandner/Hensen/*Fuchs,* AGB-Recht, § 309 Nr. 1 BGB Rn. 1.

298 Erman/*Roloff,* BGB, § 309 Rn. 1; *Niebling,* Allgemeine Geschäftsbedingungen, S. 141; Ulmer/Brandner/Hensen/*Fuchs,* AGB-Recht, § 309 Nr. 1 BGB Rn. 1; *van Gool,* Problematik des Rechts der missbräuchlichen Klauseln, S. 252.

299 BDI, Stellungnahme D0485, S. 13, <http://www.bdi.eu/download_content/RechtUndOeffentlichesAuftragswesen/Stn_GB_D485.pdf>; Erman/*Roloff,* BGB, § 309 Rn. 1, 9; *Niebling,* Allgemeine Geschäftsbedingungen, S. 141; *von Westphalen,* Allgemeine Verkaufsbedingungen, S. 67.

300 Tamm/Tonner/*Tamm,* Verbraucherrecht, § 16 Rn. 105.

301 BGH, Urt. v. 27.01.2010 – VIII ZR 326/08, NJW-RR 2010, 1205, 1209; Erman/*Roloff,* BGB, § 309 Rn. 9; *von Westphalen,* Allgemeine Verkaufsbedingungen, S. 67.

Verbraucher einen positiven Effekt, da der Verkäufer sein Risiko nicht bereits bei Vertragsschluss durch Risikoabschläge auf den Preis abwälzen muss.[302] Sofern das Risiko sich nicht verwirklicht, profitiert der Verbraucher somit durch einen niedrigeren Preis als dies ohne eine Preisanpassungsklausel voraussichtlich der Fall wäre. Diesem Spannungsverhältnis zwischen dem Schutz von Verbraucher und Wettbewerb einerseits und dem Bedürfnis von Preisanpassungsklauseln der Unternehmer andererseits trägt das GEKR Rechnung, indem das Klauselverbot nicht der schwarzen Liste in Art. 84 GEKR, sondern der grauen Liste in Art. 85 GEKR zugeordnet und somit eine Wertung möglich ist.

Aus dem GEKR geht nicht eindeutig hervor, ob sich die Ausnahme bezüglich des Rechts zum Widerruf nur auf die Preiserhöhung nach Art. 85 k Alt. 2 GEKR oder auch auf die Preisfestsetzung nach Art. 85 k Alt. 1 GEKR bezieht.[303] In Anhang 1 lKlauselRL wird hingegen explizit ausgeführt, dass die Ausnahme „in beiden Fällen" nur greift, wenn der Verbraucher bei einer unverhältnismäßig hohen Preiserhöhung ein Recht zum Rücktritt hat. Sofern mit der Preisfestsetzung nach Art. 85 k Alt. 1 GEKR die erstmalige Festsetzung des Preises bei Lieferung gemeint ist,[304] würde es keinen Sinn machen, die Zulässigkeit der Vertragsbestimmung an ein Recht zum Widerruf zu knüpfen. Bei Vertragsschluss würde es hier keinen vereinbarten Preis geben, mit dem man die Preiserhöhung in Verhältnis setzen könnte.[305] Die Auffassung, dass „Preisfestsetzung" die Festsetzung eines höheren als des bei Vertragsschluss vereinbarten Preises bei Lieferung, nicht aber die nachträgliche Bestimmung eines zuvor offenen Preises und „Preiserhöhung" eine einseitige Preiserhöhung im Allgemeinen bedeuten soll,[306] vermag nicht zu überzeugen. Zum einen impliziert die Formulierung „festgesetzt wird", dass es sich um einen zuvor nicht festgelegten Preis handelt. Ansonsten wäre auch hier die Formulierung „erhöht wird" treffender gewesen. Zum anderen erscheint es nicht einleuchtend, in dem Klauselverbot zusätzlich zu der allgemeinen Preiserhöhung – unabhängig vom Zeitpunkt der Erhöhung – auch die von der allgemeinen Preiserhöhung umfasste, speziellere Erhöhung des Preises zum Lieferzeitpunkt aufzuführen. Es ist daher anzunehmen, dass Art. 85 k Alt. 1 GEKR die erstmalige Festsetzung regelt und bei der Erstellung des GEKR

302 *Von Westphalen,* Allgemeine Verkaufsbedingungen, S. 67.
303 Auch die englische Textfassung des GEKR liefert hier keine Klarheit.
304 Dies bejaht bzgl. der KlauselRL: Ulmer/Brandner/Hensen/*Fuchs,* AGB-Recht, § 309 Nr. 1 BGB Rn. 4; a. A.: *van Gool,* Problematik des Rechts missbräuchlicher Klauseln, S. 252 f.
305 Ulmer/Brandner/Hensen/*Fuchs,* AGB-Recht, § 309 Nr. 1 BGB Rn. 4.
306 *Van Gool,* Problematik des Rechts der missbräuchlichen Klauseln, S. 252 f.

mit Absicht auf den Zusatz „in beiden Fällen" verzichtet wurde, weshalb sich die Ausnahme lediglich auf Art. 85 k Alt. 2 GEKR beziehen dürfte.

Art. 85 k GEKR[307] regelt weiter, dass Preisindexklauseln, sofern erlaubt, zulässig sind, wenn die Methode, nach der sich die Preise ändern, ausdrücklich beschrieben ist. Bei einer Preisindexklausel passt sich der Preis einer Ware an bestimmte Bezugsgrößen außerhalb des Einflussbereichs des Verkäufers, beispielsweise der Preisentwicklung von Rohstoffen, an.[308] Das Erfordernis, dass die Methode ausführlich beschrieben sein muss, erklärt sich dadurch, dass der Verbraucher sich über die voraussichtlichen Belastungen informieren und die Preiserhöhungen kontrollieren können soll.[309] Problematisch ist jedoch, dass das GEKR keine Regelung dazu erhält, wann Preisindexklauseln erlaubt sind,[310] so dass hier ein Rückgriff auf nationales Recht erfolgen muss.

Im Gegensatz zu Art. 85 k GEKR[311] findet sich in § 309 Nr. 1 BGB eine Preiserhöhungsklausel ohne Wertungsmöglichkeit. Dennoch erkennt auch das deutsche Recht an, dass bei langfristigen Verträgen ein berechtigtes Interesse des Verkäufers an Preiserhöhungsklauseln bestehen kann.[312] Das Klauselverbot in § 309 Nr. 1 BGB umfasst daher nur solche Bestimmungen, die kurzfristige Preiserhöhungen für Waren oder Leistungen vorsehen. Nicht umfasst von § 309 Nr. 1 BGB sind Preiserhöhungsklauseln in Dauerschuldverhältnissen oder Verträgen mit einer längeren Lieferzeit als vier Monaten nach Vertragsschluss. Der Verbraucher wird bei Preiserhöhungsklauseln für Dauerschuldverhältnisse oder langer Lieferzeit jedoch nicht schutzlos gestellt. Solche Klauseln sind zwar grundsätzlich zulässig, aber an § 307 Abs. 1 BGB zu messen.[313] Die

---

307 Ebenso Anhang 2 d KlauselRL, Art. 6:305 Nr. 1 k ACQP, Art. II.-9:410 Nr. 1 k DCFR.

308 *Van Gool*, Problematik des Rechts der missbräuchlichen Klauseln, S. 255.

309 *Van Gool*, Problematik des Rechts der missbräuchlichen Klauseln, S. 255.

310 Vzbv, Ein Gemeinsames Europäisches Kaufrecht Teil II, S. 16, <http://vzbv.de/cps/rde/xbcr/vzbv/Gemeinsames_Europaeisches_Kaufrecht-Stellungnahme-vzbv-2012-05-13.pdf>.

311 Ebenso Anhang 1 l, 2 d KlauselRL, Art. 6:305 Nr. 1 k ACQP und Art. II.-9:410 Nr. 1 k DCFR.

312 Erman/*Roloff*, BGB, § 309 Rn. 1, 9; *Niebling*, Allgemeine Geschäftsbedingungen, S. 141;Ulmer/Brandner/Hensen/*Fuchs*, AGB-Recht, § 309 Nr. 1 BGB Rn. 28; *von Westphalen*, Allgemeine Verkaufsbedingungen, S. 67.

313 BGH, Urt. v. 21.09.2005 – VIII ZR 38/05, NJW-RR 2005, 1717, 1717; Erman/*Roloff*, BGB, § 309 Rn. 1; *Niebling*, Allgemeine Geschäftsbedingungen, S. 141; Palandt/*Grüneberg*, BGB, §309 Rn. 8; Tamm/Tonner/*Tamm*, Verbraucherrecht, § 16 Rn. 106; *von Westphalen*, Allgemeine Verkaufsbedingungen, S. 68.

Anforderungen, die an die Ausgewogenheit und Transparenz solcher Klauseln nach § 307 Abs. 1 BGB gestellt werden, sind hoch.[314] Eine Preisanpassung ist nur mit einem sachlichen Grund und in angemessenem Umfang möglich.[315] Der Grund und Umfang der Preisanpassung sowie die Anpassungsmaßstäbe sind konkret festzulegen.[316] Soll eine wesentliche Preiserhöhung erfolgen, muss dem Verbraucher das Recht eingeräumt werden, sich vom Vertrag lösen zu können.[317] Insbesondere darf der Verkäufer eine Änderung seiner Kosten nicht unbegrenzt auf den Verbraucher abwälzen oder sich durch die Preisänderung einen zusätzlichen Gewinn verschaffen.[318]

An Art. 85 k GEKR wurde kritisiert, dass das Klauselverbot für die Industrie nicht tragbar sei, da bei längerer Lieferzeit Preiserhöhungen möglich sein müssten.[319] Diese Auffassung kann nicht geteilt werden. Auch nach Art. 85 k GEKR ist es möglich, einen bei Vertragsschluss vereinbarten Preis, insbesondere bei langer Lieferzeit, zu erhöhen, wenn der Verbraucher bei einer unverhältnismäßig hohen Erhöhung ein Widerrufsrecht eingeräumt bekommt. Solange die Preiserhöhung angemessen und verhältnismäßig ist, dürfte sie nach dem GEKR zulässig sein. Dies entspricht auch der Regelung im deutschen Recht, so dass die Unternehmer durch das GEKR nicht schlechter gestellt werden.

Es lässt sich daher feststellen, dass der Schutz vor Preiserhöhungsklauseln nach Art. 85 k GEKR mit dem Schutz im deutschen Recht weitestgehend vergleichbar ist. In einigen Punkten ist das Schutzniveau des Art. 85 k GEKR geringer als das des BGB. Nach § 309 Nr. 1 BGB sind nämlich – im GEKR grundsätzlich zulässige – Preisindexklauseln und Preiserhöhungsklauseln, die ein Recht zum Widerruf vorsehen, immer unwirksam, sofern die Preiserhöhung Ware betrifft, die innerhalb von vier Monaten nach Vertragsschluss geliefert werden soll.[320] Zudem stellt

---

314 BGH, Urt. v. 21.09.2005 – VIII ZR 38/05, NJW-RR 2005, 1717, 1717; Palandt/*Grüneberg*, BGB, § 309 Rn. 8; *von Westphalen*, Allgemeine Verkaufsbedingungen, S. 68.

315 Tamm/Tonner/*Tamm*, Verbraucherrecht, § 16 Rn. 106.

316 BGH, Urt. v. 26.05.1986 – VIII ZR 218/85, NJW 1986, 3134, 3135; Erman/*Roloff*, BGB, § 309 Rn. 9; Palandt/*Grüneberg*, BGB, § 309 Rn. 8; Tamm/Tonner/*Tamm*, Verbraucherrecht, § 16 Rn. 107; Ulmer/Brandner/Hensen/*Fuchs*, AGB-Recht, § 309 Nr. 1 BGB Rn. 29.

317 Tamm/Tonner/*Tamm*, Verbraucherrecht, § 16 Rn. 106.

318 BGH, Urt. v. 15.11.2007 – III ZR 247/06, NJW 2008, 360, 361; Palandt/*Grüneberg*, BGB, § 309 Rn. 8; *von Westphalen*, Allgemeine Verkaufsbedingungen, S. 68.

319 BDI, Stellungnahme D0485, S. 13, <http://www.bdi.eu/download_content/RechtUndOeffentlichesAuftragswesen/Stn_GB_D485.pdf>.

320 Ulmer/Brandner/Hensen/*Fuchs*, AGB-Recht, § 309 Nr. 1 BGB Rn. 7.

§ 309 Nr. 1 BGB, anders als Art. 85 k GEKR, bei der Unwirksamkeit kurzfristiger Preiserhöhungen nicht auf einen unverhältnismäßig hohen Preis ab.[321]

4.1.2. Klauseln zu einer überlangen Bindungsfrist an das Angebot, Art. 85 o GEKR

Klauseln, die den Käufer überlange an sein Angebot binden, benachteiligen diesen unangemessen, da er bis zur Annahme nicht sicher sein kann, ob der Vertrag zustande kommt oder nicht.[322] Insbesondere kann er während dieser Schwebezeit die Ware, wenn er zum Beispiel auf sie angewiesen ist, nicht anderweitig beziehen.[323] Art. 85 o GEKR[324] ordnet daher Klauseln, die dem Verwender eine unangemessen lange oder nicht hinreichend bestimmte Frist für die Annahme oder Ablehnung des Angebots vorbehalten der grauen Liste zu. Auch § 308 Nr. 1 BGB enthält, mit nahezu identischem Wortlaut, eine Klausel mit Wertungsmöglichkeit.

Bei der Bestimmung einer „unangemessen langen Frist" nach Art. 85 k GEKR kann – sofern der Anbietende keine Frist gesetzt hat – auf die Regelung des Art. 36 Abs. 2 GEKR zu der Frage, wann die Annahme zu erfolgen hat, zurückgegriffen werden. Art. 36 Abs. 2 GEKR ist jedoch vage gehalten und wird durch die Rechtsprechung näher zu konkretisieren sein. Die Annahme muss demnach innerhalb „einer angemessenen Frist" nach Abgabe des Angebots erfolgen. Zur Bestimmung der angemessenen Frist sind alle Umstände, wie der Geschwindigkeit des vom Anbietenden genutzten Kommunikationsmittels und des Vertragstyps, in Betracht zu ziehen.[325]

Bei § 308 Nr. 1 BGB ist eine ausführliche Konkretisierung bereits erfolgt, auf die zurückgegriffen werden kann. Bei der Beurteilung der angemessenen Annahmefrist sind zunächst alle für den Vertragsgegenstand typischen Umstände maßgeblich.[326] Auch die Verkehrsanschauung[327] und die Besonderheiten

321 Ulmer/Brandner/Hensen/*Fuchs*, AGB-Recht, § 309 Nr. 1 BGB Rn. 7.

322 Erman/*Roloff*, BGB, § 308 Rn. 1; Tamm/Tonner/*Tamm*, Verbraucherrecht, § 16 Rn. 165; Ulmer/Brandner/Hensen/*Schmidt*, AGB-Recht, § 308 Nr. 1 BGB Rn. 8.

323 Erman/*Roloff*, BGB, § 308 Rn. 1.

324 Weder in der KlauselRL noch in den ACQP oder dem DCFR ist ein entsprechendes Klauselverbot vorgesehen.

325 Schulze/*Terryn*, CESL, Annex I, Art. 36 Rn. 3.

326 BGH, Urt. v. 06.03.86 – III ZR 234/84, NJW 1986, 1807, 1808; BGH, Urt. v. 13.09.00 –VIII ZR 34/00, NJW 2001, 303, 303; Tamm/Tonner/*Tamm*, Verbraucherrecht, § 16 Rn. 166; Ulmer/Brandner/Hensen/*Schmidt*, AGB-Recht, § 308 Nr. 1 BGB Rn. 11.

327 OLG Köln, Urt. v. 21.05.99 – 6 U 122/98, NJW-RR 2001, 198, 198; Tamm/Tonner/*Tamm*, Verbraucherrecht, § 16 Rn. 166.

der jeweiligen Branche[328] müssen berücksichtigt werden. Zudem ist eine Abwägung der Interessen des Unternehmers, zum Beispiel der Wunsch einer längeren Frist durch erforderliche Verhandlungen mit Lieferanten oder der Kontrolle der Kreditwürdigkeit des Käufers,[329] mit den Verbraucherinteressen, zum Beispiel der Dringlichkeit und der Angewiesenheit auf die Ware,[330] durchzuführen.[331] Hinsichtlich der hinreichenden Bestimmtheit der Annahmefrist muss es dem Durchschnittskunden problemlos und ohne rechtliche Beratung möglich sein, den Fristablauf zu bestimmen.[332] Insbesondere müssen Beginn und Dauer der Frist sowie mögliche Verlängerungstatbestände genau bezeichnet sein.[333]

Es wird sich zeigen, wie die Anforderungen an eine wirksame Verlängerung der Annahmefrist durch eine nicht individuell ausgehandelte Vertragsbestimmung nach Art. 85 o GEKR durch die Rechtsprechung konkret ausgestaltet werden. Es ist jedoch zu erwarten, dass das Schutzniveau des Verbrauchers vor einer überlangen Bindung an sein Angebot nach Art. 85 o GEKR und § 308 Nr. 1 BGB weitgehend übereinstimmen dürfte.

4.2. Klauseln zur Wirkung von Verträgen

Verbote von Klauseln, die die Wirkung von Verträgen regeln, finden sich in den Art. 84 c, 84 f, 84 g, 84 j, 84 k, 85 c, 85 i, 85 j, 85 m, 85 n, 85 p, 85 r, 85 s, 85 t und 85 u GEKR.[334] Im Folgenden soll näher auf die in der Praxis wichtigen Klauseln zur Vorleistung bzw. dem Leistungsverweigerungsrecht, Art. 84 g, 84 j und 85 s GEKR, eingegangen werden. Auch Klauseln zur Übertragung vertraglicher Rechte und Pflichten, Art. 85 m GEKR, sollen behandelt werden, da die Regelung des GEKR hierzu einige Probleme aufwirft.

---

328 *Niebling,* Allgemeine Geschäftsbedingungen, S. 134.

329 Tamm/Tonner/*Tamm,* Verbraucherrecht, § 16 Rn. 166.

330 Tamm/Tonner/*Tamm,* Verbraucherrecht, § 16 Rn. 166.

331 Erman/*Roloff,* BGB, § 308 Rn. 3; Tamm/Tonner/*Tamm,* Verbraucherrecht, § 16 Rn. 166.

332 AG Aachen, Urt. v. 30.03.1990 – 81 C 436/89, NJW-RR 1990, 1015, 1015; Erman/*Roloff,* BGB, § 308 Rn. 6;Palandt/*Grüneberg,* BGB, § 308 Rn. 5; Ulmer/Brandner/Hensen/*Schmidt,* AGB-Recht, § 308 Nr. 1 BGB Rn. 14.

333 Erman/*Roloff,* BGB, § 308 Rn. 6; Palandt/*Grüneberg,* BGB, § 308 Rn. 5.

334 Schulze/*Mazeaud/Sauphanor-Brouillaud,* CESL, Annex I, Art. 84 Rn. 5 – 10, Art. 85 Rn. 6.

4.2.1. Klauseln zu Vorleistung bzw. Leistungsverweigerung, Art. 84 g, 84 j und 85 s GEKR

Nicht ganz klar ist das Verhältnis der Art. 84 g, 84 j und 85 s GEKR zueinander. Art. 84 g GEKR[335] erklärt Klauseln als per se unfair, wenn sie den Verbraucher, nicht aber den Unternehmer zur Einhaltung des Vertrages verpflichten. Nach Art. 84 j GEKR[336] sind Klauseln per se unfair, wenn sie vom Verbraucher die Bezahlung nicht gelieferter Ware bzw. nicht bereitgestellter digitaler Inhalte oder nicht erbrachte verbundene Dienstleistungen verlangen. Nur vermutet wird die Unfairness nach Art. 85 s GEKR[337] bei Klauseln, die vom Verbraucher überhöhte Vorauszahlungen oder überhöhte Sicherheiten für die Erfüllung der Verpflichtungen verlangen.

Art. 84 j GEKR regelt, ebenso wie Art. 84 g GEKR, den Ausschluss des Leistungsverweigerungsrechts des Kunden.[338] Das Leistungsverweigerungsrecht dient einerseits als Druckmittel für den Käufer, andererseits einem angemessenen Interessenausgleich und darf daher nicht ausgeschlossen werden.[339] Es soll durch ein Klauselverbot verhindert werden, dass alleine der Käufer an die Erfüllung seiner Verpflichtung gebunden bleibt und der gegenseitige Vertrag faktisch in eine einseitige Verpflichtung umgewandelt wird.[340] Ein entsprechendes Klauselverbot findet sich, ebenfalls ohne Wertungsmöglichkeit, in § 309 Nr. 2 a BGB, wonach das Leistungsverweigerungsrecht nach § 320 BGB durch AGB nicht ausgeschlossen oder eingeschränkt werden darf. Das Schutzniveau der Art. 84 g und 84 j GEKR deckt sich daher mit dem des deutschen Rechts.

Das Nebeneinander von Art. 84 g und 84 j GEKR, die beide zum Inhalt haben, dass dem Käufer sein Leistungsverweigerungsrecht nach Art. 113 GEKR nicht genommen werden kann, ist nicht verständlich. Dies gilt umso mehr, wenn man in Betracht zieht, dass das Recht auf Zurückhaltung der Leistung nach Art. 113 GEKR durch Art. 108 GEKR ohnehin für zwingend erklärt

335 Entspricht am ehesten Anhang 1 o KlauselRL, keine Entsprechung findet sich hingegen in den ACQP und im DCFR.

336 Entspricht am ehesten Anhang 1 o KlauselRL, keine Entsprechung findet sich hingegen in den ACQP und im DCFR.

337 Ohne Entsprechung in der KlauselRL, den ACQP und dem DCFR.

338 Schulze/*Mazeaud/Sauphanor-Brouillaud*, CESL, Annex I, Art. 84 Rn. 7, 8; *von Westphalen* in: Hahn, Gemeinsames Europäisches Kaufrecht, S. 39, 58 ff.

339 Tamm/Tonner/*Tamm*, Verbraucherrecht, § 16 Rn. 111; Ulmer/Brandner/Hensen/*Schäfer*, AGB-Recht, § 309 Nr. 2 BGB Rn. 1.

340 Schulze/*Mazeaud/Sauphanor-Brouillaud*, CESL, Annex I, Art. 84 Rn. 7, 8.

wurde. Denn nach Art. 108 GEKR kann in Verbraucherverträgen die Anwendung des Kapitel 11, in dem Art. 113 GEKR geregelt ist, nicht zum Nachteil des Verbrauchers ausgeschlossen, von ihm abgewichen oder seine Wirkung abgeändert werden, bevor der Verbraucher den Unternehmer von der Vertragswidrigkeit in Kenntnis gesetzt hat. Es ist nicht nachvollziehbar, weshalb die schwarze Liste des Art. 84 GEKR hierzu nicht nur eine, sondern gleich zwei Klauselverbote enthält.

Es besteht in der Literatur Verunsicherung, ob Art. 84 j GEKR auch Vorleistungsklauseln, insbesondere die formularmäßige Vereinbarung der im Internet verbreiteten Vorauskasse, verbieten soll.[341] Diese Unsicherheit lässt sich durch die Formulierung „die Bezahlung nicht gelieferter Waren" erklären, da hierbei offen bleibt, ob sich Art. 84 j GEKR auch auf Fälle der Vorauskasse bezieht, bei denen die Lieferung noch nicht erfolgt ist, aber nach der Zahlung erfolgen wird. Dass die Vereinbarung einer Vorauskasse von Art. 84 j GEKR nicht umfasst sein soll, wird durch die englische Sprachfassung des GEKR impliziert, der von „not actually delivered" spricht. Der entsprechende Vorschlag in Art. 83 k FS war hier mit der Formulierung „not actually delivered [...] at all" noch etwas deutlicher. Zudem ist es unwahrscheinlich, dass Art. 84 j GEKR ein allgemeines Verbot von Klauseln zur Vorauskasse enthalten soll, während Art. 85 s GEKR bei Klauseln mit überhöhten Vorauszahlungen nur die Unfairness vermutet. Auch aus Art. 113 Abs. 2 GEKR geht hervor, dass eine Vorleistungspflicht erlaubt sein kann. Art. 84 j GEKR verbietet daher keine Vereinbarungen der Vorauskasse. Um solche Missverständnisse zu vermeiden, wäre eine entsprechende Klarstellung wünschenswert.[342] Im Ergebnis entspricht dies auch dem deutschen Recht, wonach die Zulässigkeit von Vorleistungsklauseln nicht an § 309 Nr. 2 BGB festzumachen ist.[343] Das durch § 309 Nr. 2 a BGB geschützte Leistungsverweigerungsrecht besteht nach § 320 Abs. 1 Satz 1 BGB nur, wenn keine Vorleistungspflicht besteht.[344]

---

341 Deutscher Bundesrat, BR-Drs. 274/12, S. 15; *Peck* in: Wendehorst/Zöchling-Jud, Am Vorabend eines Gemeinsamen Europäischen Kaufrechts, S. 289, 293; vzbv, Ein Gemeinsames Europäisches Kaufrecht Teil II, S. 15, <http://vzbv.de/cps/rde/xbcr/vzbv/Gemeinsames_Europaeisches_Kaufrecht-Stellungnahme-vzbv-2012-05-13.pdf>.

342 Deutscher Bundesrat, BR-Drs. 274/12, S. 15.

343 Erman/*Roloff*, BGB, § 309 Rn. 21; Tamm/Tonner/*Tamm*, Verbraucherrecht, § 16 Rn. 112.

344 Erman/*Roloff*, BGB, § 309 Rn. 21.

Vorleistungsklauseln sind jedoch an § 307 Abs. 1 BGB zu messen.[345] Während der Verkäufer durch eine Vorleistung des Käufers seine eigenen Aufwendungen absichern kann, verliert der Käufer sein Druckmittel gegenüber dem Verkäufer auf Erbringung der Leistung.[346] Vorleistungsklauseln werden im deutschen Recht daher nur dann als zulässig angesehen, wenn sie durch einen sachlichen Grund gerechtfertigt sind und ihnen keine überwiegenden Belange des Kunden entgegenstehen.[347] Bei Kaufverträgen besteht ein solcher sachlicher Grund grundsätzlich nicht.[348] Anders sieht es hingegen für– bei grenzüberschreitenden Verbraucherverträgen häufige – Verträge über Fernabsatz bzw. das Internet aus, da es hier in der Natur der Sache liegt, dass eine Leistung Zug-um-Zug nicht möglich ist.[349] Bei Fernabsatz- und Onlinekaufverträgen ist die Vereinbarung von Vorauskasse daher nach deutschem Recht grundsätzlich möglich.

Auch das graue Klauselverbot in Art. 85 s GEKR verbietet Vorleistungen nicht grundsätzlich. Nur bei der Vereinbarung von überhöhten Vorauszahlungen oder überhöhten Sicherheiten wird die Unfairness vermutet. Offen bleibt bis zur Konkretisierung des Art. 85 s GEKR durch die Rechtsprechung, in welcher Höhe Vorauszahlungen als nicht überhöht gelten. Es stellt sich aufgrund des Wortlauts auch die Frage, ob die Vorauszahlung des vollständigen Kaufpreises, wie dies durch Vorauskasse regelmäßig vorkommt, erlaubt sein soll. Wäre dies nicht der Fall, wäre Art.85 s GEKR für die Verkäufer deutlich nachteiliger als die Regelung des deutschen Rechts. Für den Verbraucher hätte es zur Folge, dass er weniger Zahlungsmöglichkeiten zur Auswahl hat. Zu klären wäre weiter, ob bei der Vorauszahlung nur eines – nicht überhöhten - Teilbetrags unter Umständen eine Ratenzahlung anzunehmen sein könnte, die eine Finanzierungshilfe im Sinne des Art. 6 Abs. 2 GEKR-VO wäre.[350] Dies würde zu dem absurden Ergebnis führen, dass eine Anwendung des Art. 85 s

345 Erman/*Roloff*, BGB, § 309 Rn. 21; Tamm/Tonner/*Tamm*, Verbraucherrecht, § 16 Rn. 112; Ulmer/Brandner/Hensen/*Schäfer*, AGB-Recht, § 309 Nr. 2 BGB Rn. 12.

346 Ulmer/Brandner/Hensen/*Schäfer*, AGB-Recht, § 309 Nr. 2 BGB Rn. 16.

347 BGH, Urt. v. 10.03.1999 – VIII ZR 204/98, NJW 1999, 2180, 2182; BGH, Urt. v. 24.09.2002 – KZR 38/99, NJW-RR 2003, 834, 836; BGH, Urt. v. 04.03.2010 – III ZR 79/09, NJW 2010, 1449, 1450; Erman/*Roloff*, BGB, § 309 Rn. 21; Palandt/*Grüneberg*, BGB, § 309 Rn. 13; Ulmer/Brandner/Hensen/*Schäfer*, AGB-Recht, § 309 Nr. 2 BGB Rn. 14.

348 BGH, Urt. v. 10.03.1999 – VIII ZR 204/98, NJW 1999, 2180, 2182; Erman/*Roloff*, BGB, § 309 Rn. 22; Ulmer/Brandner/Hensen/*Schäfer*, AGB-Recht, § 309 Nr. 2 BGB Rn. 17.

349 OLG Hamburg, Beschl. v. 13.11.2006 – 5 W 162/06, NJW 2007, 2264, 2266; Ulmer/Brandner/Hensen/*Schäfer*, AGB-Recht, § 309 Nr. 2 BGB Rn. 17.

350 Siehe hierzu unter 1.

GEKR zur Folge hätte, dass der Vertrag nach Art. 6 Abs. 2 GEKR-VO nicht mehr in den sachlichen Anwendungsbereich des GEKR fallen würde.

4.2.2. Klauseln zur Übertragung von vertraglichen Rechten und Pflichten, Art. 85 m GEKR

Art. 85 m GEKR vermutet die Unfairness bei Klauseln, die dem Unternehmer gestatten, seine vertraglichen Rechte und Pflichten ohne Zustimmung des Verbrauchers auf andere als von ihm beherrschte Tochtergesellschaften oder als Ergebnis eines Zusammenschlusses oder eines ähnlichen rechtmäßigen gesellschaftsrechtlichen Vorgangs zu übertragen. Außerdem muss bei solchen Übertragungen nicht zu erwarten sein, dass der Verbraucher durch die Übertragung in seinen Rechten beeinträchtigt wird. Ähnliche Klauselverbote finden sich in Anhang 1 p KlauselRL, Art. 6:305 Nr. 1 o ACQP und Art. II.-9:410 Nr. 1 o DCFR.

Es soll verhindert werden, dass der Verbraucher sich – ohne hierauf Einfluss nehmen zu können – einem anderen als dem ursprünglichen Vertragspartner gegenübersieht und hierdurch seine vertraglichen Erfüllungs- und Gewährleistungsansprüche gefährdet werden.[351] Aus diesem Grund setzt Anhang 1 p KlauselRL zur Prüfung der Wirksamkeit einer Klausel zur Übertragung der vertraglichen Rechte und Pflichten einen Vergleich der finanziellen und kommerziellen Leistungsfähigkeit des ursprünglichen und des neuen Vertragspartners voraus.[352] Zudem ist die Zustimmung des Verbrauchers im konkreten Fall erforderlich und kann nicht im Rahmen von AGB vereinbart werden.[353]

Im Vergleich zu den Regelungen der KlauselRL, der ACQP und dem DCFR fällt bei Art. 85 m GEKR ins Auge, dass eine Übertragung ohne Zustimmung des Verbrauchers nur in wenigen, gesellschaftsrechtlich bedingten,[354] Fällen möglich ist, wenn eine Beeinträchtigung der Rechte des Verbrauchers nicht zu erwarten ist. Nach Anhang 1 p KlauselRL, Art. 6:305 Nr. 1 o ACQP und Art. II.-9:410 Nr. 1 o DCFR ist eine Übertragung ohne Zustimmung des Verbrauchers dagegen

351 *Eidenmüller et al.*, JZ 2012, 269, 278, Fn. 117; *van Gool*, Problematik des Rechts der missbräuchlichen Klauseln, S. 266; Ulmer/Brandner/Hensen/*Christensen*, AGB-Recht, § 309 Nr. 10 BGB Rn. 3.

352 MüKo/*Wurmnest*, BGB, § 309 Nr. 10 Rn. 2;Ulmer/Brandner/Hensen/*Christensen*, AGB-Recht, § 309 Nr. 10 BGB Rn. 3.

353 MüKo/*Wurmnest*, BGB, § 309 Nr. 10 Rn. 2.

354 *Eidenmüller et al.*, JZ 2012, 269, 278, Fn. 116.

grundsätzlich möglich, sofern die Übertragung keine Verringerung der Sicherheiten des Verbrauchers nach sich ziehen könnte.

Noch gravierender erscheinen auf den ersten Blick die Unterschiede an die Anforderungen einer wirksamen Klausel zur Übertragung von Rechten und Pflichten bei Art. 85 m GEKR und § 309 Nr. 10 BGB. § 309 Nr. 10 BGB erklärt Klauseln, nach denen für Kauf-, Darlehens-, Dienst- oder Werkverträge ein Dritter an die Stelle des Verwenders in die Rechte und Pflichten des Vertrags eintritt oder eintreten kann, als ohne Wertungsmöglichkeit für unwirksam, schränkt dies jedoch gleichzeitig durch zwei Ausnahmen erheblich ein. So ist eine Klausel zur Übertragung möglich, wenn der Dritte in der Bestimmung namentlich bezeichnet wird[355] oder der anderen Partei das Recht eingeräumt wird, sich vom Vertrag zu lösen. Die Anforderungen an eine wirksame Klausel nach § 309 Nr. 10 BGB sind daher deutlich geringer als die Anforderungen, die Anhang 1 p KlauselRL stellt[356]. Allerdings sind auch solche Klauseln, die nach § 309 Nr. 10 BGB wirksam wären, einer Inhaltskontrolle nach dem richtlinienkonform auszulegenden § 307 BGB zu unterziehen.[357] Insoweit bietet das deutsche Recht letztlich ein mit Anhang 1 p KlauselRL vergleichbares Schutzniveau, das allerdings hinter den deutlich strengeren Anforderungen des Art. 85 m GEKR zurückbleibt.

Ein erhebliches Problem, dass Art. 85 m GEKR in der aktuellen Form aufweist, ist die Frage, ob Art. 85 m GEKR nicht nur die Übertragung des Vertrags als Ganzes, sondern auch ein Abtretungsverbot beabsichtigt. § 309 Nr. 10 BGB will lediglich Vertrags- und Schuldübernahmen regeln,[358] nicht jedoch die Abtretung von Forderungen[359]. Auch Anhang 1 p KlauselRL, Art. 6:305 Nr. 1 o ACQP und Art. II.-9:410 Nr. 1 o DCFR sehen kein Abtretungsverbot vor.[360] Dies geht aus der Formulierung „Verringerung der Sicherheiten" bzw. noch deutlicher aus der Formulierung „reduce the guarantees" der englischen

---

355 Notwendig ist hierfür die Angabe des Namen und der Anschrift des Dritten: BGH, Urt. v. 11.06.80 – VIII ZR 174/79, NJW 1980, 2518, 2518; Palandt/*Grüneberg*, BGB, § 309 Rn. 99.

356 Erman/*Roloff*, BGB, § 309 Rn. 138; MüKo/*Wurmnest*, BGB, § 309 Nr. 10 Rn. 4; Ulmer/Brandner/Hensen/*Christensen*, AGB-Recht, § 309 Nr. 10 BGB Rn. 1.

357 Erman/*Roloff*, BGB, § 309 Rn. 138; MüKo/*Wurmnest*, BGB, § 309 Nr. 10 Rn. 4; Ulmer/Brandner/Hensen/*Christensen*, AGB-Recht, § 309 Nr. 10 BGB Rn. 14.

358 Erman/*Roloff*, BGB, § 309 Rn. 135; Palandt/*Grünewald*, BGB, § 309 Rn. 98.

359 Deutscher Bundestag, BT-Drs. 7/3919, S. 38; Erman/*Roloff*, BGB, § 309 Rn. 135; Palandt/*Grünewald*, BGB, § 309 Rn. 98; Tamm/Tonner/*Tamm*, Verbraucherrecht, § 16 Rn. 156.

360 Zum DCFR: *Eidenmüller et al.*, JZ 2012, 269, 278, Fn. 117; zum BGB: Ulmer/Brandner/Hensen/*Christensen*, AGB-Recht, § 309 Nr. 10 BGB Rn. 6.

Sprachfassungen hervor. Der Verwender soll nicht durch seine AGB in die Lage gesetzt werden, die Erfüllungs- und Garantieansprüche des Klauselgegners zu verkleinern, indem er seine eigene Verpflichtung zur Leistung an einen – möglicherweise gar nicht leistungsfähigen – Dritten abgibt.[361] Art. 85 m GEKR weicht hiervon ab und spricht davon, dass der Verbraucher nicht nur in seinen Garantieansprüchen, sondern allgemein „in seinen Rechten beeinträchtigt wird"[362]. Aus diesem Grund wird teilweise angenommen, dass nach Art. 85 m GEKR ein weitreichenderer Schutz auch vor der Abtretung von Forderungen gegenüber dem Verbrauchers beabsichtigt wird.[363] Ein solches weitreichendes Klauselverbot würde die Privatautonomie unangemessen einschränken[364] und beispielsweise verbreitete Sicherungsabtretungen unmöglich machen.[365] Allerdings ist in Betracht zu ziehen, dass Fragen zur Abtretung nicht vom Regelungsbereich des GEKR umfasst sind.[366] Wäre also eine Klausel, die die Möglichkeit einer Abtretung vorsieht, nach Art. 85 m GEKR unfair, würden an deren Stelle die Regelungen des nationalen Rechts treten, das aufgrund des Kollisionsrechts anwendbar ist. Dies wiederum kann, zum Beispiel im deutschen Recht nach §§ 398 ff. BGB, zu dem etwas befremdlichen Ergebnis führen, dass eine entsprechende Klausel zwar nach Art. 85 m GEKR unfair wäre, eine Abtretung aber dennoch möglich sein könnte.[367] Es ist daher eine Klarstellung nötig, ob Art. 85 m GEKR auch auf Klauseln zur Abtretung anzuwenden sein soll.

Das Klauselverbot des Art. 85 m GEKR geht damit deutlich weiter als die vergleichbaren Regelungen in §§ 309 Nr. 10, 307 BGB, Anhang 1 p KlauselRL, Art. 6:306 Nr. 1 o ACQP und Art. II.-9:410 Nr. 1 o DCFR. Es wird an Art. 85 m GEKR bemängelt, dass er zu sehr ins Detail getrieben sei[368] und in der

---

361 Zum DCFR: *Eidenmüller et al.*, JZ 2012, 269, 278, Fn. 117; zum BGB: Ulmer/Brandner/Hensen/*Christensen*, AGB-Recht, § 309 Nr. 10 BGB Rn. 6.

362 In der englischen Sprachfassung: „to negatively affect any right of the consumer".

363 BDI, Stellungnahme D0485, S. 4-6, <http://www.bdi.eu/download_content/RechtUndOeffentlichesAuftragswesen/Stn_GB_D485.pdf>; Deutscher Bundesrat, BR-Drs. 274/12, S. 15; *Eidenmüller et al.*, JZ 2012, 269, 278, Fn. 117; *Wendehorst* in: Wendehorst/Zöchling-Jud, Am Vorabend eines Gemeinsamen Europäischen Kaufrechts, S. 87, 103.

364 BDI, Stellungnahme D0485, S. 4-6, <http://www.bdi.eu/download_content/RechtUndOeffentlichesAuftragswesen/Stn_GB_D485.pdf>.

365 Deutscher Bundesrat, BR-Drs. 274/12, S. 15; *Wendehorst* in: Wendehorst/Zöchling-Jud, Am Vorabend eines Gemeinsamen Europäischen Kaufrechts, 87, 103.

366 Erwägungsgrund 27 GEKR-VO.

367 *Eidenmüller et al.*, JZ 2012, 269, 279.

368 *Ernst* in: Remien/Limmer/Herrler, Gemeinsames Europäisches Kaufrecht, S. 93, 105, Rn. 34.

jetzigen Form einer Akzeptanz des GEKR abträglich sei[369]. Hier besteht noch Nachbesserungsbedarf.

4.3. Klauseln zur Nichterfüllung

Im GEKR finden sich Klauselverbote, die Fragen zur Nichterfüllung von Verpflichtungen behandeln, in Art. 84 a und 84 b GEKR sowie in 85 b, 85 e, 85 f und 85 l GEKR. Die Klauselverbote zu den praktisch wichtigen Haftungsbegrenzungsklauseln nach Art. 84 a und b GEKR sowie den Freizeichnungsklauseln von Abhilfen wegen Nichterfüllung nach Art. 85 b GEKR werden nachfolgend näher beleuchtet.

4.3.1. Klauseln zur Haftungsbegrenzung, Art. 84 a und 84 b GEKR

Klauseln, die die Haftung des Unternehmers ausschließen oder beschränken, wenn der Verbraucher durch ein Handeln oder Unterlassen des Unternehmers oder einer in seinem Auftrag handelnden Person an Leib und Leben Schaden nimmt, sind nach Art. 84 a GEKR per se unfair. Art. 84 b GEKR erklärt weiter Haftungsausschlüsse und -beschränkungen als per se unfair für Verluste und Schäden, die vorsätzlich oder grob fahrlässig verursacht wurden. Dies ist eine deutliche Parallele zu § 309 Nr. 7 BGB, der ebenfalls Klauselverbote ohne Wertungsmöglichkeit enthält. § 309 Nr. 7 a BGB erklärt Klauseln für unwirksam, die die Haftung für Schäden aus der Verletzung des Lebens, des Körpers oder der Gesundheit, die auf einer fahrlässigen Pflichtverletzung des Verwenders oder einer vorsätzlichen oder fahrlässigen Pflichtverletzung des gesetzlichen Vertreters oder Erfüllungsgehilfen berufen, ausschließen oder beschränken. Haftungsausschlüsse und – Beschränkungen sind nach § 309 Nr. 7 b BGB auch für sonstige Schäden durch eine grob fahrlässige Pflichtverletzung des Verwenders oder eine vorsätzliche oder grob fahrlässige Pflichtverletzung eines gesetzlichen Vertreters oder Erfüllungsgehilfen des Verwenders nicht möglich. Dass § 309 Nr. 7 BGB für den Verwender nur Bezug auf grob fahrlässige und nicht auf vorsätzliche Pflichtverletzungen nimmt, erklärt sich dadurch, dass ein Ausschluss der Haftung für vorsätzliche Pflichtverletzungen schon nach § 276 Abs.

369 Deutscher Bundesrat, BR-Drs. 274/12, S. 15.

3 BGB nicht möglich ist.[370] In Anhang 1 a KlauselRL, Art. 6:305 Nr. 1 a ACQP und Art. II.-9:410 Nr. 1 a DCFR finden sich ebenfalls Klauselverbote, die den Ausschluss oder die Beschränkung der Haftung für durch eine Handlung oder Unterlassung des Unternehmers verursachte Schäden an Leib und Leben verbieten. Eine direkte Entsprechung zu Art. 84 b GEKR findet sich nicht, Anhang 1 b KlauselRL, Art. 6:305 Nr. 1 b ACQP sowie Art. II.-9:410 Nr. 1 b DCFR behandeln jedoch Klauseln, die die Ansprüche des Verbrauchers wegen Nichterfüllung durch den Unternehmer ausschließen oder beschränken. Hierunter fallen auch Schadensersatzansprüche.

Die Klauselverbote zielen darauf ab, die volle gesetzliche Schadensersatzhaftung zu gewährleisten,[371] da der Ausschluss bzw. die Beschränkung der Haftung dafür sorgen, dass der Klauselverwender weniger Anreiz für eine sorgfältige und vertragsgemäße Leistung hat.[372] Zudem gilt bei grober Fahrlässigkeit, dass die Kosten des Geschädigten, wenn er den Schaden zu tragen hätte, deutlich höher wären als die Kosten des Klauselverwenders für eine Vermeidung des Schadens bzw. eine ausreichende Versicherung.[373] Da ein rein finanzieller Ausgleich bei einem Schaden an Körper und Leben in der Regel nicht ausreichend ist, ist hier eine uneingeschränkte Haftung – auch für leichte Fahrlässigkeit – nötig, um eine präventive Wirkung zu erzielen.[374]

Nach § 309 Nr. 7 a und b BGB ist die Haftung nicht nur auf Schäden des Klauselgegners beschränkt. Auch Dritte können geschützt werden, sofern sie in den Schutzbereich des Vertrages miteinbezogen wurden oder ein echter Vertrag zu Gunsten Dritter vorliegt.[375] Art. 84 a und b GEKR spricht hingegen nur von Schäden des Verbrauchers, so dass hiervon Ausschlüsse bzw. Einschränkungen der Haftung für Schäden bei Dritten wohl nicht umfasst sein sollen.

Fraglich ist, ob Art. 84 a und b GEKR auch deliktische Schadensersatzansprüche umfasst.[376] Dies würde letztlich auch der Regelung im deutschen Recht entsprechen. § 309 Nr. 7 BGB umfasst zunächst vertragliche und vorvertragliche Schadensansprüche; auf deliktische Schadensersatzansprüche ist § 309 Nr. 7

370 Erman/*Roloff*, BGB, § 309 Rn. 62; Palandt/*Grüneberg*, BGB, § 309 Rn. 44.
371 Ulmer/Brandner/Hensen/*Christensen*, AGB-Recht, § 309 Nr. 7 BGB Rn. 26.
372 MüKo/*Wurmnest*, BGB, § 309 Nr. 7 Rn. 2.
373 MüKo/*Wurmnest*, BGB, § 309 Nr. 7 Rn. 2.
374 MüKo/*Wurmnest*, BGB, § 309 Nr. 7 Rn. 2.
375 Erman/*Roloff*, BGB, § 309 Rn. 64.
376 In diese Richtung tendiert: *von Westphalen* in: Hahn, Gemeinsames Europäisches Kaufrecht, S. 39, 54.

BGB jedoch analog anzuwenden.[377] Problematisch ist hierbei, dass das GEKR zu deliktischen Schadensersatzansprüchen keine Regelungen enthält.[378]

Art. 84 a GEKR bezieht sich auf eine verschuldensunabhängige Haftung.[379] Der Wortlaut des Art. 84 a GEKR verdeutlicht das, da kein Verschulden, sondern nur ein Schaden „infolge einer Handlung oder Unterlassung" vorliegen muss. Art. 84 b GEKR setzt dagegen ein Verschulden, nämlich einen „vorsätzlich oder grob fahrlässig verursachten Verlust oder Schaden"[380], voraus. Dies entspricht Anhang 1 b KlauselRL, der ebenfalls nicht auf ein Verschulden abstellt.[381] Ein Verschulden verlangt hingegen § 309 Nr. 7 a BGB.[382] Dennoch sind Einschränkungen und Ausschlüsse von verschuldensunabhängigen Ansprüchen auch im deutschen Recht nicht uneingeschränkt wirksam, sondern an der Generalklausel des § 307 BGB zu messen.[383]

Näherer Betrachtung bedarf auch die Frage, ob nach Art. 84 b GEKR die Haftung für einen vorsätzlich oder grob fahrlässig verursachten Schaden durch eine im Auftrag des Unternehmers handelnde Person nicht ausgeschlossen werden darf. In § 309 Nr. 7 b BGB wird die vorsätzliche oder grob fahrlässige Pflichtverletzung eines gesetzlichen Vertreters oder Erfüllungsgehilfen explizit erwähnt. Art. 84 b GEKR spricht hingegen nur von einem vorsätzlich oder grob fahrlässig verursachten Verlust oder Schaden, ohne darauf einzugehen, wer diesen verursacht hat. Grundsätzlich will das GEKR Fragen zur Stellvertretung nicht behandeln.[384] In Anbetracht der Tatsache, dass in Art. 84 a GEKR jedoch eine Aussage

---

377 BGH, Urt. v. 15.02.1995 – VIII ZR 93/94, NJW 1995, 1488, 1489; Erman/*Roloff*, BGB, § 309 Rn. 64; MüKo/*Wurmnest*, BGB, § 309 Nr. 7 Rn. 9; *von Westphalen* in: Hahn, Gemeinsames Europäisches Kaufrecht, S. 39, 54; Ulmer/Brandner/Hensen/*Christensen*, AGB-Recht, § 309 Nr. 7 BGB Rn. 15.

378 Erwägungsgrund 27 GEKR-VO; *von Westphalen* in: Hahn, Gemeinsames Europäisches Kaufrecht, S. 39, 54.

379 Schulze/*Mazeaud/Sauphanor-Brouillaud*, CESL, Annex I, Art. 84 Rn. 12; vzbv, Ein Gemeinsames Europäisches Kaufrecht Teil II, S. 14, <http://vzbv.de/cps/rde/xbcr/vzbv/Gemeinsames_Europaeisches_Kaufrecht-Stellungnahme-vzbv-2012-05-13.pdf>.

380 Zur Definition der in Art. 84 b GEKR angesprochenen Begriffe „Vorsatz" und „grobe Fahrlässigkeit" schweigt das GEKR allerdings.

381 Ulmer/Brandner/Hensen/*Christensen*, AGB-Recht, § 309 Nr. 7 BGB Rn. 6; *van Gool*, Problematik des Rechts der missbräuchlichen Klauseln, S. 259.

382 MüKo/*Wurmnest*, BGB, § 309 Nr. 7 Rn. 8.

383 MüKo/*Wurmnest*, BGB, § 309 Nr. 7 Rn. 8.

384 Erwägungsgrund 27 GEKR-VO, *von Westphalen* in: Hahn, Gemeinsames Europäisches Kaufrecht, S. 39, 55.

zu einer im Auftrag des Unternehmers handelnden Person getroffen wurde, ist anzunehmen, dass eine entsprechende Aussage in Art. 84 b GEKR bewusst nicht gemacht wurde.

Für eine Haftungsbeschränkung bei durch leichte Fahrlässigkeit verursachte Schäden, die nicht Körper und Leben betreffen, geht aus Art. 84 a und b GEKR – ebenso wie nach § 309 Abs. 7 a und b BGB – kein Klauselverbot hervor. Solche Klauseln sind im deutschen Recht jedoch an § 307 BGB zu messen.[385] Sie werden regelmäßig dann auch für leichte Fahrlässigkeit nach § 307 Abs. 2 Nr. 2 BGB unwirksam sein, wenn eine wesentliche Vertragspflicht verletzt bzw. unangemessen eingeschränkt wurde.[386] Es handelt sich hierbei um solche Verpflichtungen, ohne die nicht gewährleistet werden kann, dass der Vertragszweck erreicht wird und auf deren Erfüllung der Klauselgegner regelmäßig vertrauen darf.[387] Wesentliche Vertragspflichtverletzungen liegen vor, wenn sie den Vertragszweck tatsächlich gefährden[388], z. B durch die Lieferung einer mangelhaften Sache oder Verzug.[389] Auch nicht möglich ist der Ausschluss der Haftung für vertragstypische Schäden.[390] Für die Abwägung der Angemessenheit eines Haftungsausschlusses ist in Betracht zu ziehen, von welcher Seite des Schadensrisiko besser beherrscht bzw. versichert werden kann.[391] Aber selbst ein Haftungsausschluss für leichte Fahrlässigkeit bei der Verletzung von unwesentlichen Vertragspflichten wird häufig unwirksam sein, wenn die Klausel nicht im Sinne von § 307 Abs. 1 Satz 2 BGB klar und verständlich ist.[392]

---

385 Erman/*Roloff,* BGB, § 309 Rn. 62.

386 BGH, Urt. v. 11.11.1992 – VIII ZR 238/91, NJW 1993, 335, 335; BGH, Urt. v. 26.01.1993 – X ZR 90/91, NJW-RR 1993, 560, 561; Erman/*Roloff,* BGB, § 309 Rn. 72; *Niebling,* Allgemeine Geschäftsbedingungen, S. 190;Palandt/*Grüneberg,* BGB, § 309 Rn. 48;Ulmer/Brandner/Hensen/*Christensen,* AGB-Recht, § 309 Nr. 7 BGB Rn. 32;Ulmer/Brandner/Hensen/*Fuchs,* AGB-Recht, § 307 BGB Rn. 273; *von Westphalen* in: Hahn, Gemeinsames Europäisches Kaufrecht, S. 39, 45.

387 BGH, Urt. v. 23.02.1984 – VII ZR 274/82, NJW 1985, 3016, 3018; BGH, Urt. v. 09.07.91 – XI ZR 72/90, NJW 1991, 2559, 2563; BGH, Urt. v. 11.11.92 – VIII ZR 238/91, NJW 1993, 335, 335; *Niebling,* Allgemeine Geschäftsbedingungen, S. 190.

388 Ulmer/Brandner/Hensen/*Fuchs,* AGB-Recht, § 307 BGB Rn. 276.

389 Ulmer/Brandner/Hensen/*Fuchs,* AGB-Recht, § 307 BGB Rn. 291; *von Westphalen* in: Hahn, Gemeinsames Europäisches Kaufrecht, S. 39, 45.

390 BGH, Urt. v. 27.09.2000 – VIII ZR 155/99, NJW 2001, 292, 302; Palandt/*Grüneberg,* BGB, § 309 Rn. 48.

391 Ulmer/Brandner/Hensen/*Fuchs,* AGB-Recht, § 307 BGB Rn. 280.

392 *Niebling,* Allgemeine Geschäftsbedingungen, S. 190; Ulmer/Brandner/Hensen/*Christensen,* AGB-Recht, § 309 Nr. 7 BGB Rn. 40.

Ob die Rechtsprechung bei der Auslegung der Generalklausel in Art. 83 GEKR ähnlich entscheiden wird, bleibt abzuwarten. Ein Ausschluss der Haftung bei Nichterfüllung durch den Verkäufer ist aber ohnehin nach Art. 108 i. V. m. Art. 106 Abs. 1 e GEKR nicht möglich, da die Regelungen zu den Abhilfen bei Nichterfüllung zwingend sind. Im Gegensatz zum deutschen Recht stellt das GEKR bei dem Anspruch auf Schadensersatz nicht auf ein Verschulden des Verkäufers ab. Stattdessen besteht der Anspruch nach Art. 159 Abs. 1 GEKR nur dann nicht, wenn die Nichterfüllung nach Art. 88 GEKR entschuldigt ist. Eine solche Entschuldigung ist gegeben, wenn das Hindernis außerhalb des Einflussbereichs des Verkäufers lag und von ihm nicht erwartet werden konnte, das Hindernis zum Zeitpunkt des Vertrags in Betracht zu ziehen oder zu überwinden. Die Schadensersatzregelung des GEKR ist mit Art. 74 i. V. m. 79 des UN-Kaufrechts[393] vergleichbar. Es ist daher für den Schadensersatz nach Art. 159 Abs. 1 GEKR unerheblich, ob nur leichte Fahrlässigkeit vorliegt.

Zusammenfassend lässt sich sagen, dass die Regelungen zu Haftungsbeschränkungen in Art. 84 a, 84 b und 108 GEKR sowie §§ 309 Nr. 7 a, b, 307 Abs. 2 Nr. 2 BGB miteinander vergleichbar sind.[394] Sowohl nach dem GEKR[395] als auch nach dem deutschen Recht[396] sind Klauseln, die die Haftung ausschließen oder beschränken nur äußerst selten wirksam.

4.3.2. Klauseln zur Einschränkung von Abhilfen bei Nichterfüllung, Art. 85 b GEKR

Eine Vermutung der Unfairness besteht nach Art. 85 b GEKR[397] bei Klauseln, die in unangemessener Weise einen Ausschluss oder eine Beschränkung der dem Verbraucher gegen den Unternehmer oder einen Dritten wegen der Nichterfüllung der vertraglichen Verpflichtung durch den Unternehmer zustehenden Abhilfen vorsehen.[398]

---

393 Übereinkommen der Vereinten Nationen über Verträge über den internationalen Warenkauf, 11.04.1980, BGBl. 1989 II S. 588, im Folgenden: CISG.

394 *Von Westphalen* in: Hahn, Gemeinsames Europäisches Kaufrecht, S. 39, 45.

395 Schulze/*Mazeaud/Sauphanor-Brouillaud*, CESL, Annex I, Art. 84 Rn. 13.

396 Ulmer/Brandner/Hensen/*Christensen*, AGB-Recht, § 309 Nr. 7 BGB Rn. 35.

397 Unklar ist die Abgrenzung von Art. 85 b GEKR zu Art. 85 q GEKR, der den Ausschluss bzw. die Beschränkung von Abhilfen oder Einwänden des Verbrauchers gegen den Unternehmer oder dessen Forderungen behandelt.

398 Vergleichbare Regelungen finden sich in Anhang 1 b KlauselRL, Art. 6:305 Nr. 1 b ACQP und Art. II.-9:410 Nr. 1 b DCFR.

Unter Nichterfüllung ist nach Art. 87 GEKR jegliches verschuldensunabhängige Ausbleiben der Erfüllung zu verstehen. Hiervon umfasst sind zum Beispiel die Nichtlieferung, die verspätete Lieferung, die Lieferung nicht vertragsgemäßer Ware und jede sonstige behauptete Erfüllung, die nicht vertragsgemäß ist. Bei einer Nichterfüllung des Verkäufers sieht Art. 106 GEKR[399] folgende Abhilfen des Verkäufers vor: Verlangen der Erfüllung, Zurückbehaltung, Vertragsbeendigung und Rückerstattung des bereits gezahlten Preises, Kaufpreisminderung und Schadensersatz.

Die Wertungsmöglichkeit in Art. 85 b GEKR ergibt sich aus der Formulierung „in unangemessener Weise". Es stellt sich jedoch die Frage, warum Art. 85 b GEKR überhaupt in die Klauselkataloge aufgenommen wurde, noch dazu in der grauen Liste[400]. Denn nach Art. 108 GEKR sind die Vorschriften des Kapitels 11 GEKR zu den Abhilfen des Käufers für Verbraucherverträge zwingend. Bevor der Verbraucher den Unternehmer von der Vertragswidrigkeit in Kenntnis gesetzt hat, darf von ihnen nicht zum Nachteil des Verbrauchers abgewichen werden. Ein Ausschluss oder eine Beschränkung der Abhilfen des Käufers bei Nichterfüllung des Verkäufers ist in Verbraucherverträgen daher im Voraus durch Vertragsbestimmungen schon nach Art. 108 GEKR nicht möglich.

Im Vergleich mit dem deutschen Recht wurde bemängelt, dass Art. 85 b GEKR deutlich weiter gehe als § 309 Nr. 8 BGB, da es keine Unterscheidung nach neuen und gebrauchten Sachen gäbe.[401] Dies scheint zunächst zu stimmen. § 309 Nr. 8 a BGB verbietet, das Recht des Klauselgegners, sich bei einem durch den Verwender zu vertretenden Mangel der Kaufsache vom Vertrag zu lösen, auszuschließen oder einzuschränken. Bei Verträgen neu hergestellter Sachen verbietet § 309 Nr. 8 b BGB zudem die Ansprüche des Klauselgegners wegen eines Mangels und die Verpflichtung des Verwenders zur Übernahme der Kosten der Nacherfüllung auszuschließen oder einzuschränken. Die Beschränkung auf die Nacherfüllung ist weiter nur nach engen Voraussetzungen möglich, die

399 Für verbundene Dienstleistungen finden sich die Abhilfen in Art. 155 GEKR.

400 In den Änderungen des vom Europäischen Parlaments angenommenen Textes ist hingegen vorgesehen, das Klauselverbot in die schwarze Liste aufzunehmen: Europäisches Parlament, Angenommene Texte, PE 526.539, Oral P7_TA-PROV (2014) 0159, Abänderung 157, S. 87, 158, <http://www.europarl.europa.eu/sides/getDoc.do?pubRef=-//EP//NONSGML+TA+20140226+SIT-03+DOC+WORD+V0//DE&language=DE>.

401 BDI, Stellungnahme D0485, S. 12, <http://www.bdi.eu/download_content/RechtUndOeffentlichesAuftragswesen/Stn_GB_D485.pdf>.

Nacherfüllung darf nicht von der vorherigen Zahlung des Entgelts abhängig gemacht werden und die Setzung einer Ausschlussfrist für die Mängelanzeige bzw. die Verkürzung der Verjährungsfrist wird geregelt. Die Kritik an § 85 b GEKR im Vergleich zu § 309 Nr. 8 BGB verkennt jedoch, dass § 309 Nr. 8 BGB für Verbraucherverträge erheblich an Bedeutung verloren hat.[402] Denn nach § 475 Abs. 1 BGB kann sich der Verkäufer bei Verbrauchsgüterkäufen nicht auf eine vor Mitteilung eines Mangels getroffene Vereinbarung berufen, die zum Nachteil des Verbrauchers von den in § 437 BGB geregelten Rechten des Käufers bei Mängeln abweicht.

Auch nach deutschem Recht wird, vergleichbar zu Art. 108 GEKR, eine Klausel in Verbraucherverträgen, die einen Ausschluss bzw. eine Beschränkung der Abhilfen bei Nichterfüllung vorsieht, keinen Erfolg haben – unabhängig davon, ob es sich um eine neue oder eine gebrauchte Sache handelt. Die Regelungen des GEKR und des BGB hinsichtlich solcher Klauseln entsprechen sich somit.

Es stellt sich jedoch die Frage, weshalb sich entsprechende Klauselverbote sowohl im GEKR als auch im BGB trotz zwingender Regelungen in den Art. 108 GEKR und § 475 Abs. 1 BGB finden. Im BGB macht dies durchaus Sinn, da § 309 Nr. 8 BGB für Verträge außerhalb des Verbrauchsgüterkaufs, zum Beispiel einen Kaufvertrag über eine unbewegliche Sache oder zwischen zwei Verbrauchern, anwendbar bleibt.[403] Für das GEKR erscheint das Nebeneinander von Art. 85 b und 108 GEKR hingegen überflüssig.[404]

4.4. Klauseln zur Beendigung und Verlängerung von Verträgen

Mit Klauseln zur Beendigung und Verlängerung von Vertragsverhältnissen beschäftigen sich die Art. 84 h, 84 i, 85 g, 85 h, 85 v und 85 w GEKR. Auf die Klauselverbote hinsichtlich der stillschweigenden Verlängerung und der Laufzeit von Dauerschuldverhältnissen in Art. 85 h und 85 w GEKR soll nun näher eingegangen werden.

---

402 Erman/*Roloff*, BGB, § 309 Rn. 80; Palandt/*Grüneberg*, BGB, § 309 Rn. 85; Ulmer/Brandner/Hensen/*Christensen*, AGB-Recht, § 309 Nr. 8 BGB Rn. 1.

403 Erman/*Roloff*, BGB, § 309 Rn. 80.

404 BDI, Stellungnahme D0485, S. 12, <http://www.bdi.eu/download_content/RechtUndOeffentlichesAuftragswesen/Stn_GB_D485.pdf>.

4.4.1. Verlängerungsklauseln, Art. 85 h GEKR

Vergleichbar mit Anhang 1 h KlauselRL[405], Art. 6:305 Nr. 1 h ACQP und Art. II.-9:410 Nr. 1 h DCFR regelt Art. 85 h GEKR Klauseln, nach denen sich ein befristeter Vertrag automatisch verlängert, wenn der Verbraucher sich nicht anderweitig äußert und hierzu im Vertrag ein unangemessen früher Zeitpunkt festgelegt wird. Eine Entsprechung findet sich auch in § 309 Nr. 9 b und c BGB, der Klauseln für unwirksam erklärt, die bei Verträgen über die regelmäßige Lieferung von Waren oder regelmäßige Erbringung von Dienst- und Werkleistungen eine den Klauselgegner bindende stillschweigende Verlängerung des Vertragsverhältnisses um jeweils mehr als ein Jahr oder eine längere Kündigungsfrist als drei Monate vor Ablauf der zunächst vorgesehenen oder stillschweigend verlängerten Vertragsdauer zu Lasten des Klauselgegners vorsehen. Auf den ersten Blick scheint auch § 308 Nr. 5 BGB zu fingierten Erklärungen vergleichbar zu sein. Auf Klauseln, die die stillschweigende Vertragsverlängerung regeln, ist § 308 Nr. 5 BGB jedoch nicht anwendbar.[406] Eine Vertragsverlängerung wäre hier nicht auf eine fingierte Erklärung zurückzuführen, sondern auf eine Vereinbarung, die für den Fall der fehlenden Erklärung bei Vertragsschluss getroffen wurde.[407]

Im Gegensatz zu § 309 Nr. 9 BGB, der sich auf Verträge über die regelmäßige Lieferung von Waren oder die regelmäßige Erbringung von Dienst- und Werksleistungen bezieht, sprechen Art. 85 h GEKR, Anhang 1 h KlauselRL, Art. 6:305 Nr. 1 h ACQP und Art. II.-9:410 Nr. 1 h DCFR von befristeten Verträgen. Es ist anzunehmen, dass die Formulierung des „befristeten Vertrages" sich darauf gründet, dass sich Anhang 1 h KlauselRL nicht nur auf Kauf-, Werk- und Dienstverträge, sondern – unabhängig vom Vertragstyp – auf alle befristeten Verträge bezieht[408] und der Begriff im GEKR einfach übernommen wurde. Bei befristeten Verträgen im Sinne des GEKR kann es sich nur um Kaufverträge über die regelmäßige Lieferung von Waren oder Bereitstellung digitaler Inhalte bzw. um Verträge mit verbundenen, regelmäßigen Dienstleistungen handeln. Da sich der Begriff des befristeten Vertrages nur an dieser einen Stelle im GEKR findet, wäre es für die leichtere Verständlichkeit zu überlegen, diesen durch den auch in

405 Der deutsche Wortlaut weicht in Anhang 1 h KlauselRL teilweise von der Regelung des GEKR und der ACQP ab, in der englischen Fassung sind sich die Klauselverbote jedoch sehr ähnlich.

406 Ulmer/Brandner/Hensen/*Schmidt*, AGB-Recht, § 308 Nr. 5 BGB Rn. 6.

407 BGH, Urt. v. 15.04.2010 – Xa ZR 89/09, NJW 2010, 2942, 2943.

408 MüKo/*Wurmnest*, BGB, § 309 Nr. 9 Rn. 3.

Art. 85 w GEKR verwendeten Begriff eines „Vertrages über die lang andauernde Lieferung von Waren, die Bereitstellung digitaler Inhalte oder die Erbringung verbundener Dienstleistungen“ zu ersetzen. Beispiele für Verträge zur regelmäßigen Lieferung von Waren sind Kaufverträge über den regelmäßigen Bezug von Zeitungen oder Zeitschriften, Getränken und Blumen.[409]

Der *Bundesverband der Deutschen Industrie e. V.* kritisiert in seiner Stellungnahme an Art. 85 h, dass nach deutschem Recht eine automatische Vertragsverlängerung zumindest begrenzt, bis zu einem Jahr, möglich sei.[410] Diese Kritik kann nicht nachvollzogen werden, da auch im GEKR eine automatische, stillschweigende Verlängerung grundsätzlich möglich ist, sofern im Vertrag kein unangemessen früher Zeitpunkt für eine anderweitige Erklärung vorgesehen ist. Es ist allerdings einzuräumen, dass die deutsche Formulierung des Art. 85 h GEKR[411] sich etwas unverständlich ausdrückt. Die englische Fassung[412] lässt jedoch keinen Raum für Missverständnisse.

Klauselverbote zur stillschweigenden Verlängerung eines Vertrags über die regelmäßige Lieferung von Waren sollen den Klauselgegner vor überraschenden und unüberlegten Vertragsverlängerungen und einer überlangen Bindung an den Vertrag bewahren.[413] Ist der Fristablauf für eine Beendigung des Vertragsverhältnisses zu früh, besteht die Gefahr, dass der Verbraucher die Folgen seiner Entscheidung noch nicht richtig einschätzen kann.[414] Gleichzeitig hat jedoch der Verkäufer zur besseren Kalkulation ein Interesse daran, dass er möglichst frühzeitig informiert wird, ob der Vertrag beendet oder verlängert wird.[415]

---

409 Erman/*Roloff,* BGB, § 309 Rn. 126; Tamm/Tonner/*Tamm,* Verbraucherrecht, § 16 Rn. 153; Ulmer/Brandner/Hensen/*Schmidt,* AGB-Recht, § 309 Nr. 9 BGB Rn. 10.

410 BDI, Stellungnahme D0485, S. 12, <http://www.bdi.eu/download_content/RechtUndOeffentlichesAuftragswesen/Stn_GB_D485.pdf>.

411 „Einen befristeten Vertrag automatisch zu verlängern, wenn der Verbraucher sich nicht gegenteilig äußert und im Vertrag einen unangemessen frühen Zeitpunkt dafür festzulegen“.

412 „Automatically extend a contract of fixed duration unless the consumer indicates otherwise, in cases where contract terms provide for an unreasonably early deadline for giving notice“.

413 Erman/*Roloff,* BGB, § 309 Rn. 124; MüKo/*Wurmnest,* BGB, § 309 Nr. 9 Rn. 1;Schulze et. al/*Schulte-Nölke,* BGB, § 309 Rn. 43; *van Gool,* Problematik des Rechts der missbräuchlichen Klauseln, S. 265.

414 *Van Gool,* Problematik des Rechts der missbräuchlichen Klauseln, S. 265.

415 *Van Gool,* Problematik des Rechts der missbräuchlichen Klauseln, S. 266.

Art. 85 h GEKR stellt daher nur eine Vermutung der Unfairness auf und bietet, wie Anhang 1 h KlauselRL,[416] bei der Frage, wann ein unangemessen früher Zeitpunkt für die Frist vorliegt, eine Möglichkeit zur Abwägung der Interessen. § 309 Nr. 9 c BGB bedient sich dagegen eines Klauselverbots ohne Wertungsmöglichkeit und nennt als Höchstfrist für eine Kündigung drei Monate. Längere Fristen als drei Monate können daher im deutschen Recht nicht durch AGB vereinbart werden.[417] Je nach Vertragsart und Vertragslaufzeit kann jedoch auch eine kürzere Frist aufgrund § 307 BGB, der richtlinienkonform mit Anhang 1 h KlauselRL auszulegen ist, unangemessen und die Klausel daher unwirksam sein.[418] Welche Fristen die Rechtsprechung als unangemessen im Sinne des Art. 85 h GEKR erachten wird, bleibt abzuwarten.

Art. 85 h GEKR erscheint somit unbestimmter als die entsprechende Regelung des § 309 Nr. 9 b, c BGB, der die Vertragsverlängerung auf jeweils ein Jahr begrenzt und eine längere Frist als drei Monate vorsieht. Art. 85 h GEKR schweigt hingegen zur Dauer der möglichen Vertragsverlängerung und schränkt auch den „unangemessen frühen Zeitpunkt" für die Erklärung nicht näher ein. Hierdurch wird zunächst der Anschein geweckt, dass die Regelung des GEKR zu Vertragsverlängerungsklauseln weniger streng ist als die des BGB. Es gilt jedoch zu beachten, dass Art. 85 h GEKR nicht das einzige Klauselverbot ist, das sich mit Verträgen zur regelmäßigen Lieferung von Waren beschäftigt.

4.4.2. Klauseln zur Laufzeit von Verträgen zur regelmäßigen Lieferung von Waren, Art. 85 w GEKR

Bei Art. 85 w GEKR geht es ebenfalls um Verträge zur regelmäßigen Lieferung von Waren, Bereitstellung digitaler Inhalte und Erbringung verbundener Dienstleistungen. Demnach besteht bei Klauseln die Vermutung der Unfairness[419], die bei solchen Verträgen die erstmalige Laufzeit auf mehr als ein Jahr festsetzen, es sei denn, der Verbraucher kann unter Einhaltung einer Kündigungsfrist von höchstens 30 Tagen den Vertrag jederzeit beenden.[420] Art. 85 w GEKR erscheint somit

416 *Van Gool*, Problematik des Rechts der missbräuchlichen Klauseln, S. 266.

417 Erman/*Roloff*, BGB, § 309 Rn. 124, 130; MüKo/*Wurmnest*, BGB, § 309 Nr. 9 Rn. 4.

418 Erman/*Roloff*, BGB, § 309 Rn. 124, 130; MüKo/*Wurmnest*, BGB, § 309 Nr. 9 Rn. 4; Schulze et al./*Schulte-Nölke*, BGB, § 309 Rn. 45.

419 Art. 83 h FS sah eine solche Klausel als per se unfair an.

420 Eine entsprechende Regelung findet sich weder in der KlauselRL noch in den ACQP oder im DCFR.

zunächst strenger als der vergleichbare § 309 Nr. 9 a und b BGB, der Klauseln verbietet, die für den anderen Vertragsteil länger als zwei Jahre bindende Laufzeiten und bindende, stillschweigende Verlängerungen um mehr als je ein Jahr vorsehen.

Auch durch Klauselverbote zur Laufzeit und Verlängerung von langfristigen Verträgen soll der Verbraucher vor zu langer Bindung an Dauerschuldverhältnisse bewahrt werden.[421] Es soll ihm auch bei solchen Verträgen nicht verwehrt werden, auf Marktveränderungen zu reagieren und zu einem günstigeren Anbieter zu wechseln, was für einen funktionierenden Wettbewerb wichtig ist.[422]

Zu klären ist zunächst, wann die Laufzeit des Vertrages beginnt. Nach § 309 Nr. 9 a BGB wird eine mögliche Probezeit bei der Berechnung der Laufzeit nicht berücksichtigt, da eine bindende Laufzeit gefordert wird und sich der Klauselgegner während der Probezeit problemlos vom Vertrag lösen kann.[423] Lange Zeit streitig war jedoch die Frage, ob die Laufzeit bei Vertragsschluss oder bei einer unter Umständen späteren ersten Leistungserbringung zu laufen beginnt. Hier hat sich zwischenzeitlich, gefestigt durch die Rechtsprechung des Bundesgerichtshofs, als herrschende Meinung durchgesetzt, dass die Laufzeit des Vertrages bei Vertragsschluss beginnen soll.[424] Dies ist ebenfalls damit zu begründen, dass § 309 Nr. 9 a BGB auf die bindende Laufzeit abstellt und der Klauselgegner bereits ab Vertragsschluss an den Vertrag gebunden ist.[425] Im Gegensatz zu § 309 Nr. 9 a BGB stellt Art. 85 w GEKR nicht darauf ab, dass die Laufzeit den Klauselgegner bindet. Es bleibt daher abzuwarten, wie sich der Europäische Gerichtshof zu dieser Frage äußern wird.

Es wird seitens der Wirtschaft gefordert, dass Art. 85 w GEKR nicht über § 309 Nr. 9 a BGB hinausgehen soll, der eine Laufzeit von zwei statt nur einem Jahr ermöglicht.[426] Der deutsche Gesetzgeber hat sich bewusst gegen eine

---

421 MüKo/*Wurmnest,* BGB, § 309 Nr. 9 Rn. 1; Schulze et al./*Schulte-Nölke,* BGB, § 309 Rn. 43.

422 MüKo/*Wurmnest,* BGB, § 309 Nr. 9 Rn. 1; Schulze et al./*Schulte-Nölke,* BGB, § 309 Rn. 43.

423 BGH, Urt. v. 04.11.1992 – VIII ZR 235/91, NJW 1993, 326, 328.

424 BGH, Urt. v. 17.03.1993 – VIII ZR 180/92, NJW 1993, 1651, 1652; KG, Beschl. v. 20.03.2009 – 9 W 49/09, NJW-RR 2009, 1212, 1213; Erman/*Roloff,* BGB, § 309 Nr. 9 Rn. 127; MüKo/ *Wurmnest,* BGB, § 309 Nr. 9 Rn. 12; Palandt/*Grüneberg,*BGB, § 309 Rn. 91; Tamm/Tonner/*Tamm,* Verbraucherrecht, § 16 Rn. 154;Ulmer/Brandner/ Hensen/*Christensen,* AGB-Recht, § 309 Nr. 9 BGB Rn. 13; a. A.: Jauernig/*Stadler,* BGB, § 309 Rn. 18; Schulze et al./*Schulte-Nölke,* BGB, § 309 Rn. 43.

425 BGH, Urt. v. 17.03.1993 – VIII ZR 180/92, NJW 1993, 1651, 1652; MüKo/*Wurmnest*, BGB, § 309 Nr. 9 Rn. 13.

426 BDI, Stellungnahme D0485, S. 13, <http://www.bdi.eu/download_content/RechtUndOeffentlichesAuftragswesen/Stn_GB_D485.pdf>.

Laufzeit von einem Jahr und für eine Laufzeit von zwei Jahren entschieden.[427] Es handelt sich jedoch nur um eine Höchstgrenze, längere Laufzeiten sind also unwirksam.[428] Dies bedeutet aber nicht, dass kürzere Laufzeiten immer wirksam sind.[429] Denn auch Laufzeiten, die den Ansprüchen an § 309 Nr. 9 a BGB genügen, sind an § 307 BGB zu messen, so dass auch Klauseln zu Laufzeiten von einem Jahr unwirksam sein können.[430] Hierbei sind die Art des Vertrages sowie das Kundeninteresse und das berechtigte Interesse des Verwenders an einer längeren Bindung miteinander abzuwägen.[431]

Zu beachten ist weiter, dass nach Art. 85 w GEKR eine längere erstmalige Laufzeit oder Verlängerung des Vertrages als ein Jahr möglich ist, sofern der Verbraucher unter Einhaltung einer Kündigungsfrist von höchstens 30 Tagen den Vertrag jederzeit kündigen kann. § 309 Nr. 9 a und b BGB spricht hingegen von bindenden Laufzeiten bzw. bindenden Vertragsverlängerungen. Sofern dem Klauselgegner daher ein Recht eingeräumt wird, sich zum Ende des zweiten Jahres vom Vertrag zu lösen, ist auch ein auf unbestimmte Dauer geschlossener Vertrag oder ein Vertrag mit einer Laufzeit von mehr als zwei Jahren möglich.[432] Dies gilt auch für eine Verlängerung um mehr als ein Jahr, wenn der Klauselgegner den Vertrag jederzeit kündigen kann.[433]

Die Vorschriften des Art. 85 w GEKR sind mit einer Laufzeit von einem Jahr und dem Erfordernis einer Kündigungsfrist von höchstens 30 Tagen bei Überschreiten der Laufzeit bzw. Verlängerungsdauer geringfügig strenger als die des § 309 Nr. 9 BGB. Zu berücksichtigen ist jedoch, dass es sich bei Art. 85 w GEKR im Gegensatz zu § 309 Nr. 9 BGB nur um eine Vermutungsregelung handelt, der die Berücksichtigung des jeweiligen Einzelfalls zulässt.

Das Schutzniveau bei § 309 Nr. 9 BGB und Art. 85 h und w GEKR ist daher weitestgehend miteinander vergleichbar.

---

427 Deutscher Bundestag, BT-Drs. 7/5422, S. 9 f; kritisch hierzu: MüKo/*Wurmnest*, BGB, § 309 Nr. 9 BGB Rn.14 ff.

428 Erman/*Roloff*, BGB, § 309 Rn. 128; Ulmer/Brandner/Hensen/*Christensen*, AGB-Recht, § 309 Nr. 9 BGB Rn. 14.

429 Ulmer/Brandner/Hensen/*Christensen*, AGB-Recht, § 309 Nr. 9 Rn. 14.

430 BGH, Urt. v. 08.03.1984 – IX ZR 144/83, NJW 1984, 1531, 1532; BGH, Urt. v. 04.11.1992- VIII ZR 235/91, NJW 1993, 326, 328; Erman/*Roloff*, BGB, § 309 Rn. 128; MüKo/*Wurmnest*, BGB, § 309 Nr. 9 Rn. 15 f.; Ulmer/Brandner/Hensen/*Christensen*, AGB-Recht, § 309 Nr. 9 BGB Rn. 14.

431 Ulmer/Brandner/Hensen/*Christensen*, AGB-Recht, § 309 Nr. 9 BGB Rn. 14.

432 MüKo/*Wurmnest*, BGB, § 309 Nr. 9 Rn. 13; Ulmer/Brandner/Hensen/*Christensen*, AGB-Recht, § 309 Nr. 9 BGB Rn. 13.

433 Ulmer/Brandner/Hensen/*Christensen*, AGB-Recht, § 309 Nr. 9 BGB Rn. 16.

4.5. Klauseln zu Streitigkeiten aus dem Vertrag

In den Klauselverboten der Art. 84 und 85 GEKR finden sich auch Klauseln zu Streitigkeiten aus dem Vertrag. Von den entsprechenden Bestimmungen in Art. 84 d, 84 e, 85 a und 85 q GEKR wird im Folgenden auf Art. 84 e GEKR zu Gerichtsstandsklauseln und Art. 85 a GEKR zu Klauseln, die die Beweislast einschränken, näher eingegangen.

4.5.1. Gerichtsstandsklausel, Art. 84 e GEKR

Klauseln, die den ausschließlichen Gerichtsstand für alle Streitigkeiten aus dem Vertrag dem für den Sitz des Unternehmers zuständigen Gerichts zuweisen, sind nach Art. 84 e GEKR per se unfair, wenn dieses Gericht nicht auch für den Ort zuständig ist, an dem der Verbraucher seinen gewöhnlichen Aufenthalt hat. Dieses Klauselverbot liegt auf einer Linie mit der Rechtsprechung des Europäischen Gerichtshofes, wonach solche Klauseln missbräuchlich im Sinne von Art. 3 KlauselRL sind.[434] Diese führen nämlich dazu, dass das zuständige Gericht sehr weit vom Wohnort des Verbrauchers entfernt sein kann, weshalb er unter Umständen davor zurückschreckt, seine Ansprüche gerichtlich geltend zu machen oder sich vor Gericht zu verteidigen.[435] Hiermit wurde das erste Mal EU-weit dem Gedanken Rechnung getragen, dass manche Klauseln stets als unfair gelten sollten.[436] Das entsprechende Klauselverbot in Art. II.-9:409 DCFR ist daher im DCFR noch die einzige schwarze Klausel.

Die Einschränkung in Art. 84 e GEKR, die Gerichtsstandsklauseln erlaubt, wenn das Gericht auch für den Ort zuständig ist, an dem der Verbraucher seinen gewöhnlichen Aufenthalt hat, entspricht der Ausnahme, die sich hinsichtlich der Vereinbarung eines Gerichtsstands in Verbraucherverträgen in Art. 17 Nr. 3 EuGVVO[437] findet.

---

434 EuGH, Urt. v. 27.06.00 – verb. RS C-240/98 bis C-244/98, NJW 2000, 2571, 2572.

435 EuGH, Urt. v. 27.06.00 – verb. RS C-240/98 bis C-244/98, NJW 2000, 2571, 2572.

436 Schulze/*Mazeaud/Sauphanor-Brouillaud,* CESL, Annex I, Art. 84 Rn. 2.

437 Verordnung Nr. 44/2001 des Rates vom 22.12.2000 über die gerichtliche Zuständigkeit und die Anerkennung und Vollstreckung von Entscheidungen in Zivil- und Handelssachen, ABl. Nr. L 12, ber. ABl. L 307. Eine Neufassung der EuGVVO (Verordnung Nr. 1215/2012 des Europäischen Parlaments und des Rates vom 12.12.2012 über die gerichtliche Zuständigkeit und die Anerkennung und Vollstreckung von Entscheidungen in Zivil- und Handelssachen, ABl. EU Nr. L 351) tritt am 10.01.2015 in Kraft. In Art. 19 EuGVVO neu findet sich eine wortgleiche Regelung zu Art. 17 EuGVVO.

Ein entsprechendes Klauselverbot findet sich in §§ 308, 309 BGB nicht. Allerdings stellt § 38 Abs. 3 ZPO strenge Voraussetzungen an die Vereinbarung einer Gerichtsstandsvereinbarung mit einem Verbraucher, wobei zu beachten ist, dass Art. 38 Abs. 3 ZPO sich auf die innerstaatliche Zuständigkeit bezieht. Eine Gerichtsstandsvereinbarung gegenüber einem Verbraucher ist nach § 38 Abs. 3 Nr. 1 ZPO nur zulässig, wenn sie nach dem Entstehen der Streitigkeit geschlossen wurde. Nicht zulässig ist die Vereinbarung bereits vor Entstehen der Streitigkeit durch AGB.[438] Gerichtsstandsvereinbarungen mit Auslandsbezug sind nach § 38 Abs. 2 ZPO grundsätzlich möglich. Hierbei geht es um die Frage, welche nationalen Gerichte zuständig sind, wenn die Parteien aus unterschiedlichen Nationen stammen.[439] Allerdings ist Art. 17 EuGVVO anstelle § 38 Abs. 2 ZPO als speziellere Regelung anzuwenden.[440] Auch Gerichtsstandsvereinbarungen mit Auslandsbezug in Verbraucherverträgen sind demnach nach Art. 17 Nr. 3 EuGVVO vor Entstehen der Streitigkeit nur zulässig, wenn die Zuständigkeit des Staates begründet wird, in dem zum Zeitpunkt des Vertragsschlusses beide Parteien ihren Sitz haben.

Aus diesem Grund ist auch hinsichtlich Art. 84 e GEKR ein Schutzniveau gegeben, das dem des deutschen Rechts entspricht.[441]

Es stellt sich jedoch die Frage, inwieweit die Regelung in Art. 84 e GEKR tatsächlich notwendig ist. Fragen des Gerichtsstands sind im GEKR grundsätzlich nicht geregelt[442], so dass zur Bestimmung des Gerichtsstands auf nationales Recht zurückzugreifen ist. Innerhalb der EU ist für die internationale Zuständigkeit Art. 17 EuGVVO einschlägig, wobei Art. 17 Nr. 3 EuGVVO, wie bereits ausgeführt, Art. 84 e GEKR entspricht.

4.5.2. Klauseln zur Einschränkung der Beweislast, Art. 85 a GEKR

Art. 85 a GEKR stellt die Vermutung der Unfairness für Klauseln auf, die die verfügbaren Beweismittel des Verbrauchers einschränken oder ihm die rechtlich dem

438 Tamm/Tonner/*Kocher*, Verbraucherrecht, § 31 Rn. 40; *von Westphalen* in: Hahn, Gemeinsames Europäisches Kaufrecht, S. 39, 58.

439 Zöller/*Vollkommer*, ZPO, § 38 Rn. 2.

440 Zöller/*Vollkommer*, ZPO, § 38 Rn. 24.

441 *Von Westphalen* in: Hahn, Gemeinsames Europäisches Kaufrecht, S. 39, 58.

442 Erwägungsgrund 27 GEKR-VO.

Unternehmer obliegende Beweislast auferlegen.[443] Problematisch ist, dass sich im GEKR zwar vereinzelte Regelungen zur Beweislast finden,[444] eine allgemeine Beweislastregel jedoch fehlt. § 309 Nr. 12 BGB verbietet Bestimmungen, die die Beweislast zum Nachteil des Klauselgegners ändern. Hierzu werden in § 309 Nr. 12 a und b BGB zwei Regelbeispiele genannt: Klauseln, die dem Klauselgegner die Beweislast für Umstände im Verantwortungsbereich des Verwenders auferlegen oder die ihn – mit Ausnahme gesondert unterzeichneter Empfangsbekenntnisse – bestimmte Tatsachen bestätigen lassen.

Auch diese Klauselverbote sollen verhindern, dass es dem Klauselgegner unzumutbar erschwert wird, seine Ansprüche gerichtlich zu verfolgen oder sich vor Gericht zu verteidigen.[445] Es ist im deutschen Recht anerkannt, dass es sich bei den rechtlichen Bestimmungen zur Verteilung der Beweislast um Ausprägungen des Gerechtigkeitsgebots handelt.[446] Aus diesem Grund soll verhindert werden, dass die Beweissituation des Klauselgegners durch AGB zu seinem Nachteil verändert werden kann.[447]

§ 309 Nr. 12 BGB spricht, flankiert von zwei praktisch wichtigen Beispielfällen, allgemein von einer Änderung der Beweislast zum Nachteil des Kunden. Eine solche Änderung ist weit auszulegen[448] und umfasst jeden Versuch, durch den die Beweisposition des Klauselgegners verschlechtert werden soll.[449] Hierunter ist auch eine Beschränkung der Beweismittel zu verstehen.[450] Um zu überprüfen, ob die Beweislast zum Nachteil des Klauselgegners verändert

---

443 In Anhang 1 q KlauselRL, Art. 6:305 Nr. 1 p ACQP und Art. II.-410 Nr. 1 p DCFR sind vergleichbare Klauselverbote zu finden.

444 Art. 7 Abs. 3, 4 GEKR zu nicht individuell ausgehandelten Vertragsbestimmungen; Art. 21 GEKR zu vorvertraglichen Informationspflichten des Unternehmers im Verhältnis zum Verbraucher; Art. 26 zum Abschluss von Verträgen auf elektronischem Weg; Art. 41 Abs. 5 GEKR zur Ausübung des Widerrufsrechts.

445 MüKo/*Wurmnest*, BGB, § 309 Nr. 12 Rn. 1; Ulmer/Brandner/Hensen/*Habersack*, AGB-Recht, § 309 Nr. 12 BGB Rn. 1.

446 BGH, Urt. v. 05.10.2005 – VIII ZR 16/05, NJW 2006, 47, 49; Deutscher Bundestag, BT-Drs. 7/3919, S. 38; Erman/*Roloff*, BGB, § 309 Rn. 145; Tamm/Tonner/*Tamm*, Verbraucherrecht, § 16 Rn. 159; Ulmer/Brandner/Hensen/*Habersack*, AGB-Recht, § 309 Nr. 12 BGB Rn. 1.

447 Tamm/Tonner/*Tamm*, Verbraucherrecht, § 16 Rn. 159.

448 Tamm/Tonner/*Tamm*, Verbraucherrecht, § 16 Rn. 159.

449 BGH, Urt. v. 28.01.1987 – IVa ZR 173/85, NJW 1987, 1634, 1635; BGH, Urt. v. 20.04.1989 – IX ZR 214/88, NJW-RR 1989, 817, 817; Erman/*Roloff*, BGB, § 309 Rn. 147.

450 Palandt/*Grüneberg*, BGB, § 309 Rn. 107; Ulmer/Brandner/Hensen/*Habersack*, AGB-Recht, § 309 Nr. 12 BGB Rn. 11.

wurde, ist zuerst die ohne die Klausel geltende Beweislastregel herauszufinden. Danach ist zu prüfen, ob die Regelung der Klausel hiervon abweicht und ob diese Abweichung nachteilig für den Klauselgegner ist.[451]

Während Anhang 1 q KlauselRL auf eine „ungebührliche" Einschränkung der Beweismittel abstellt, ist nach § 309 Nr. 12 BGB – unabhängig von deren Schwere – jegliche Einschränkung unwirksam. Art. 85a GEKR stellt im Gegensatz zu Anhang 1 q KlauselRL nicht mehr auf eine ungebührliche Einschränkung, sondern nur noch auf eine Einschränkung ab. Es ist daher anzunehmen, dass es auch nach Art. 85 a GEKR nicht auf die Schwere der Einschränkung ankommen soll.

Die Klauselverbote in Art. 85 a GEKR und § 309 Nr. 12 BGB dürften sich daher decken. Ein erheblicher Unterschied besteht jedoch: Während § 309 Nr. 12 BGB Klauseln, die die Beweislast zum Nachteil des Klauselgegners ändern, immer unwirksam sind, stellt Art. 85 a GEKR lediglich eine Vermutung der Unfairness auf. Die Zuordnung dieses Klauselverbots in die graue anstelle der schwarzen Liste[452] kann nicht nachvollzogen werden, da Beweise bzw. die Frage der Beweislast in Rechtsstreiten von grundsätzlicher Bedeutung sind.[453]

---

451 MüKo/*Wurmnest*, BGB, § 309 Nr. 12 Rn. 6; Ulmer/Brandner/Hensen/*Habersack*, AGB-Recht, § 309 Nr. 12 BGB Rn. 7.

452 Die Änderungen des vom Europäischen Parlaments angenommenen Textes sieht hingegen eine Zuordnung des Klauselverbots zur Beweislastverschiebung in die schwarze Liste vor: Europäisches Parlament, Angenommene Texte, PE 526.539, Oral P7_TA-PROV (2014) 0159, Abänderung 158, S. 87, 158, <http://www.europarl.europa.eu/sides/getDoc.do?pubRef=-//EP//NONSGML+TA+20140226+SIT-03+DOC+WORD+V0//DE&language=DE>.

453 *Mazeaud* in: Schulze/Stuyck, Towards a European contract law, S. 123, 128.

5. Generalklausel, Art. 83 GEKR

Sowohl Art. 83 GEKR[454] als auch § 307 BGB[455] enthalten eine Generalklausel, die als Auffangnorm dient, wenn sich in den Listen der Art. 84, 85 GEKR bzw. §§ 309, 308 BGB kein einschlägiges Klauselverbot findet. Eine Prüfung des § 307 BGB hat zudem zu erfolgen, wenn eine Klausel in den Anwendungsbereich der §§ 309, 308 BGB fällt und nach diesen Klauseln wirksam wäre.[456] Hierbei ist zu beachten, dass eine nach den §§ 309, 308 BGB wirksame Klausel nur dann nach § 307 BGB unwirksam sein kann, wenn besondere Gründe vorliegen, die nicht in den §§ 309, 308 BGB berücksichtigt wurden.[457] Dies wird auch im GEKR vergleichbar sein.

In einem Verbrauchervertrag soll eine nicht individuell ausgehandelte, vom Unternehmer gestellte Bestimmung nach Art. 83 Abs. 1 GEKR[458] unfair sein, wenn sie entgegen dem Gebot von Treu und Glauben und des redlichen Geschäftsverkehrs in Bezug auf die vertraglichen Rechte und Verpflichtungen der Vertragsparteien ein erhebliches Ungleichgewicht zu Lasten des Verbrauchers herstellt. Art. 3 Abs. 1 KlauselRL stellt hingegen bei der Beurteilung der Missbräuchlichkeit darauf ab, ob entgegen dem Gebot von Treu und Glauben zum Nachteil des Verbrauchers ein erhebliches und ungerechtfertigtes Missverhältnis verursacht wird. § 307 Abs. 1 BGB erklärt Bestimmungen in AGB für unwirksam, wenn sie den Vertragspartner entgegen den Geboten von Treu und Glauben unangemessen benachteiligen.

Es fällt zunächst auf, dass alle Vorschriften sehr vage gehalten sind und mit mehreren unbestimmten Rechtsbegriffen arbeiten. Diese bedürfen der richterlichen Konkretisierung und können daher zu erheblicher Rechtsunsicherheit

454 *Budde/Eckhoff* in: Hahn, Gemeinsames Europäisches Kaufrecht, S. 113, 130.

455 Tamm/Tonner/*Tamm*, Verbraucherrecht, § 16 Rn. 201; Ulmer/Brandner/Hensen/*Fuchs*, AGB-Recht, § 307 BGB Rn. 2.

456 MüKo/*Wurmnest*, BGB, § 307 Rn. 23; Tamm/Tonner/*Tamm*, Verbraucherrecht, § 16 Rn. 201.

457 Schulze et al./*Schulte-Nölke*, BGB, § 307 Rn. 2; Ulmer/Brandner/Hensen/*Fuchs*, AGB-Recht, § 307 BGB Rn. 2.

458 Entspricht im Wesentlichen Art. 6:301 ACQP und Art. II.-9:403 DCFR.

führen.[459] Gleichwohl liegt hierin auch der Vorteil, den die Generalklausel gegenüber Listen mit Klauselverboten bietet. Denn hier ist eine flexiblere Bewertung der jeweiligen Klausel unter Berücksichtigung der Parteiinteressen möglich.[460] Für die Praxis ist die Generalklausel daher von erheblicher Bedeutung.[461]

Weiter fällt auf, dass die Formulierung der unbestimmten Rechtsbegriffe in dem GEKR, der KlauselRL, dem BGB, den ACQP und dem DCFR voneinander abweicht. Während § 307 Abs. 1 BGB, Art. 3 Abs. 1 KlauselRL und Art. 6:301 ACQP von dem Gebot von „Treu und Glauben" sprechen, bezieht sich Art. 83 Abs. 1 GEKR, ebenso wie Art. II.-9:403 DCFR, auf das Gebot von „Treu und Glauben und des redlichen Geschäftsverkehrs". Die Ergänzung erfolgte erstmals bei der Übernahme der Generalklausel von Art. 3 Abs. 1 KlauselRL in Art. II.-9:403 DCFR, um die Begrifflichkeiten des DCFR zu vereinheitlichen, der bereits an anderer Stelle von Treu und Glauben und dem redlichen Geschäftsverkehr spricht.[462] Für Art. 83 GEKR wurde die Formulierung dann übernommen. Nach Art. 2 b GEKR-VO handelt es sich bei Treu und Glauben und dem redlichen Geschäftsverkehr um einen Verhaltensmaßstab, der durch Redlichkeit, Offenheit und Rücksicht auf die Interessen der anderen Partei in Bezug auf das fragliche Geschäft oder Rechtsverhältnis gekennzeichnet ist.[463] Vergleichbar hierzu bedeutet Treu und Glauben im deutschen Recht die Verpflichtung einer Partei, Rücksicht auf die Interessen der anderen Partei zu nehmen und sich redlich und loyal zu verhalten.[464] Für die Bedeutung des unbestimmten Rechtsbegriffes dürfte diese Ergänzung daher ohne Bedeutung sein.[465]

---

459 BDI, Stellungnahme D0485, S. 11, <http://www.bdi.eu/download_content/RechtUndOeffentlichesAuftragswesen/Stn_GB_D485.pdf>; MüKo, *Wurmnest*, BGB, § 307 Rn. 21; Schulze/*Mazeaud/Sauphanor-Brouillaud*, CESL, Annex I, Art. 83 Rn. 13; *van Gool*, Problematik des Rechts missbräuchlicher Klauseln, S. 70.

460 *Van Gool*, Problematik des Rechts der missbräuchlichen Klauseln, S. 70.

461 *Kieninger*, RabelsZ 2009, 793, 798.

462 *Von Bar/Clive*, DCFR, II.-9:403, B, S. 634.

463 In den Änderungen des vom Europäischen Parlaments angenommenen Textes wird „Treu und Glauben" dagegen als ein „Verhaltensmaßstab, der durch Redlichkeit, Offenheit und, wenn und soweit angemessen, angemessene Rücksicht auf die Interessen der anderen Partei in Bezug auf das fragliche Geschäft oder Rechtsverhältnis gekennzeichnet ist" definiert: Europäisches Parlament, Angenommene Texte, PE 526.539, Oral P7_TA-PROV (2014) 0159, Abänderung 37, S. 87, 109 f., <http://www.europarl.europa.eu/sides/getDoc.do?pubRef=-//EP//NONSGML+TA+20140226+SIT-03+DOC+WORD+V0//DE&language=DE>.

464 Palandt/*Grüneberg*, BGB, § 242 Rn. 6.

465 *Möslein* in: Schmidt-Kessel, Einheitliches europäisches Kaufrecht?, S. 255, 279; *von Westphalen* in: Geimer/Schütze/Garber, Europäische und internationale Dimension des Rechts, S. 659, 662.

Während Art. 83 Abs. 1 GEKR von einem „erheblichen Ungleichgewicht" spricht, verlangt Art. 3 Abs. 1 KlauselRL ein „erhebliches und ungerechtfertigtes Missverhältnis". Sowohl bei einem Missverhältnis als auch bei einem Ungleichgewicht handelt es sich um einen Zustand, der sich von dem Normalzustand unterscheidet,[466] so dass der Unterschied dieser Begriffe vernachlässigt werden kann. Dennoch erscheint Art. 3 Abs. 1 KlauselRL auf den ersten Blick einen strengeren Maßstab zu setzen als Art. 83 Abs. 1 GEKR, da er nicht nur ein erhebliches, sondern auch ein ungerechtfertigtes Missverhältnis fordert. Dass dies jedoch nicht der Fall ist,[467] wird deutlich, wenn man die englischen Sprachfassungen heranzieht. Hier verwenden sowohl die KlauselRL als auch das GEKR den identischen Begriff einer „significant imbalance".[468] Da sich Art. 83 Abs. 1 GEKR und Art. 3 Abs. 1 KlauselRL somit nur unwesentlich unterscheiden, kann hier, wenn auch mit Bedacht, auf die Auslegung der KlauselRL zurückgegriffen werden.[469] Auch die Formulierung des § 307 BGB, der von einer „unangemessenen Benachteiligung" spricht, weicht von Art. 83 Abs. 1 GEKR ab. Hierbei ist zu beachten, dass § 307 Abs. 1 BGB trotz sprachlicher Abweichungen im Kern der Regelung in Art. 3 Abs. 1 KlauselRL entspricht.[470] Dies ergibt sich auch daraus, dass bei der Auslegung von § 307 Abs. 1 BGB für Verbraucherverträge Art. 3 Abs. 1 KlauselRL im Wege einer richtlinienkonformen Auslegung zu berücksichtigen ist.[471]

In § 307 Abs. 2 BGB werden – im Gegensatz zum GEKR – zwei Regelbeispiele genannt, durch die die unangemessene Benachteiligung im Sinne von § 307 Abs. 1 Nr. 1 und 2 BGB konkretisiert werden soll.[472] Eine solche liegt demnach im Zweifel vor, wenn die Klausel nach § 307 Abs. 1 Nr. 1 BGB nicht mit wesentlichen Grundgedanken der gesetzlichen Regelung, von der abgewichen wird, vereinbar ist oder nach § 307 Abs. 1 Nr. 2 BGB sich aus der Natur des Vertrags ergebende wesentliche Rechte oder Pflichten so einschränkt, dass dies die Erreichung des Vertragszwecks gefährdet. Insbesondere das Fehlen einer mit

---

466 *Schmidt*, Konkretisierung von Generalklauseln, S. 207.

467 *Von Westphalen* in: Geimer/Schütze/Garber, Europäische und internationale Dimension des Rechts, S. 659, 662.

468 *Möslein* in: Schmidt-Kessel, Einheitliches europäisches Kaufrecht?, S. 255, 278.

469 *Möslein* in: Schmidt-Kessel, Einheitliches europäisches Kaufrecht?, S. 255, 278.

470 Erman/*Roloff*, BGB, Vor §§ 307-309 Rn. 6; MüKo/*Wurmnest*, BGB, § 307 Rn. 24; Palandt/*Grüneberg*, BGB, § 307 Rn. 10.

471 Palandt/*Grüneberg*, BGB, § 307 Rn. 10.

472 *Harłacz*, Bedeutung Allgemeiner Geschäftsbedingungen, S. 121; Ulmer/Brandner/Hensen/*Fuchs*, AGB-Recht, § 307 BGB Rn. 3.

§ 307 Abs. 1 Nr. 1 BGB vergleichbaren Regelung in Art. 83 GEKR wurde in der Literatur teilweise bemängelt.[473] Um einschätzen zu können, ob eine solche Konkretisierung in Art. 83 GEKR erforderlich ist, muss zunächst beleuchtet werden, in welchen Schritten die Prüfung der Generalklausel erfolgt.

Die Prüfung nach Art. 3 Abs. 1 KlauselRL[474], § 307 Abs. 1 BGB[475] und Art. 83 Abs. 1 GEKR[476] findet jeweils in zwei Schritten statt: Zunächst ist objektiv festzustellen, ob ein Missverhältnis bzw. ein Ungleichgewicht oder eine Benachteiligung vorliegt, während im zweiten, wertenden Schritt die Interessen gegeneinander abzuwägen sind. Um ein Ungleichgewicht[477] festzustellen, muss es zur Vermeidung von Billigkeitsrechtsprechung einen Maßstab für den Normalzustand geben.[478] Dieser Normalzustand eines ausgewogenen Vertragsinhalts spiegelt sich in den Grundgedanken der dispositiven Regelung einer Rechtsordnung wider, weshalb das dispositive Recht als Maßstab für einen angemessenen Interessenausgleich heranzuziehen ist.[479] Im deutschen Recht wird daher zur Feststellung einer Benachteiligung ein Vergleich der Rechtslage mit der fraglichen Klausel und ohne sie angestellt.[480] Zwar ist vom dispositiven Recht grundsätzlich eine Abweichung möglich, nicht aber vom dahinterstehenden rechtspolitischen Grundgedanken.[481] Auch im Rahmen von Art. 83 Abs. 1 GEKR ist das Ungleichgewicht festzustellen, indem die Klausel an den dispositiven Regelungen des GEKR gemessen werden.[482]

473 *Ernst* in: Remien/Herrler/Limmer, Gemeinsames Europäisches Kaufrecht, S. 93, 102, Rn. 24; *Möslein* in: Schmidt-Kessel, Einheitliches europäisches Kaufrecht?, S. 255, 279.

474 *Schmidt*, Konkretisierung von Generalklauseln, S. 301.

475 Ulmer/Brandner/Hensen/*Fuchs*, AGB-Recht, § 307 Rn. 98.

476 *Von Westphalen* in: Hahn, Gemeinsames Europäisches Kaufrecht, S. 39, 52.

477 Bzw. ein Missverhältnis oder eine Benachteiligung.

478 *Schmidt*, Konkretisierung von Generalklauseln, S. 207.

479 *Harłacz*, Bedeutung Allgemeiner Geschäftsbedingungen, S. 121; Tamm/Tonner/*Tamm*, Verbraucherrecht, § 16 Rn. 202; *van Gool*, Problematik des Rechts der missbräuchlichen Klauseln, S. 70; *von Westphalen* in: Geimer/Schütze/Garber, Europäische und internationale Dimension des Rechts, S. 659, 664; *von Westphalen* in: Hahn, Gemeinsames Europäisches Kaufrecht, S. 39, 52, *von Westphalen*,ZIP 2011, 1985, 1988.

480 BGH, Urt. v. 26.01.1994 – VIII ZR 39/93, NJW 1994, 1069, 1070; Erman/*Roloff*, BGB, 307 Rn. 8;Palandt/*Grüneberg*, BGB, § 307 Rn. 12; *Schmidt*, Konkretisierung von Generalklauseln, S. 301; Ulmer/Brandner/Hensen/*Fuchs*, AGB-Recht, § 307 BGB Rn. 98.

481 *Van Gool*, Problematik des Rechts der missbräuchlichen Klauseln, S. 71.

482 Schulze/*Mazeaud/Sauphanor-Brouillaud*, CESL, Annex I, Art. 83 Rn. 10; *von Westphalen* in: Hahn, Gemeinsames Europäisches Kaufrecht, S. 39, 52; *von Westphalen*,

Letztendlich handelt es sich somit bei § 307 Abs. 1 Nr. 1 BGB lediglich um eine explizite Regelung der ohnehin geltenden Grundsätze, dass das – vom dispositiven Recht für den fraglichen Vertragstyp geschaffene – Leitbild und die hierin zum Ausdruck gebrachte Wertentscheidung des Gesetzgebers nicht durch AGB abgewandelt werden dürfen.[483] Eine entsprechende Konkretisierung im Gesetz selbst ist nicht zwingend erforderlich, weshalb es unschädlich ist, dass eine mit § 307 Abs. 1 Nr. 1 BGB vergleichbare explizite Regelung sich in Art. 83 GEKR nicht findet.[484] Keinen Unterschied macht es bei der Prüfung auch, dass Art. 83 Abs. 1 GEKR ein „erhebliches" Ungleichgewicht fordert, während § 307 Abs. 1 BGB von einer unangemessenen Benachteiligung spricht. Denn auch bei § 307 Abs. 1 BGB gilt, dass die Benachteiligung durch die Abweichung nicht unerheblich sein darf.[485]

Wurde eine Abweichung festgestellt, ist eine Interessenabwägung durchzuführen. Dies ergibt sich in Art. 83 Abs. 1 GEKR aus der Formulierung „entgegen dem Gebot von Treu und Glauben und des redlichen Geschäftsverkehrs" und in § 307 Abs. 1 BGB aus der Formulierung „entgegen den Geboten von Treu und Glauben unangemessen zu benachteiligen". Nach § 307 Abs. 1 BGB liegt die geforderte unangemessene Benachteiligung dann vor, wenn der Verwender seine eigenen Interessen durch die AGB missbräuchlich auf Kosten des Vertragspartners durchzusetzen versucht und hierbei versäumt, auch dessen Interessen ausreichend zu berücksichtigen und ihm einen angemessenen Ausgleich zu bieten.[486] Zunächst müssen die Interessen der Parteien ermittelt und gewichtet werden, bevor eine Abwägung erfolgen kann. Es kommt nicht auf die tatsächlichen Interessen der Parteien im speziellen Einzelfall an, sondern

---

ZIP 2011, 1985, 1988; zum DCFR: *von Bar/Clive,* DCFR, II.-9:403, B, S. 635; a. A. *Ayad/Schnell,* BB 2012, 1487, 1491 f., wonach der Maßstab der Prüfung nicht generell-abstrakt das dispositive Recht, sondern das vertragliche Ungleichgewicht im konkreten Einzelfall sein soll.

483 *Harłacz,* Bedeutung Allgemeiner Geschäftsbedingungen, S. 121; MüKo/*Wurmnest,* BGB, § 307 Rn. 65, 66; Tamm/Tonner/*Tamm,* Verbraucherrecht, § 16 Rn. 202; *van Gool,* Problematik des Rechts der missbräuchlichen Klauseln, S. 71.

484 *Kieninger,* RabelsZ 2009, 793, 799; *von Westphalen* in: Hahn, Gemeinsames Europäisches Kaufrecht, S. 39, 52; *von Westphalen,*ZIP 2011, 1985, 1989.

485 Palandt/*Grüneberg,* BGB, § 307 Rn. 12; Tamm/Tonner/*Tamm,* Verbraucherrecht, § 16 Rn. 202; Ulmer/Brandner/Hensen/*Fuchs,* AGB-Recht, § 307 BGB Rn. 101; *von Westphalen,*ZIP 2011, 1985, 1987.

486 BGH, Urt. v. 03.04.1998 – V ZR 6/97, NJW 1998, 2600, 2601; BGH, Urt. v. 21.02.2001 – IV ZR 11/00, NJW 2001, 3406, 3407; BGH, Urt. v. 01.02.2005 – X ZR 10/04, NJW 2005, 1774, 1775; Erman/*Roloff,* BGB, § 307 Rn. 9; Palandt/*Grüneberg,* BGB, § 307 Rn. 12.

vielmehr generell-abstrakt auf die typischen Interessen der Verkehrskreise, die üblicherweise an Geschäften dieser Art beteiligt sind.[487] Solche Interessen sind z.B. der Rationalisierungseffekt von vorformulierten Vertragsbestimmungen auf Seiten des Verwenders, das Äquivalenzverhältnis von Leistung und Gegenleistung, die wirtschaftlichen Folgen und Belastungen sowie die Beherrschung und Versicherbarkeit des Risikos.[488] Die Anforderungen an das entgegenstehende Interesse sind umso höher je gewichtiger das Interesse ist; es ist also von erheblicher Bedeutung, ob es sich um ein verfassungsrechtlich besonders geschütztes Interesse oder „nur" um ein Interesse von wirtschaftlicher oder sonstiger Art handelt.[489] Bei dem Grundsatz von Treu und Glauben und des redlichen Geschäftsverkehrs nach Art. 2 b GEKR-VO, auf den sich Art. 83 GEKR bezieht, soll es sich um einen objektiven Verhaltensstandard handeln.[490] Es liegt daher nahe, dass auch bei der Abwägung und der Gewichtung der Interessen nach Art. 83 Abs. 1 GEKR abstrakt auf die typischen Interessen bei einem entsprechenden Vertrag abzustellen ist und nicht auf die jeweiligen Umstände des Einzelfalls.[491]

Die Umstände des Einzelfalls sind jedoch durch Art. 83 Abs. 2 GEKR[492] in die Prüfung einzubeziehen. Dort finden sich Kriterien, die bei der Prüfung nach Art. 83 Abs. 1 GEKR zu berücksichtigen sind. Genannt werden das Einhalten des Transparenzgebots nach Art. 82 GEKR, das Wesen des Vertragsgegenstands, die Umstände des Vertragsschlusses sowie die übrigen Bestimmungen des fraglichen Vertrags, sowie die sonstiger Verträge, von denen er abhängt.[493]

487 BGH, Urt. v. 09.02.1990 – V ZR 200/88, NJW 1990, 1601, 1602; BGH, Urt. v. 09.05.1996 – VII ZR 259/94, NJW 1996, 2155, 2156; BGH, Urt. v. 03.04.1998 – V ZR 6/97, NJW 1998, 2600, 2601; BGH, Urt. v. 21.02.2001 – IV ZR 11/00, NJW 2001, 3406, 3407; Erman/*Roloff*, BGB, § 307 Rn. 5; Tamm/Tonner/*Tamm*, Verbraucherrecht, § 16 Rn. 205; Ulmer/Brandner/Hensen/*Fuchs*, AGB-Recht, § 307 BGB Rn. 103 Rn. 110.

488 Erman/*Roloff*, BGB, § 307 Rn. 9;Tamm/Tonner/*Tamm*, Verbraucherrecht, § 16 Rn. 205.

489 Ulmer/Brandner/Hensen/*Fuchs*, § 307 Rn. 104.

490 Schulze/*Schulte-Nölke*, CESL, Regulation, Art. 2 Rn. 9.

491 *Von Westphalen* in: Geimer/Schütze/Garber, Europäische und internationale Dimension des Rechts, S. 659, 666.

492 Entsprechende Regelungen finden sich in Art. 4 KlauselRL, Art. 6:301 S. 2 ACQP sowie Art. II.-9:407 DCFR.

493 Ausführlich hierzu: *von Westphalen* in: Geimer/Schütze/Garber, Europäische und internationale Dimension des Rechts, S. 659, 665-669.

Diese Beurteilungskriterien finden sich auch im deutschen Recht wieder.[494] So ist nach § 307 Abs. 1 Satz 2 BGB zu berücksichtigen, ob die Klausel transparent ist. Weiter ist der gesamte Vertragsinhalt, somit auch das Wesen des Vertragsgegenstands, in die Bewertung mit einzubeziehen.[495] Auch die Umstände des Vertragsschlusses spielen in Verbraucherverträgen nach § 310 Abs. 3 Nr. 3 BGB bei der Abwägung eine Rolle. Hinsichtlich der Berücksichtigung der übrigen Bestimmung ist jedoch zu bedenken, dass grundsätzlich nur die einzelne Klausel Gegenstand der Inhaltskontrolle ist. Eine unfaire Klausel ist nicht damit zu rechtfertigen, dass eine andere Klausel für den Klauselgegner vorteilhaft ist.[496] An dieser Beurteilung kann sich nur etwas ändern, wenn durch eine Klausel, die in sehr engem Zusammenhang zu der zu prüfenden Klausel steht, ein angemessener Ausgleich geboten wird.[497] Die Miteinbeziehung der übrigen Vertragsbestimmungen kann aber auch dann wichtig sein, wenn die Einzelbetrachtung der Klauseln ergibt, dass sie, wenn auch grenzwertig, noch zulässig sind, in der Summe aber den Klauselgegner unangemessen benachteiligen.[498]

Zusammenfassend lässt sich daher feststellen, dass auch die Regelungen der § 307 BGB und Art. 83 GEKR sich im Wesentlichen nicht voneinander unterscheiden.[499] Ob das GEKR dem Verbraucher hier ein gleichbleibendes, höheres oder niedrigeres Schutzniveau bietet, als das geltende Recht, lässt sich indes zum jetzigen Zeitpunkt nicht sagen. Es wird maßgeblich darauf ankommen, wie Art. 83 GEKR durch die Rechtsprechung konkretisiert werden wird.[500]

---

494 *Von Westphalen,* ZIP 2011, 1985, 1989.

495 BGH, Urt. v. 02.12.1992, NJW 1993, 532, 532; *von Westphalen,* ZIP 2011, 1985, 1989.

496 *Von Bar/Clive,* DCFR, II.-9:407, B, S. 650.

497 BGH, Urt. v. 29.11.2002 – V ZR 105/02, NJW 2003, 888, 890 f.; Palandt/*Grüneberg,* BGB, § 307 Rn. 12;*von Bar/Clive,* DCFR, II.-9:407, B, S. 650.

498 BGH, Urt. v. 02.12.1992, NJW 1993, 532, 532; Ulmer/Brandner/Hensen/*Fuchs,* AGB-Recht, § 307 BGB Rn. 95.

499 *Von Westphalen,* ZIP 2011, 1985, 1989.

500 *Ebers* in: EWeRK e.V., Festgabe H.-P. Schwintoski, S. 43, 63.

6. Folgen unfairer Vertragsbestimmungen

6.1. Rechtsfolgen unfairer Vertragsbestimmungen

Von einer Partei gestellte unfaire Klauseln sollen nach Art. 79 Abs. 1 GEKR für die andere Partei nicht bindend sein. Vergleichbar sind nach Art. II.-9:408 DCFR unfaire Klauseln „nicht verbindlich", nach Art. 6 Abs. 1, 1. HS KlauselRL „unverbindlich" und nach §§ 307 Abs. 1, 308 Satz 1 und 309 Satz 1 BGB „unwirksam".

Auf die Frage, was es bedeutet, dass eine Klausel nicht bindend ist, geht das GEKR nicht näher ein.[501] Auch in dem Standard-Informationsblatt in Anhang II GEKR findet sich nur die Aussage, dass unfaire Vertragsbestimmungen für den Verbraucher „rechtlich nicht verbindlich" sind. Letztlich führt eine nicht bindende Klausel dazu, dass sie zwar den Verwender bindet, der Klauselgegner aber die Wahl hat, ob er sie gegen sich gelten lassen will oder nicht.[502] Für den Klauselgegner soll eine unfaire Klausel keine Nachteile bringen,[503] eine nicht bindende Klausel fällt daher aus dem Vertrag heraus und entfaltet keine Geltung gegenüber dem Verbraucher.[504] Eine hierbei entstehende Lücke ist entweder durch die dispositiven Vorschriften des GEKR oder – falls es dort keine entsprechende Vorschrift gibt – europäisch-autonom zu schließen.[505] Dies entspricht weitestgehend der deutschen Regelung, wonach nach § 306 Abs. 2 BGB das dispositive Recht an die Stelle der unwirksamen Klausel tritt.[506] Fehlt eine entsprechende gesetzliche Regelung, ist die Lücke nach deutschem Recht durch ergänzende Vertragsauslegung zu füllen.[507]

---

501 Europäischer Wirtschafts- und Sozialausschuss, Stellungnahme, S. 6, <http://eescopinions.eesc.europa.eu/eescopiniondocument.aspx?language=de&docnr=800&year=2012>; *Möslein* in: Schmidt-Kessel, Einheitliches europäisches Kaufrecht?, S. 255, 285.

502 Schulze/*Mazeaud/Sauphanor-Brouillaud*, CESL, Annex I, Art. 79 Rn. 2.

503 Schulze/*Mazeaud/Sauphanor-Brouillaud*, CESL, Annex I, Art. 79 Rn. 7.

504 Schulze/*Mazeaud/Sauphanor-Brouillaud*, CESL, Annex I, Art. 79 Rn. 7.

505 *Möslein* in: Schmidt-Kessel, Einheitliches Europäisches Kaufrecht, S. 255, 285.

506 BGH, Urt. v. 05.03.2008 – VIII ZR 95/07, NJW 2008, 1438, 1439; MüKo/*Basedow*, BGB, § 306 Rn. 21;Palandt/*Grüneberg*, BGB, § 306 Rn. 12.

507 BGH,Teilurt. v. 29.04.2008 – KZR 2/07, NJW 2008, 2172, 2175; BGH, Urt. v. 09.07.2008 – VIII ZR 181/07, NJW 2008, 2840, 2841 f.; MüKo/*Basedow*, BGB, § 306 Rn. 22-29;Palandt/*Grüneberg*, BGB, § 306 Rn. 13.

Nach deutschem Recht ist eine geltungserhaltende Reduktion nicht möglich.[508] Es ist demnach nicht möglich, den Inhalt einer unzulässigen Klausel auf einen gerade noch zulässigen Inhalt herunter zu kürzen und die Klausel so, in abgeänderter Form, wirksam bleiben zu lassen.[509] Begründet wird dies damit, dass eine geltungserhaltende Reduktion dazu führen würde, dass dem Verwender der Anreiz genommen würde, ein faires, wirksames Klauselwerk zu erstellen: selbst wenn der Klauselgegner dagegen gerichtlich vorgehen würde, wäre das Schlimmste, was dem Verwender passieren könnte, dass der Inhalt auf das gesetzlich Zulässige reduziert würde.[510]

Art. 79 Abs. 1 GEKR äußert sich nicht explizit zu der Frage der geltungserhaltenden Reduktion. Teilweise wird daher die Auffassung vertreten, dass eine geltungserhaltende Reduktion im GEKR erlaubt sein soll, zumal Art. 63 GEKR festlegt, dass eine Auslegung, nach der Vertragsbestimmungen wirksam sind, Vorrang vor einer Auslegung haben soll, nach der sie unwirksam sind.[511] Wäre dies der Fall, würde das GEKR eine erhebliche Absenkung des Verbraucherschutzes und gleichzeitig einen großen Vorteil für die Unternehmer im Gegensatz zum deutschen Recht bedeuten. Art. 63 GEKR zielt in erster Linie auf solche Fälle ab, in denen eine Vertragsbestimmung zwei Interpretationen zulässt: eine, nach der sie wirksam wäre und eine, nach der sie beispielsweise unmöglich, überflüssig, rechtlich nicht zulässig oder sinnlos wäre.[512] In diesen Fällen hätte die Interpretation Vorrang, die die Wirksamkeit der Klausel zur

---

508 BGH, Urt. v. 20.01.1983 - VII ZR 105/81, NJW 1983, 1322, 1325; BGH, Urt. v. 03.11.1999 - VIII ZR 269/08, NJW 2000, 1110, 1113; *Leyens/Schäfer*, AcP 2010, 771, 799; Palandt/*Grüneberg*, BGB, § 306 Rn. 6; kritisch zu einem allgemeinen Verbot der geltungserhaltenden Reduktion: *Leyens/Schäfer*, AcP 2010, 771, 799-801; MüKo/*Basedow*, BGB, §306 Rn. 12-20.

509 BGH, Urt. v. 03.11.1999 - VIII ZR 269/08, NJW 2000, 1110, 1113; *Leyens/Schäfer*, AcP 2010, 771, 800.

510 *Leyens/Schäfer*, AcP 2010, 771, 800; Palandt/*Grüneberg*, BGB, § 306 Rn. 6; *Wendehorst* in: Wendehorst/Zöchling-Jud, Am Vorabend eines Gemeinsamen Europäischen Kaufrechts, S. 87, 101.

511 BRAK, Stellungnahme Nr. 15/2012, S. 10, <http://www.brak.de/zur-rechtspolitik/stellungnahmen-pdf/stellungnahmen-deutschland/2012/april/stellungnahme-der-brak-2012-15.pdf>; DAV, Stellungnahme Nr. 39/2012, S. 10, <http://www.anwaltverein.de/downloads/stellungnahmen/12-04-24-Stellungnahme-Europaeisches-Kaufrecht-endgueltig-ohne-Logo.pdf>; vzbv, Ein Gemeinsames Europäisches Kaufrecht Teil II, S. 12, <http://vzbv.de/cps/rde/xbcr/vzbv/Gemeinsames_Europaeisches_Kaufrecht-Stellungnahme-vzbv-2012-05-13.pdf>.

512 Schulze/*Wendehorst*, CESL, Annex I, Art. 63 Rn. 3 f.

Folge hätte.[513] Eine solche Auslegung orientiert sich an dem Ziel des GEKR einer Ausrichtung auf die Aufrechterhaltung des gültigen Vertrags, sofern dies unter Berücksichtigung der berechtigten Interessen der Parteien möglich und angemessen ist.[514] Fraglich ist jedoch, ob Art. 63 GEKR auch die geltungserhaltende Reduktion unfairer nicht individuell ausgehandelter Vertragsbestimmungen im Sinn hatte. Hier ist zunächst zu berücksichtigen, dass Art. 63 GEKR auf Art. II.-8106 DCFR basiert. Dieser greift wiederum die Regelungen aus Art. 4.5 der UNIDROIT Principles[515] und Art. 5:106 der Principles of European Contract Law[516] auf, wobei unfaire Vertragsbestimmungen in den UNIDROIT PICC nicht näher behandelt sind.[517] Im DCFR fehlt ebenso wie im GEKR eine Aussage zur Zulässigkeit der geltungserhaltenden Reduktion. Die Kommentierung zum DCFR impliziert jedoch, dass Art. II.-8:106 DCFR eben nicht zur geltungserhaltenden Reduktion unfairer Vertragsbestimmungen angewendet werden soll[518]. Im Übrigen hat der Europäische Gerichtshof zwischenzeitlich im Rahmen der KlauselRL entschieden,[519] dass die nationalen Gerichte eine geltungserhaltende Reduktion nicht durchführen dürfen. Art. 6 Abs. 1 KlauselRL erteile den Gerichten lediglich die Befugnis, eine missbräuchliche Vertragsklausel für unanwendbar zu erklären und nicht, den Inhalt der Klausel abzuändern. Zudem gefährde eine geltungserhaltende Reduktion das durch Art. 7 KlauselRL verfolgte langfristige Ziel, Verwender von der Nutzung unfairer Klauseln abzuschrecken. Da das GEKR das bestehende europäische Verbraucherschutzniveau beibehalten oder erhöhen möchte,[520] wird dies auch bezüglich des GEKR nicht anders sein. Hierfür spricht auch, dass nach Art. 79 Abs. 1 GEKR die unfaire Klausel immer „nicht bindend“ sein soll. Wäre eine geltungserhaltende Reduktion erlaubt, wäre hier eine andere Formulierung, zum Beispiel „teilweise bindend“, treffender gewesen.[521] Zudem stellt Art. 79 Abs. 2 GEKR bei der

513 Schulze/*Wendehorst*, CESL, Annex I, Art. 63 Rn. 3.

514 Erwägungsgrund 32 GEKR-VO; Schulze/*Wendehorst*, CESL, Annex I, Art. 63 Rn. 2.

515 UNIDROIT, Principles of International Commercial Contracts 2010, im Folgenden: UNIDROIT PICC.

516 *Lando/Beale*, Principles of European Contract Law, Parts I and II, im Folgenden: PECL.

517 Schulze/*Wendehorst*, CESL, Annex I, Art. 63 Rn. 9.

518 *Von Bar/Clive*, DCFR, II.-8:106, Notes, S. 570, weitere Aussagen zur geltungserhaltenden Reduktion in II.-9:408, Notes, II. Splitting Terms, S. 658-659.

519 EuGH, Urt. v. 14.06.2012 – C-618/10, NJW 2012, 2257, 2260.

520 Erwägungsgrund 11 GEKR-VO.

521 Zum DCFR: *von Bar/Clive*, DCFR, II.-9:408, Notes, II. Splitting Terms, S. 658.

Frage der Wirksamkeit des gesamten Vertrages darauf, ob er „ohne die unfaire Bestimmung" Bestand haben kann, so dass auch hier impliziert wird, dass die Klausel ganz wegfällt und nicht teilweise wirksam bleiben soll.[522] Es ist daher anzunehmen, dass nach dem GEKR eine geltungserhaltende Reduktion nicht möglich sein soll.[523] Da es sich bei der möglichen Zulässigkeit einer geltungserhaltenden Reduktion um eine sowohl für Verbraucher als auch Unternehmer äußerst wichtige Frage handelt und Art. 63 GEKR hier zu erheblicher Unsicherheit führt, wäre zur Vermeidung von Missverständnissen eine Klarstellung dringend erforderlich.

Der übrige Vertrag bleibt nach Art. 79 Abs. 2 GEKR verbindlich, sofern er ohne die unfaire Bestimmung Bestand haben kann. Es ist Aufgabe des Gerichts festzustellen, ob der Regelungsgehalt der unfairen Klausel so wichtig ist, dass bei einem Ausklammern der Klausel das generelle Vertragsgleichgewicht kippen würde und der Vertrag nicht mehr aufrecht zu halten wäre.[524] § 306 BGB regelt diesen Fall nicht explizit. Es ist jedoch anerkannt, dass eine Gesamtnichtigkeit des Vertrages eintreten kann, wenn durch das Wegfallen der Klausel eine nicht zu schließende Lücke entsteht und lediglich ein Vertragstorso verbleibt, der als vertragliche Einigung der Parteien nicht fortbestehen kann.[525]

§ 306 Abs. 3 BGB geht bei der Frage nach der Wirksamkeit des ganzen Vertrages über die Regelungen des GEKR hinaus. Demnach ist ein Vertrag dann unwirksam, wenn das Festhalten an dem nach § 306 Abs. 2 BGB abgeänderten Vertrag eine unzumutbare Härte für eine Vertragspartei darstellt. Eine solche unzumutbare Härte kann sowohl zu Gunsten des Verwenders als auch des Klauselgegners angenommen werden. Die Anforderungen an eine zur Unwirksamkeit führende unzumutbare Härte zu Gunsten des Verwenders sind sehr hoch und liegen nur vor, wenn das Vertragsgleichgewicht ohne die unwirksame Klausel grundlegend gestört ist.[526]

Sofern die geltungserhaltende Reduktion unfairer Klauseln auch durch das GEKR nicht erlaubt wird, unterscheiden sich die Rechtsfolgen von unfairen

---

522 *Wendehorst* in: Wendehorst/Zöchling-Jud, Am Vorabend eines Gemeinsamen Europäischen Rechts, S. 87, 101.

523 Schulze/*Wendehorst,* CESL, Annex I, Art. 63 Rn. 9; *Wendehorst* in: Wendehorst/Zöchling-Jud, Am Vorabend eines Gemeinsamen Europäischen Rechts, S. 87, 101.

524 Schulze/*Mazeaud/Sauphanor-Brouillaud,* CESL, Annex I, Art. 79 Rn. 8.

525 BGH, Urt. v. 08.05.2007 – KZR 14/04, NJW 2007, 3568, 3570; MüKö/*Basedow,* BGB, § 306 Rn. 8; Palandt/*Grüneberg,* BGB, § 306 Rn. 16.

526 BGH, Urt. v. 09.05.1996 – III ZR 209/95, NJW-RR 1996, 1009, 1010; MüKo/*Basedow,* BGB, § 306 Rn. 32; Palandt/*Grüneberg,* BGB, § 306 Rn. 17.

nicht individuell ausgehandelten Vertragsbestimmungen im GEKR und dem BGB kaum. Der einzige Unterschied liegt darin, dass nach § 306 Abs. 3 BGB im Gegensatz zum GEKR die Möglichkeit besteht, dass der Vertrag bei einer unzumutbaren Härte als Ganzes unwirksam sein kann. Eine solche unzumutbare Härte dürfte in der Regel seltener beim Verbraucher als beim Unternehmer vorkommen,[527] so dass das Fehlen einer entsprechenden Regelung im GEKR vor allem für den Unternehmer nachteilig wäre. Da § 306 Abs. 3 BGB jedoch in der Praxis von eher untergeordneter Bedeutung ist,[528] ist fraglich, ob ein eventueller Nachteil durch die fehlende Regelung im GEKR im Gegensatz zum BGB wirklich ins Gewicht fallen wird.

6.2. Gerichtliche Überprüfung

Um dem Verbraucher einen ausreichenden Schutz vor unfairen Vertragsbestimmungen zu bieten, hat der Europäische Gerichtshof zu Art. 6 Abs. 1 KlauselRL entschieden, dass das zuständige Gericht die fragliche Klausel von Amts wegen prüfen muss, selbst wenn der Verbraucher sie nicht angreift.[529] Dieser Grundsatz wird ebenso für das GEKR gelten.[530]

Eine Hürde, die das GEKR noch zu überwinden hat, ist, dass die gewünschte Rechtsvereinheitlichung auch eine einheitliche, europäisch-autonome Rechtsprechung erfordert.[531] Dies ist umso wichtiger, als das GEKR mit zahlreichen unbestimmten Rechtsbegriffen arbeitet, die eine Konkretisierung erfordern. Eine einheitliche europäische Zivilgerichtsbarkeit existiert jedoch nicht und ist zum jetzigen Zeitpunkt auch nicht geplant.[532]

---

527 Ulmer/Brandner/Hensen/*Schmidt*, AGB-Recht, § 306 Rn. 42.

528 Ulmer/Brandner/Hensen/*Schmidt*, AGB-Recht, § 306 Rn. 42.

529 EuGH, Urt. v. 27.06.2000 – verb. RS. C-240/98 – C-244/98, NJW 2000, 2571, 2572 f.; EuGH, Urt. v. 04.06.2009 – C-243/08, EuZW 2009, 503, 504; *Hesselink/Loos*, Unfair contract terms in B2C contracts, S. 9, <http://www.europarl.europa.eu/document/activities/cont/201205/20120530ATT46066/20120530ATT46066EN.pdf>.

530 *Hesselink/Loos*, Unfair contract terms in B2C contracts, S. 9, <http://www.europarl.europa.eu/document/activities/cont/201205/20120530ATT46066/20120530ATT46066EN.pdf>; Schulze/*Mazeaud/Sauphanor-Brouillaud*, CESL, Annex I, Art. 79 Rn. 4.

531 *Balthasar*, RIW 2012, 361, 366; *Grigoleit* in: Remien/Herrler/Limmer, Gemeinsames Europäisches Kaufrecht, S. 67, 70, Rn. 8, 12; *Reich/Micklitz*, EWS 2011, 113, 118.

532 *Grigoleit* in: Remien/Herrler/Limmer, Gemeinsames Europäisches Kaufrecht, S. 67, 71, Rn. 13; *Grigoleit*, Schriftliche Vorabstellungnahme, S. 4, <http://www.bundestag.

Kommt es zu Rechtsstreitigkeiten aus dem GEKR, sind zunächst die Gerichte der Mitgliedstaaten zuständig.[533] Die nationalen Richter müssen das GEKR autonom und nicht aus dem Blickwinkel ihres jeweiligen nationalen Rechts auslegen.[534] Das Vertragsrecht in den unterschiedlichen Rechtsordnungen unterscheidet sich aber sowohl hinsichtlich der grundlegenden Wertungen als auch der Methodik der Regelbildung erheblich.[535] Ob es den nationalen Richtern gelingen wird, bei der Auslegung des GEKR tatsächlich ihren eigenen nationalen rechtlichen Hintergrund ganz auszublenden, ist zu bezweifeln.[536] Es besteht daher die Gefahr, dass es – je nachdem in welchem Mitgliedsstaat der Rechtsstreit stattfindet – zu zahlreichen unterschiedlichen Auslegungen kommen wird.[537] Hieran kann alleine auch die nach Art. 14 GEKR-VO einzurichtende Datenbank mit Urteilen der nationalen Gerichten und des Europäischen Gerichtshofs zum GEKR nichts ändern.[538]

Für eine einheitliche Auslegung des GEKR wird somit die Rechtsprechung des Europäischen Gerichtshofes von größter Bedeutung sein. Dieser wird in erster Linie über Vorlagen im Rahmen des Vorabentscheidungsverfahrens nach Art. 267 AEUV entscheiden müssen.[539] Bisher entschied der Europäische

---

de/bundestag/ausschuesse17/a06/anhoerungen/archiv/16_Europaeisches_Kaufrecht/04_Stellungnahmen/Stellungnahme_Grigoleit.pdf>.

533 *Gsell* in: Gebauer, Gemeinsames Europäisches Kaufrecht, S. 105, 110; Schulze/*Wendehorst,* CESL, Regulation, Art. 14 Rn. 1; *Thomas*, Proposal for a Regulation, S. 14, <http://www.europarl.europa.eu/committees/en/juri/studiesdownload.html?languageDocument=EN&file=79153>; vzbv, Ein Gemeinsames Europäisches Kaufrecht Teil I, S. 9, <http://www.vzbv.de/cps/rde/xbcr/vzbv/Stellungnahme-vzbv-Gemeinsames-Europäisches-Kaufrecht-2012-01-13.pdf>.

534 Schulze/*Schulte-Nölke,* CESL, Annex I, Art. 4.

535 *Grigoleit*, Schriftliche Vorab-Stellungnahme, S. 4, <http://www.bundestag.de/bundestag/ausschuesse17/a06/anhoerungen/archiv/16_Europaeisches_Kaufrecht/04_Stellungnahmen/Stellungnahme_Grigoleit.pdf>.

536 *Balthasar,* RIW 2012, 361, 366; *Budde/Eckhoff* in: Hahn, Gemeinsames Europäisches Kaufrecht, S. 113, 118; *Loos,* ZEuP 2012, 776, 781.

537 BDI, Stellungnahme D0485, S. 9, <http://www.bdi.eu/download_content/RechtUndOeffentlichesAuftragswesen/Stn_GB_D485.pdf>; *Budde/Eckhoff* in: Hahn, Gemeinsames Europäisches Kaufrecht, S. 113, 119; *Loos*, ZEuP 2012, 776, 781; vzbv, Ein Gemeinsames Europäisches Kaufrecht Teil I, S. 9, <http://www.vzbv.de/cps/rde/xbcr/vzbv/Stellungnahme-vzbv-Gemeinsames-Europäisches-Kaufrecht-2012-01-13.pdf>.

538 *Grigoleit* in: Remien/Herrler/Limmer, Gemeinsames Europäisches Kaufrecht, S. 67, 71, Rn. 13.

539 *Reich/Micklitz,* EWS 2011, 113, 118;*Schmidt-Kessel* in: Schmidt-Kessel, Einheitliches europäisches Kaufrecht?, S. 1, 16; *Stabentheiner* in: Wendehorst/Zöchling-Jud, Am Vorabend eines Gemeinsamen Europäischen Kaufrechts, S. 3, 16.

Gerichtshof hinsichtlich der Klauselrichtlinie zwar über die zur Definition der Begriffe der missbräuchlichen Klauseln verwendeten allgemeinen Kriterien, überließ die Anwendung dieser Kriterien, also die konkrete Prüfung auf eine Missbräuchlichkeit der Klauseln, den nationalen Gerichten.[540] Die angeführte Begründung, dass hierfür auch eine Prüfung des nationalen Rechts erforderlich ist,[541] trifft für das GEKR gerade nicht mehr zu. Somit wird der Europäische Gerichtshof bei Rechtsstreitigkeiten über missbräuchliche Klauseln nach dem GEKR auch die Unfairness einer Klausel prüfen müssen.[542] Gerade im ersten Jahrzehnt nach Einführung des GEKR ist damit zu rechnen, dass es zu einer großen Vielzahl von Vorlagen kommen wird.[543] Zu Recht wird in der Literatur darauf hingewiesen, dass der Europäische Gerichtshof hierfür derzeit weder über ausreichend Kapazitäten[544] noch die notwendige zivil- bzw. wirtschaftsrechtliche Spezialisierung[545] verfügt.[546] Wahrscheinliche Folgen sind eine Überlastung des

540 EuGH, Urt. v. 01.04.2004 – C-J023/02, BeckEuRS 2004, 287601, Rn. 22; *Gsell* in: Gebauer, Gemeinsames Europäisches Kaufrecht, S. 105, 110; *Hesselink/Loos*, Unfair contract terms in B2C contracts, S. 13, <http://www.europarl.europa.eu/document/activities/cont/201205/20120530ATT46066/20120530ATT46066EN.pdf>.

541 EuGH, Urt. v. 01.04.2004 – C-J023/02, BeckEuRS 2004, 287601, Rn. 21.

542 *Gsell* in: Gebauer, Gemeinsames Europäisches Kaufrecht, S. 105, 110; *Hesselink/Loos*, Unfair contract terms in B2C contracts, S. 13, <http://www.europarl.europa.eu/document/activities/cont/201205/20120530ATT46066/20120530ATT46066EN.pdf>.

543 *Budde/Eckhoff* in: Hahn, Gemeinsames Europäisches Kaufrecht, S. 113, 118 f.; *Stabentheiner* in: Wendehorst/Zöchling-Jud, Am Vorabend eines Gemeinsamen Europäischen Kaufrechts, S. 3, 16.

544 *Balthasar*, RIW 2012, 361, 366; BDI, Stellungnahme D0485, S. 9, <http://www.bdi.eu/download_content/RechtUndOeffentlichesAuftragswesen/Stn_GB_D485.pdf>; *Eidenmüller et al.*, JZ 2012, 269. 286; *Grigoleit* in: Remien/Herrler/Limmer, Gemeinsames Europäisches Kaufrecht, S. 67, 71, Rn. 15; *Grigoleit*, Schriftliche Vorab-Stellungnahme, S. 4, <http://www.bundestag.de/bundestag/ausschuesse17/a06/anhoerungen/archiv/16_Europaeisches_Kaufrecht/04_Stellungnahmen/Stellungnahme_Grigoleit.pdf>; *Gsell* in: Gebauer, Gemeinsames Europäisches Kaufrecht, S. 105, 118 f.; *Wernicke/Groß* in: Hahn, Gemeinsames Europäisches Kaufrecht, S. 157, 165.

545 *Gsell* in: Gebauer, Gemeinsames Europäisches Kaufrecht, S. 105, 118 f.; *Wernicke/Groß* in: Hahn, Gemeinsames Europäisches Kaufrecht, S. 157, 165.

546 Ausführlich zu der Problematik einer europäischen Gerichtsbarkeit: *Grigoleit* in: Remien/Herrler/Limmer, Gemeinsames Europäisches Kaufrecht, S. 67, 70-73, Rn. 12-17; *Gsell* in: Gebauer, Gemeinsames Europäisches Kaufrecht, S. 105, 118-126.

Europäischen Gerichtshofes und sehr lange Verfahrensdauern und hiermit einhergehend eine Rechtsunsicherheit.[547]

Es wird voraussichtlich eine lange Zeit dauern, bis es eine einheitliche Rechtsprechung, insbesondere eine einheitliche Konkretisierung der unbestimmten Rechtsbegriffe, gibt. In der Zwischenzeit lässt sich eine erhebliche Rechtsunsicherheit nicht vermeiden.[548] Dies macht das GEKR sowohl für Verbraucher als auch für Unternehmer tendenziell unattraktiv. Es wird daher bereits gefordert, ein neues europäisches Gericht einzurichten[549] oder zumindest die Kapazitäten des Europäischen Gerichtshofs zu erhöhen[550], um eine zügigere, einheitliche Rechtsprechung zu gewährleisten.

---

547 *Budde/Eckhoff* in: Hahn, Gemeinsames Europäisches Kaufrecht, S. 113, 118 f.; Grigoleit in: Remien/Herrler/Limmer, Gemeinsames Europäisches Kaufrecht, S. 67, 72, Rn. 16; *Reich/Micklitz,* EWS 2011, 113, 118; *Stabentheiner* in: Wendehorst-Zöchling-Jud, Am Vorabend eines Gemeinsamen Europäischen Kaufrechts, S. 3, 17.

548 *Eidenmüller et al.,* JZ 2012, 269, 286; *Hesselink/Loos,* Unfair contract terms in B2C contracts, S. 14, <http://www.europarl.europa.eu/document/activities/cont/201205/20120530ATT46066/20120530ATT46066EN.pdf>.

549 *Budde/Eckhoff* in: Hahn, Gemeinsames Europäisches Kaufrecht, S. 113, 121; *Hesselink/Loos,* Unfair contract terms in B2C contracts, S. 14, <http://www.europarl.europa.eu/document/activities/cont/201205/20120530ATT46066/20120530ATT46066EN.pdf>; *Perfetti* in: Alpa et al., Proposed Common European Sales Law, S. 49, 57; kritisch zur Schaffung einer zivilrechtlichen Kammer des EuGH: *Jaeger,* RabelsZ 2013, 465, 500-501.

550 DAV, Stellungnahme Nr. 39/2012, S. 11, <http://www.anwaltverein.de/downloads/stellungnahmen/12-04-24-Stellungnahme-Europaeisches-Kaufrecht-endgueltig-ohne-Logo.pdf>; *Wernicke/Groß* in: Hahn, Gemeinsames Europäisches Kaufrecht, S. 157, 165.

7. Fazit

Ein Vergleich der Regelungen zur Inhaltskontrolle nach dem GEKR und dem BGB ergibt, dass sie im Ergebnis in weiten Teilen übereinstimmen. So orientiert sich zunächst der Aufbau der Inhaltskontrolle im GEKR stark an dem des deutschen Rechts. Auch die Begrifflichkeiten der nicht individuell ausgehandelten Vertragsbestimmungen nach Art. 7 Abs. 1 GEKR und der Allgemeinen Geschäftsbedingungen nach §§ 305 Abs. 1, 310 Abs. 3 Nr. 2 BGB und die Regelungen zur Frage, welche Vertragsbestimmungen der Inhaltskontrolle unterliegen, entsprechen sich inhaltlich. Von den 13 im Rahmen dieser Arbeit geprüften Klauselverboten der Art. 84 und 85 GEKR decken sich sieben mit entsprechenden unwirksamen Klauseln nach dem deutschen Recht: Klauseln zur überlangen Bindungsfrist nach Art. 85 o GEKR, Klauseln zum Ausschluss des Leistungsverweigerungsrechts nach Art. 84 g und i GEKR, Haftungsbegrenzungsklauseln nach Art. 84 a und b GEKR, Klauseln zur Einschränkung von Abhilfen bei Nichterfüllung nach Art 85 b GEKR und Gerichtsstandsklauseln nach Art. 84 e GEKR.

Bei einigen Regelungen des GEKR ist zu vermuten, dass sie mit den Vorschriften des deutschen Rechts vergleichbar sind. Zum jetzigen Zeitpunkt lässt sich dies jedoch nicht mit Sicherheit sagen, da es darauf ankommt, wie die Rechtsprechung die Regelungen auslegen wird. So muss bei der Einbeziehung der nicht individuell ausgehandelten Vertragsbestimmungen noch geklärt werden, ob eine tatsächliche Möglichkeit zur Kenntnisnahme erforderlich ist. Offen ist zum jetzigen Zeitpunkt auch, ob der Verbraucher durch die Pflicht zur Transparenz nach Art. 82 GEKR wie im deutschen Recht vor überraschenden Klauseln geschützt wird und welche Folgen ein Verstoß gegen die Transparenzpflicht hat. Bei der Auslegung ist zu klären, ob als Ausgangspunkt für die Inhaltskontrolle, vergleichbar zum deutschen Recht, die kundenfeindlichste Auslegung der fraglichen Klausel heranzuziehen ist. Hinsichtlich der Klauselverbote muss sich noch zeigen, wann eine Vorauszahlung im Sinne von Art. 85 s GEKR überhöht ist und ob Art. 85 m GEKR ein Verbot zur Abtretung von Forderungen umfassen soll. Da sich die Generalklausel in Art. 83 GEKR zahlreicher unbestimmter Rechtsbegriffe bedient, wird ihr Regelungsgehalt erst durch die künftige Rechtsprechung ersichtlich werden. Nicht eindeutig aus dem GEKR geht weiter hervor, ob eine geltungserhaltende Reduktion unfairer Vertragsbestimmungen möglich sein soll, obwohl vieles hiergegen spricht.

Einen höheren Verbraucherschutz bietet das GEKR hinsichtlich Klauseln zur Übertragung vertraglicher Rechte und Pflichten nach Art. 85 m GEKR. Das GEKR stellt hier deutlich strengere Anforderungen an eine Übertragung als dies nach dem vergleichbaren § 309 Nr. 10 BGB der Fall ist. Auch die Regelungen zu Klauseln zur automatischen Verlängerung eines befristeten Vertrags nach Art. 85 h GEKR und zur Laufzeit von Verträgen zur regelmäßigen Lieferung von Waren nach Art. 85 w GEKR sind geringfügig strenger als die des § 309 Nr. 9 BGB.

Einige Regelungen des GEKR führen hinsichtlich der Inhaltskontrolle dagegen zu einem niedrigeren Verbraucherschutz als dies im deutschen Recht der Fall ist. So schützt § 309 Nr. 1 BGB den Verbraucher umfassender vor Klauseln, die eine Preiserhöhung in den ersten vier Monaten vorsehen, als Art. 85 k GEKR. Im Übrigen ist das Schutzniveau hinsichtlich Preiserhöhungsklauseln jedoch vergleichbar. Die Klauselverbote zur Einschränkung der Beweislast in Art. 85 a GEKR und § 309 Nr. 12 BGB decken sich inhaltlich. Dennoch ist das Schutzniveau des § 309 Nr. 12 BGB höher, da es sich um eine Klausel ohne Wertungsmöglichkeit handelt, während Art. 85 a GEKR lediglich eine Vermutung der Unfairness aufstellt. Der wesentliche Nachteil des GEKR für den Verbraucher im Vergleich zum BGB ist jedoch im Verbraucherbegriff nach Art. 2 f GEKR-VO begründet. Dieser ist erheblich enger als der deutsche Verbraucherbegriff. Personen, die im Rahmen ihrer unselbstständigen Tätigkeit handeln, gelten nach deutschem Recht als Verbraucher. Nach dem GEKR wären sie jedoch nach Art. 2 e GEKR-VO Unternehmer. Statt der strengen Inhaltskontrolle in Verbraucherverträgen nach Art. 82 bis 85 GEKR wäre auf sie nur die Regelung zur Inhaltskontrolle bei Verträgen zwischen Unternehmern nach Art. 86 GEKR anwendbar.

Auffallend bei der Betrachtung der Art. 84 und 85 GEKR ist, dass sehr viele der in der Praxis relevanten Klauselverbote nicht in der schwarzen Liste in Art. 84 GEKR, sondern in der grauen Liste nach Art. 85 GEKR aufgeführt sind. Dies wird aus Verbraucherschutzgründen teilweise kritisiert.[551] Es ist

551 *Docekal* in: Wendehorst/Zöchling-Jud, Am Vorabend eines Gemeinsamen Europäischen Kaufrechts, S. 297, 312 f.; in den Änderungsanträgen des Rechtsausschusses des Europäischen Parlaments wird daher gefordert, einen Großteil der Klauselverbote in Art. 85 GEKR in die schwarze Liste in Art. 84 GEKR zu verschieben: Rechtsausschuss des Europäischen Parlaments, Änderungsanträge 206-531 PE510.560, Änderungsanträge 343-379, S. 88-104.

jedoch zu bedenken, dass diese Zuordnung wahrscheinlich nach einer Interessenabwägung bewusst erfolgt ist. Auf der einen Seite steht der Verbraucher, der vor unfairen Klauseln geschützt werden soll, auf der anderen Seite der Unternehmer, für den die Klauseln praktisch von hoher Bedeutung sind. Die Zuordnung in der grauen Liste trägt den Interessen der Unternehmer insoweit Rechnung, dass hier eine gewisse Flexibilität möglich ist. Viele für die Unternehmen praktisch wichtige Klauseln werden im GEKR nicht grundsätzlich verboten; die Umstände des Einzelfalls werden in die Beurteilung der Fairness miteinbezogen und können die Klauseln rechtfertigen. Für die Zwecke des Verbraucherschutzes dürfte sich hierdurch kein großer Nachteil ergeben, da die Unternehmen durch die Klauselverbote in der grauen Liste des Art. 85 GEKR in Verbindung mit der Generalklausel in Art. 83 GEKR einen Anreiz haben, die Klauseln fair zu halten.

Einige Klauseln, die im BGB durch die §§ 308, 309 verboten sind, finden in den Art. 84 und 85 GEKR keine Entsprechung. Hierzu gehört § 308 Nr. 2 BGB hinsichtlich Klauseln zu dem Vorbehalt einer zu langen oder nicht hinreichend bestimmten, von einer Rechtsvorschrift abweichenden Frist für vom Verwender zu bewirkende Leistungen. Auch Entsprechungen zu § 308 Nr. 5 BGB zu fingierten Erklärungen, § 308 Nr. 6 BGB zur Fiktion des Zugangs oder § 309 Nr. 4 BGB zur Freistellung von der Pflicht zur Mahnung bzw. Fristsetzung für eine Leistung oder Nacherfüllung fehlen. Wahrscheinlich ist jedoch, dass entsprechende Klauseln nach der Generalklausel in Art. 83 GEKR als unfair anzusehen sind,[552]es ist hier abzuwarten, wie die Rechtsprechung entscheiden wird. Auch eine Entsprechung zu § 309 Nr. 11 BGB zur Haftung des Abschlussvertreters ist nicht im GEKR enthalten. Da durch das GEKR jedoch keine Fragen der Stellvertretung geregelt sein sollen,[553] ist dies unschädlich.

Fraglich ist, ob die Regelungen zur Inhaltskontrolle eine Nutzung des GEKR für Verbraucher und Unternehmen attraktiv machen.

Das GEKR zielt einerseits darauf ab, den Wettbewerb im Binnenmarkt zu steigern und den Verbrauchern so mehr Auswahl zu niedrigeren Preisen bei hohem Verbraucherschutz zu bieten.[554] Problematisch ist hierbei, dass die Zielsetzung eines hohen Verbraucherschutzes gegenläufig zu den Unternehmerinteressen ist. Sofern der Verbraucherschutz zu hoch ist, werden die Unternehmen den Verbrauchern die Wahl des GEKR entweder nicht anbieten oder die

552 *Von Westphalen*, ZIP 2011, 1985, 1987.

553 Erwägungsgrund 27 GEKR-VO.

554 Entwurf für eine Verordnung des Europäischen Parlaments und des Rates über ein Gemeinsames Europäisches Kaufrecht, KOM (2011) 635 endgültig, Begründung, S. 6.

hierdurch steigenden Kosten durch höhere Preise gegenüber den Verbrauchern kompensieren.[555] Hinsichtlich des Schutzes der Verbraucher vor unfairen Vertragsbestimmungen lässt sich feststellen, dass das GEKR dem Schutzniveau des BGB im Wesentlichen entsprechen dürfte.[556] Die Abweichungen im Verbraucherschutz sind sowohl nach oben als auch nach unten gering. Das Verbraucherschutzniveau der Inhaltskontrolle des GEKR dürfte daher weder für Unternehmer noch für Verbraucher einen nennenswerten Anreiz für oder gegen eine Wahl des GEKR bieten.

Ein solcher Anreiz für die Wahl des GEKR könnte für die Unternehmer jedoch dann bestehen, wenn sie für grenzüberschreitende Verträge tatsächlich weitestgehend ein einheitliches Vertragswerk nutzen könnten und nur kleinere Anpassungen an die nationalen Gegebenheiten nötig wären.[557] Die Günstigerprüfung nach Art. 6 Abs. 2 Rom-I-VO soll beim GEKR nicht dazu führen, dass die unterschiedlichen nationalen Rechtsordnungen berücksichtigt werden müssen; der Vergleich soll stattdessen zwischen dem GEKR der beiden betreffenden Mitgliedsstaaten durchzuführen sein.[558] Dies bedeutet aber nicht, dass sich die

---

555 BDI, Stellungnahme D0485, S. 2, <http://www.bdi.eu/download_content/RechtUndOeffentlichesAuftragswesen/Stn_GB_D485.pdf>; *Eidenmüller et al.*, JZ 2012, 267, 288; *Schulte-Nölke,* Consumer Protection, S. 11, <http://www.europarl.europa.eu/committees/en/studiesdownload.html?languageDocument=EN&file=79165>.

556 *Ayad/Schnell,* BB 2012, 1487, 1492; *Budde/Eckhoff* in: Hahn, Gemeinsames Europäisches Kaufrecht, S. 113, 130; Deutscher Bundesrat, BR-Drs. 274/12, S. 14 f.; *Ebers* in: EWeRK e.V., Festgabe H.-P. Schwintowski, S. 43, 64; *von Westphalen* in: Geimer/Schütze/Garber, Europäische und internationale Dimension des Rechts, S. 659, 677; *von Westphalen*, ZIP 2011, 1985, 1987, 1995.

557 Entwurf für eine Verordnung des Europäischen Parlaments und des Rates über ein Gemeinsames Europäisches Kaufrecht, KOM (2011) 635 endgültig, Begründung, S. 4.

558 Erwägungsgrund 12 GEKR-VO; ebenso: *Ayad/Schnell,* BB 2012, 1487, 1489; *Balthasar,* RIW 2012, 361, 363; *Busch* in: Gebauer, Gemeinsames Europäisches Kaufrecht, S. 89, 91; DAV, Stellungnahme Nr. 39/2012, S. 9, <http://www.anwaltverein.de/downloads/stellungnahmen/12-04-24-Stellungnahme-Europaeisches-Kaufrecht-endgueltig-ohne-Logo.pdf>; *Leible* in: Remien/Herrler/Limmer, Gemeinsames Europäisches Kaufrecht, S. 21, 27, Rn. 20;*Mankowski*, RIW 2012, 97, 101; *Moser* in: Remien/Herrler/Limmer, Gemeinsames Europäisches Kaufrecht, S. 7, 13, Rn. 33; *Schmidt-Kessel* in: Schmidt-Kessel, Einheitliches europäisches Kaufrecht?, S. 29, 39; *Staudenmayer,* NJW 2011, 3491, 3495; a. A.: BDI, Stellungnahme D0485, S. 6, <http://www.bdi.eu/download_content/RechtUndOeffentlichesAuftragswesen/Stn_GB_D485.pdf>; *Conte* in: Alpa et al., Proposed Common European Sales Law, S. 61, 70; *Eidenmüller et al.*, JZ 2012, 269, 276; *Pachl/Reyna*, Unfair contract terms, S. 9., <http://www.europarl.europa.eu/document/activities/

Unternehmen überhaupt nicht mit den nationalen Rechtsordnungen der einzelnen Mitgliedsstaaten beschäftigen müssen. Zumindest in den vom GEKR nicht geregelten Bereichen ist das erforderlich. Zu beachten ist hierbei in Bezug auf die Inhaltskontrolle insbesondere, dass auch die Rechts- und Sittenwidrigkeit nicht vom Regelungsbereich umfasst ist.[559] Es steht hier zu befürchten, dass auch bei Anwendung des GEKR aufgrund der Rechtswidrigkeit eine Inhaltskontrolle durch die jeweils nationale Rechtsordnung erfolgen könnte.[560] Die Unternehmer könnten daher nicht darauf vertrauen, dass ihre – nach dem GEKR grundsätzlich fairen – Vertragsbestimmungen über die „Hintertüre" aufgrund des nationalen Rechts nicht doch unfair wären.[561] Dass hinsichtlich der Regelungslücken allgemein ein Rückgriff auf das nationale Recht nötig ist, ist unvermeidbar. Dennoch dürfte hierdurch eine Senkung der Transaktionskosten möglich sein, da eine Prüfung des nationalen Rechts und Anpassung des Vertragswerks nur noch in Einzelfragen und nicht mehr für das ganze Vertragswerk nötig ist. Nicht tragbar ist hingegen die erhebliche Unsicherheit durch die Regelungslücke der Rechts- und Sittenwidrigkeit. Es würde der Zielsetzung des GEKR widersprechen, wenn über die Rechtswidrigkeit ein Einfallstor der Inhaltskontrolle der jeweiligen nationalen Rechtsordnungen geschaffen würde. Aus diesem Grund sollte das GEKR auch Fragen der Rechts- und Sittenwidrigkeit in seinen Regelungsbereich einbeziehen. Das Ziel eines einheitlichen Vertragswerks der Unternehmen kann durch das GEKR somit – zumindest in der derzeitigen Form – nicht erreicht werden, es wären immer noch unterschiedliche Vertragswerke für die unterschiedlichen Mitgliedsstaaten nötig.

Dazu kommt, dass das GEKR – bis die Vorschriften der Inhaltskontrolle, insbesondere die genutzten unbestimmten Rechtsbegriffe, durch die Rechtsprechung ausgelegt wurden – zu einer erheblichen Rechtsunsicherheit führt. In der Zwischenzeit dürfte das BGB – das auf eine jahrelange, gefestigte Rechtsprechung zurückblicken kann – sowohl für Unternehmen als auch für Verbraucher attraktiver sein, da hier eine deutlich höhere Rechtssicherheit besteht.

---

cont/201205/20120530ATT46064/20120530ATT46064EN.pdf>; *Palige* in: Hahn, Gemeinsames Europäisches Kaufrecht, S. 149, 151.

559 Erwägungsgrund 27 GEKR-VO

560 *Ebers* in: EWeRK e.V., Festgabe H.-P. Schwintowski, S. 43, 68 ff; *Grigoleit*, Schriftliche Vorab-Stellungnahme, S. 6, <http://www.bundestag.de/bundestag/ausschuesse17/a06/anhoerungen/archiv/16_Europaeisches_Kaufrecht/04_Stellungnahmen/Stellungnahme_Grigoleit.pdf>.

561 *Ebers* in: EWeRK e.V., Festgabe H.-P. Schwintowski, S. 43, 68 ff.

Negativ ins Gewicht fällt auch die sprachliche Ausgestaltung des GEKR. So sind manche Formulierungen, insbesondere bei den Klauselverboten in Art. 84 und 85 GEKR, sehr kompliziert und der Inhalt erschließt sich teilweise erst nach mehrmaligem, konzentriertem Durchlesen.[562] Auch Übersetzungsungenauigkeiten in der deutschen Sprachfassung[563] erschweren das Verständnis des GEKR, da hierfür unter Umständen auch andere Sprachfassungen herangezogen werden müssen.[564] Der Verständlichkeit abträglich ist auch die komplizierte Struktur des GEKR. So finden sich in den Art. 84 und 85 mehrere Klauselverbote, die ähnliche Sachverhalte regeln und deren Verhältnis untereinander unklar ist.[565] Andere Klauselverbote erscheinen überflüssig,[566] da bezüglich ihres Regelungsgehalts zwingende Vorschriften existieren.[567] Hinsichtlich der Verständlichkeit des GEKR besteht daher noch dringender Nachbesserungsbedarf. Für rechtsunkundige Unternehmer und Verbraucher dürfte der Text kaum verständlich sein und sie daher von einer Wahl des GEKR abschrecken.

Die Regelungen zur Inhaltskontrolle nach dem GEKR bieten in dem aktuellen Entwurf somit weder für die Verbraucher noch für den Unternehmer einen nennenswerten Vorteil zu den Regelungen des deutschen Rechts, stattdessen führen sie zu einer erheblichen Unsicherheit. Das GEKR ist in der jetzigen Form zumindest bei einer isolierten Betrachtung der Kontrolle nicht individuell ausgehandelter Vertragsbestimmungen weder für Unternehmer noch für Verbraucher attraktiv. Auch bei einer Gesamtbetrachtung des GEKR wird die Akzeptanz und Wahrscheinlichkeit der Nutzung des optionalen Instruments, zumindest hinsichtlich

562 Zu der Formulierung des GEKR allgemein: BRAK, Stellungnahme Nr. 15/2012, S. 4, <http://www.brak.de/zur-rechtspolitik/stellungnahmen-pdf/stellungnahmen-deutschland/2012/april/stellungnahme-der-brak-2012-15.pdf>; zu der englischen Formulierung des Kapitels zur Inhaltskontrolle der FS, trifft aber auch auf Kapitel 8 GEKR zu: *Mazeaud* in: Schulze/Stuyck, Towards a European contract law, S. 123, 125.

563 Z. B. in Art. 84 j und Art. 85 f GEKR.

564 *Budde/Eckhoff* in: Hahn, Gemeinsames Europäisches Kaufrecht, S. 113, 120 f.; BRAK, Stellungnahme Nr. 15/2012, S. 4, <http://www.brak.de/zur-rechtspolitik/stellungnahmen-pdf/stellungnahmen-deutschland/2012/april/stellungnahme-der-brak-2012-15.pdf>; *Kamphausen* in: Hahn, Gemeinsames Europäisches Kaufrecht, S. 167, 184.

565 Z. B. Art. 84 g, 84 j und 85 l GEKR sowie Art. 85 b und q GEKR.

566 *Möslein* in: Schmidt-Kessel, Einheitliches europäisches Kaufrecht?, S. 255, 282.

567 So sind die Regelungen des Kapitel 11 zu den Abhilfen des Käufers nach Art. 108 GEKR in Verbraucherverträgen zwingend, es finden sich hierzu jedoch zahlreiche Klauselverbote: Art. 84 a, 84 b, 84 g, 85 b, 85 f, 85 l und 85 q GEKR.

des aktuellen Entwurfs, in der Literatur eher negativ bewertet.[568] Daher ist festzustellen, dass, insbesondere im Bereich der Inhaltskontrolle, noch einige Nachbesserungsarbeiten am Entwurf des GEKR erforderlich sind, damit es als tatsächliche Alternative für grenzüberschreitende Verträge angesehen werden kann.

Es bleibt zu hoffen, dass sich – auch wenn das Europäische Parlament dem Vorschlag für eine Verordnung über ein Gemeinsames Europäisches Kaufrecht bereits zugestimmt hat – im Rahmen des weiteren Gesetzgebungsverfahrens die erforderliche Zeit genommen wird, die notwendigen Änderungen sorgfältig durchzuführen. Andererseits steht zu befürchten, dass das optionale Instrument des GEKR in der Praxis schlicht ungenutzt bleiben wird.

---

568 *Balthasar,* RIW 2012, 361,369; *Eidenmüller et al.*, JZ 2012, 269, 288 f.; *Ernst* in: Remien/Herrler/Limmer, Gemeinsames Europäisches Kaufrecht, S. 93, 106; *Grigoleit,* Schriftliche Vorab-Stellungnahme, S. 6 f., <http://www.bundestag.de/bundestag/ausschuesse17/a06/anhoerungen/archiv/16_Europaeisches_Kaufrecht/04_Stellungnahmen/Stellungnahme_Grigoleit.pdf>; *Kamphausen* in: Hahn, Gemeinsames Europäisches Kaufrecht, S. 167, 170 f., 185; *Mankowski,* IHR 2012, 45, 49-52; *Palige* in: Hahn, Gemeinsames Europäisches Kaufrecht, S. 149, 154 f.; a. A. *von Westphalen,* ZIP 2011, 1985, 1995; *Wernicke* in: Hahn, Gemeinsames Europäisches Kaufrecht, S. 157, 166.

Anhang: Gegenüberstellung GEKR, KlauselRL, BGB und DCFR

Einen Überblick über die relevanten Vorschriften zur Inhaltskontrolle des GEKR, der KlauselRL, des BGB und des DCFR soll die nachstehende Tabelle – ohne Anspruch auf Vollständigkeit – bieten:

Definitionen			
GEKR	**KlauselRL**	**BGB**	**DCFR**
Art. 2 GEKR-VO d) „**Standardvertragsbestimmungen**“ Vertragsbestimmungen, die vorab für mehrere Geschäfte und verschiedene Vertragsparteien verfasst und im Sinne von Art. 7 des GEKR nicht individuell von den Vertragsparteien ausgehandelt wurden;	Art. 3 KlauselRL (2) Eine Vertragsklausel ist immer dann als nicht im einzelnen ausgehandelt zu betrachten, wenn sie im voraus abgefasst wurde und der Verbraucher deshalb, insbesondere im Rahmen eines vorformulierten Standardvertrags keinen Einfluss auf ihren Inhalt nehmen konnte. Die Tatsache, dass bestimmte Elemente einer Vertragsklausel oder eine einzelne Klausel im einzelnen ausgehandelt worden sind, schließt die Anwendung dieses Artikels auf den übrigen Vertrag nicht aus, sofern es sich nach der Gesamtwertung dennoch um einen vorformulierten Standardvertrag handelt. Behauptet ein Gewerbetreibender, daß eine Standardvertragsklausel	§ 305 BGB (1) **Allgemeine Geschäftsbedingungen** sind alle für eine Vielzahl von Verträgen vorformulierten Vertragsbedingungen, die eine Vertragspartei (Verwender) der anderen Vertragspartei bei Abschluss eines Vertrags stellt. Gleichgültig ist, ob die Bestimmungen einen äußerlich gesonderten Bestandteil des Vertrags bilden oder in die Vertragsurkunde selbst aufgenommen werden, welchen Umfang sie haben, in welcher Schriftart sie verfasst sind und welche Form der Vertrag hat. Allgemeine Geschäftsbedingungen liegen nicht vor, soweit die Vertragsbedingungen zwischen den Vertragsparteien im Einzelnen ausgehandelt sind.	II.-I:109 DCFR **Allgemeine Geschäftsbedingungen** Eine „allgemeine Geschäftsbedingung“ ist eine Bestimmung im Vertrag, die für mehrere Verwendungen gegenüber verschiedenen Vertragspartnern vorformuliert worden und nicht im Einzelnen durch die Parteien ausgehandelt worden ist.
Art. 7 GEKR **Nicht individuell ausgehandelte Vertragsbestimmungen** (1) Eine Vertragsbestimmung ist nicht individuell ausgehandelt, wenn sie von einer Partei gestellt wurde und die andere Partei nicht in der Lage war, ihren Inhalt zu beeinflussen. (2) Stellt eine Partei der anderen Partei eine Auswahl an Vertragsbestimmungen zur Verfügung, so wird die			II.-1:110 DCFR **„Nicht im Einzelnen ausgehandelte“ Bestimmungen** (1) Eine durch eine Partei gestellte Vertragsbestimmung ist nicht im Einzelnen ausgehandelt, wenn die andere Partei nicht in der Lage war, ihren Inhalt zu beeinflussen, insbesondere weil die Bestimmung im voraus entworfen wurde, unabhängig davon, ob als Teil von Allgemeinen Geschäftsbedingungen oder nicht.

Bestimmung nicht allein deshalb als individuell ausgehandelt angesehen, weil die andere Partei diese Bestimmung ausgewählt hat. (3) Behauptet eine Partei, eine als Teil von Standardvertragsbestimmungen sei nach der erstmaligen Bereitstellung individuell ausgehandelt worden, so trägt diese Partei die Beweislast dafür. (4) In einem Vertrag zwischen einem Unternehmer und einem Verbraucher trägt der Unternehmer die Beweislast dafür, dass eine vom Unternehmer gestellte Vertragsbestimmung individuell ausgehandelt wurde. (5) In einem Vertrag zwischen einem Unternehmer und einem Verbraucher gelten von einem Dritten entworfene Vertragsbestimmungen als vom Unternehmer gestellt, es sei denn, sie wurden vom Verbraucher in den Vertrag eingebracht.	im einzelnen ausgehandelt wurde, so obliegt ihm die Beweislast.	§ 310 BGB (3) Bei Verträgen zwischen einem Unternehmer und einem Verbraucher (Verbraucherverträge) finden die Vorschriften dieses Abschnitts mit folgenden Maßgaben Anwendung: 1. Allgemeine Geschäftsbedingungen gelten als vom Unternehmer gestellt, es sei denn, dass sie durch den Verbraucher in den Vertrag eingeführt wurden; 2. § 305c Abs. 2 und die §§ 306 und 307 bis 309 dieses Gesetzes sowie Artikel 46b des Einführungsgesetzes zum Bürgerlichen Gesetzbuche finden auf vorformulierte Vertragsbedingungen auch dann Anwendung, wenn diese nur zur einmaligen Verwendung bestimmt sind und soweit der Verbraucher auf Grund der Vorformulierung auf ihren Inhalt keinen Einfluss nehmen konnte;	(2) Wenn eine Partei der anderen Partei eine Auswahl an Bestimmungen zur Verfügung stellt, wird die Bestimmung nicht allein deshalb als im Einzelnen ausgehandelt angesehen, weil die andere Parteidie Bestimmung gewählt hat. (3) Ist streitig, ob eine von einer Partei als Teil ihrer allgemeinen Geschäftsbedingungen gestellte Bestimmung seit der erstmaligen Bereitstellung im Einzelnen ausgehandelt worden ist, obliegt dieser Partei die Beweislast dafür. (4) In einem Vertrag zwischen einem Unternehmer und einem Verbraucher trägt der Unternehmerdie Beweislast dafür, dass eine durch den Unternehmer gestellte Bestimmung im Einzelnen ausgehandelt wurde. (5) In Verträgen zwischen einem Unternehmer und einem Verbraucher, bei denen eine Bestimmung durch einen Dritten entworfen wurde, gilt diese Bestimmung als vom Unternehmer gestellt, es sei denn, sie wurde vom Verbraucher in den Vertrag eingebracht.

Art. 2 GEKR-VO f) **„Verbraucher"** jede natürliche Person, die nicht für die Zwecke einer gewerblichen, geschäftlichen, handwerklichen oder beruflichen Tätigkeit handelt; e) **„Unternehmer"** jede natürliche oder juristische Person, die für die Zwecke ihrer gewerblichen, geschäftlichen, handwerklichen oder beruflichen Tätigkeit handelt;	Art. 2 KlauselRL Im Sinne dieser Richtlinie bedeuten: b) **Verbraucher**: eine natürliche Person, die bei Verträgen, die unter diese Richtlinie fallen, zu einem Zweck handelt, der nicht ihrer gewerblichen oder beruflichen Tätigkeit zugerechnet werden kann; c) **Gewerbetreibender:** eine natürliche oder juristische Person, die bei Verträgen, die unter diese Richtlinie fallen, im Rahmen ihrer gewerblichen oder beruflichen Tätigkeit handelt, auch wenn diese dem öffentlich-rechtlichen Bereich zuzurechnen ist.	Art. 13 BGB **Verbraucher** ist jede natürliche Person, die ein Rechtsgeschäft zu einem Zwecke abschließt, der weder ihrer gewerblichen noch ihrer selbständigen beruflichen Tätigkeit zugerechnet werden kann. Art. 14 BGB (1) **Unternehmer** ist eine natürliche oder juristische Person oder eine rechtsfähige Personengesellschaft, die bei Abschluss eines Rechtsgeschäfts in Ausübung ihrer gewerblichen oder selbständigen beruflichen Tätigkeit handelt. (2) Eine rechtsfähige Personengesellschaft ist eine Personengesellschaft, die mit der Fähigkeit ausgestattet ist, Rechte zu erwerben und Verbindlichkeiten einzugehen.	I.-1:105 DCFR **„Verbraucher" und „Unternehmer"** (1) Ein „**Verbraucher**" ist jede natürliche Person, die vorwiegend zu Zwecken handelt, die nicht mit ihrem Geschäft, Gewerbe oder Beruf in Verbindung stehen. (2) Ein „**Unternehmer**" ist jede natürliche oder juristische Person, unabhängig davon, ob in privatem oder öffentlichem Eigentum, die zu Zwecken ihres selbstständigen Geschäfts, Gewerbes oder Berufes handelt, auch wenn die Person nicht beabsichtigt, im Rahmen ihrer Tätigkeit Gewinn zu erzielen. (3) Eine Person, die unter beide vorhergehenden Absätze fällt, wird bei der Anwendung einer Regel, die dieser Person Schutz gewähren würde, wenn sie Verbraucher wäre, als ausschließlich unter Absatz (1) fallend angesehen, anderenfalls fällt sie ausschließlich unter Absatz (2).
Einbeziehung			
GEKR	**KlauselRL**	**BGB**	**DCFR**
Art. 70 GEKR **Pflicht zum Hinweis auf nicht individuell ausgehandelte Vertragsbestimmungen**	Anhang 1 KlauselRL i) die Zustimmung des Verbrauchers zu Klau-	§ 305 BGB **Einbeziehung Allgemeiner Geschäftsbedingungen in den Vertrag**	II.–9:103 DCFR**Nicht im Einzelnen ausgehandelte vertragliche Bestimmungen**

(1) Eine Partei kann sich nur dann auf die von ihr gestellten, nicht individuell ausgehandelten Vertragsbestimmungen im Sinne von Art. 7 berufen, wenn die andere Partei diese Bestimmungen kannte oder wenn die Partei, die die Bestimmungen gestellt hat, vor oder bei Vertragsschluss angemessene Schritte unternommen hat, um die andere Partei darauf aufmerksam zu machen. (2) Für die Zwecke dieses Artikels reicht es im Verhältnis zwischen Unternehmer und einem Verbraucher nicht aus, wenn der Verbraucher auf die Vertragsbestimmungen lediglich durch einen Verweis auf diese Bestimmungen in einem Vertragsdokument aufmerksam gemacht wird, selbst wenn die betreffende Partei das Dokument unterschreibt. (3) Die Parteien dürfen die Anwendung dieses Artikels nicht ausschließen, davon abweichen oder dessen Wirkungen abändern.	seln unwiderlegbar festgestellt wird, von denen er vor Vertragsschluß nicht tatsächlich Kenntnis nehmen konnte;	(2) Allgemeine Geschäftsbedingungen werden nur dann Bestandteil eines Vertrags, wenn der Verwender bei Vertragsschluss 1. die andere Vertragspartei ausdrücklich oder, wenn ein ausdrücklicher Hinweis wegen der Art des Vertragsschlusses nur unter unverhältnismäßigen Schwierigkeiten möglich ist, durch deutlich sichtbaren Aushang am Orte des Vertragsschlusses auf sie hinweist und 2. der anderen Vertragspartei die Möglichkeit verschafft, in zumutbarer Weise, die auch eine für den Verwender erkennbare körperliche Behinderung der anderen Vertragspartei angemessen berücksichtigt, von ihrem Inhalt Kenntnis zu nehmen, und wenn die andere Vertragspartei mit ihrer Geltung einverstanden ist. (3) Die Vertragsparteien können für eine bestimmte Art von Rechtsgeschäften die Geltung bestimmter Allgemeiner Geschäftsbedingungen unter Beachtung der in Absatz 2 bezeichneten Erfordernisse im Voraus vereinbaren.	(1) Auf Bestimmungen des Vertrages, die durch eine Partei gestellt und nicht im Einzelnen ausgehandelt worden sind, kann sich diese Partei der anderen Partei gegenüber nur berufen, wenn die andere Partei von diesen Bestimmungen Kenntnis hatte oder wenn die Partei, die sie gestellt hat, vor oder zum Zeitpunkt des Vertragsschlusses angemessene Maßnahmen ergriffen hat, um die andere Partei auf sie aufmerksam zu machen. (2) Wenn ein Vertrag auf elektronischem Wege geschlossen werden soll, kann sich eine Partei, die nicht im Einzelnen ausgehandelte Bestimmungen stellt, nur dann der anderen Partei gegenüber auf diese berufen, wenn sie die Bestimmungender anderen Partei in Textform zugänglich macht. (3) Für die Zwecke dieses Artikels (a) ist „nicht im Einzelnen ausgehandelt" im Sinne des II.–1:110 („Nicht im Einzelnen ausgehandelte" Bestimmungen) zu verstehen; und

		§ 305 c BGB **Überraschende und mehrdeutige Klauseln** (1) Bestimmungen in Allgemeinen Geschäftsbedingungen, die nach den Umständen, insbesondere nach dem äußeren Erscheinungsbild des Vertrags, so ungewöhnlich sind, dass der Vertragspartner des Verwenders mit ihnen nicht zu rechnen braucht, werden nicht Vertragsbestandteil. § 310 BGB (3) Bei Verträgen zwischen einem Unternehmer und einem Verbraucher (Verbraucherverträge) finden die Vorschriften dieses Abschnitts mit folgenden Maßgaben Anwendung: 2. § 305c Abs. 2 und die §§ 306 und 307 bis 309 dieses Gesetzes sowie Artikel 46b des Einführungsgesetzes zum Bürgerlichen Gesetzbuche finden auf vorformulierte Vertragsbedingungen auch dann Anwendung, wenn diese nur zur einmaligen Verwendung bestimmt sind und soweit der Verbraucher auf Grund der Vorformulierung auf ihren Inhalt keinen Einfluss nehmen konnte.	(b) Wird eine Partei nicht allein dadurch in ausreichender Weise auf Bestimmungen aufmerksam gemacht, wenn ein Vertragsdokument lediglich auf sie verweist, selbst wenn die Partei das Dokument unterschreibt.

Transparenz			
GEKR	**KlauselRL**	**BGB**	**DCFR**
Art. 82 GEKR **Pflicht zur Transparenz bei nicht individuell ausgehandelten Vertragsbestimmungen** Wurden die Vertragsbestimmungen zwischen einem Unternehmer und einem Verbraucher im Sinne von Art. 7 nicht individuell ausgehandelt, muss der Unternehmer dafür Sorge tragen, dass sie in einfacher und verständlicher Sprache abgefasst und mitgeteilt werden.	Art. 5 KlauselRL Sind alle dem Verbraucher in Verträgen unterbreiteten Klauseln oder einige dieser Klauseln schriftlich niedergelegt, so müssen sie stets klar und verständlich abgefasst sein. Bei Zweifeln über die Bedeutung einer Klausel gilt die für den Verbraucher günstigste Auslegung. Diese Auslegungsregel gilt nicht im Rahmen der in Art. 7 Abs. 2 vorgesehenen Verfahren.	§ 307 BGB **Inhaltskontrolle** (1) Bestimmungen in Allgemeinen Geschäftsbedingungen sind unwirksam, wenn sie den Vertragspartner des Verwenders entgegen den Geboten von Treu und Glauben unangemessen benachteiligen. Eine unangemessene Benachteiligung kann sich auch daraus ergeben, dass die Bestimmung nicht klar und verständlich ist.	II.-9:402 DCFR **Pflicht zur Transparenz nicht im Einzelnen ausgehandelter Bestimmungen** (1) Wer Bestimmungen verwendet, die nicht im Einzelnen ausgehandelt worden sind, hat die Pflicht, diese in einfacher und verständlicher Sprache zu entwerfen und zu übermitteln. (2) Bei Verträgen zwischen einem Unternehmer und einem Verbraucher kann eine Bestimmung schon allein aufgrund der Tatsache, dass diese durch Unternehmer unter Verletzung der Transparenzpflicht des Absatzes (1) gestellt wurde, als unfair gelten.
Auslegung			
GEKR	**KlauselRL**	**BGB**	**DCFR**
Art. 62 GEKR **Vorrang individuell ausgehandelter Vertragsbestimmungen** Soweit ein Widerspruch besteht, haben individuell ausgehandelte Vertragsbestimmungen Vorrang vor solchen, die im Sinne von Artikel 7 nicht individuell ausgehandelt worden sind.	Ohne Entsprechung	§ 305b BGB **Vorrang der Individualabrede** Individuelle Vertragsabreden haben Vorrang vor Allgemeinen Geschäftsbedingungen.	II.–8:104 DCFR **Vorrang ausgehandelter Bestimmungen** Im Einzelnen ausgehandelte Bestimmungen haben Vorrang vor solchen, die nicht im Einzelnen ausgehandelt worden sind.
Art. 63 GEKR **Vorrang wirksamkeitsorientierter Auslegung** Eine Auslegung, nach der Vertragsbestimmungen wirksam sind, hat Vorrang	Ohne Entsprechung	Verbot der geltungserhaltenden Reduktion	II.–8:106 DCFR **Vorrang wirksamkeitsorientierter Auslegung** Eine Auslegung, nach der die Vertragsbestimmungen rechtmäßig oder

vor einer Auslegung, nach der das nicht der Fall ist.			wirksam sind, hat Vorrang gegenüber einer solchen, nach der das nicht der Fall ist.
Art. 64 GEKR **Auslegung zugunsten des Verbrauchers** (1) Wenn Zweifel über die Bedeutung einer Vertragsbestimmung in einem Vertrag zwischen einem Unternehmer und einem Verbraucher besteht, gilt die für den Verbraucher günstigste Auslegung, es sei denn, die Bestimmung wurde vom Verbraucher gestellt. Art. 65 GEKR: **Auslegungsregeln bei gestellten Vertragsbestimmungen** Wenn in einem Vertrag, der nicht unter Artikel 64 fällt, Zweifel an der Bedeutung einer nicht individuell ausgehandelten Vertragsbestimmung im Sinne von Artikel 7 besteht, so hat eine Auslegung der Bestimmung zu Lasten der Partei, die die Bestimmung gestellt hat, Vorrang.	Art. 5 KlauselRL Sind alle dem Verbraucher in Verträgen unterbreiteten Klauseln oder einige dieser Klauseln schriftlich niedergelegt, so müssen sie stets klar und verständlich abgefasst sein. Bei Zweifeln über die Bedeutung einer Klausel gilt die für den Verbraucher günstigste Auslegung. Diese Auslegung gilt nicht im Rahmen der in Art. 7 Abs. 2 vorgesehenen Verfahren.	Art. 305 c BGB **überraschende Klauseln** (2) Zweifel bei der Auslegung Allgemeiner Geschäftsbedingungen gehen zu Lasten des Verwenders.	II.–8:103 DCFR **Auslegungsregeln bei gestellten Bestimmungen oder beherrschende Vertragspartei** (1) Wenn Zweifel über die Bedeutung einer nicht im Einzelnen ausgehandelten Bestimmung bestehen, ist eine Auslegung der Bestimmung zu Lasten der Partei zu bevorzugen, welche die Bestimmung gestellt hat. (2) Wenn Zweifel hinsichtlich einer anderen Bestimmung bestehen und diese Bestimmung unter dem beherrschenden Einfluss einer Partei zustande gekommen ist, ist eine Auslegung der Bestimmung zu Lasten dieser Partei zu bevorzugen.
Regelungen zu Vertragsbestimmungen außerhalb Kapitel 8 GEKR			
GEKR	**KlauselRL**	**BGB**	**DCFR**
Art. 71 GEKR **Zusätzliche Zahlungen bei Verträgen zwischen einem Unternehmer und einem Verbraucher** (1) Eine Vertragsbestimmung in einem Vertrag zwischen	Ohne Entsprechung	Ohne Entsprechung	Ohne Entsprechung

einem Unternehmer und einem Verbraucher, die den Verbraucher über die ausgewiesene Vergütung für die vertragliche Hauptverpflichtung des Unternehmers hinaus zu einer zusätzlichen Zahlung verpflichtet, ist für den Verbraucher, insbesondere, wenn sie durch die Verwendung von Standardoptionen eingefügt wurde, die der Verbraucher ausdrücklich ablehnen muss, um die zusätzliche Zahlung zu vermeiden, nicht bindend, es sei denn, der Verbraucher hat der zusätzlichen Zahlung, bevor er durch den Vertrag gebunden wurde, ausdrücklich zugestimmt. Hat der Verbraucher eine zusätzliche Zahlung geleistet, so kann er sie zurückverlangen. (2) Die Parteien dürfen die Anwendung dieses Artikels nicht zum Nachteil des Verbrauchers ausschließen, davon abweichen oder dessen Wirkung abändern.			
Art. 72 GEKR **Integrationsklauseln** (1) Enthält ein schriftlicher Vertrag eine Klausel, die besagt, dass das Dokument alle Vertragsbestimmungen enthält (Integrationsklausel),	Ohne Entsprechung	Ohne Entsprechung	II.–4:104 DCFR **Integrationsklausel** (1) Wenn ein schriftlicher Vertrag eine im Einzelnen ausgehandelte Bestim mung enthält, die besagt, dass das Schriftstück alle Bestimmungen des

sind frühere Erklärungen, Zusicherungen oder Vereinbarungen, die nicht in dem Dokument enthalten sind, nicht Bestandteil des Vertrags. (2) Sofern der Vertrag nichts anderes bestimmt, hindert eine Integrationsklausel die Parteien nicht daran, frühere Erklärungen zur Auslegung des Vertrags heranzuziehen. (3) Bei einem Vertrag zwischen einem Unternehmer und einem Verbraucher, ist der Verbraucher nicht durch eine Integrationsklausel gebunden. (4) Die Parteien dürfen die Anwendung dieses Artikels nicht zum Nachteil des Verbrauchers ausschließen, davon abweichen oder dessen Wirkung abändern.			Vertrages enthält (Integrationsklausel), bilden frühere Erklärungen, Zusicherungen oder Vereinbarungen, die nicht in dem Schriftstück enthalten sind, keinen Teil des Vertrages. (2) Wenn die Integrationsklausel nicht im Einzelnen ausgehandelt wird, begründet sie nur eine Vermutung, dass nach dem Willen der Parteien ihre früheren Erklärungen, Zusicherungen oder Vereinbarungen nicht Teil des Vertrages bilden sollten. Diese Vorschrift kann nicht ausgeschlossen oder eingeschränkt werden. (3) Die früheren Erklärungen der Parteien können zur Auslegung des Vertrages herangezogen werden. Diese Vorschrift kann nicht ausgeschlossen oder eingeschränkt werden, außer durch eine im Einzelnen ausgehandelte Bestimmung. (4) Einer Partei kann aufgrund ihrer Erklärungen oder ihres Verhaltens die Geltendmachung einer Integrationsklausel insoweit verwehrt sein, als die andere Partei sich vernünftigerweise auf diese Erklärungen oder dieses Verhalten verlassen hat.

Art. 167 GEKR **Zinsen im Falle eines im Verzug befindlichen Verbrauchers** (3) Eine Vertragsklausel, die einen höheren Zinssatz vorsieht als in Art. 166 angegeben oder eine frühere Entstehung als die in Abs. 2 dieses Artikels genannt, ist nicht verbindlich, soweit eine solche Klausel unfair im Sinne von Art. 83 wäre.	Ohne Entsprechung	Ohne Entsprechung	Ohne Entsprechung
Welche Vertragsbestimmungen unterliegen Inhaltskontrolle			
GEKR	**KlauselRL**	**BGB**	**DCFR**
Art. 80 GEKR **Ausnahmen von der Prüfung der Unfairness** (1) Die Abschnitte 2 (Unfaire Vertragsbestimmungen B2C) und 3 (Unfaire Vertragsbestimmungen B2B) gelten nicht für Vertragsbestimmungen, die Regeln des Gemeinsamen Europäischen Kaufrechts aufgreifen, die gelten würden, wenn der Sachverhalt nicht durch die Vertragsbestimmungen geregelt würde. (2) Abschnitt 2 gilt nicht für den Hauptgegenstand des Vertrags oder für die Frage, ob die Höhe des zu zahlenden Preises angebracht ist, soweit der Unternehmer der Pflicht	Art. 1 Klausel-RL (2) Vertragsklauseln, die auf bindenden Rechtsvorschriften oder auf Bestimmungen oder Grundsätzen internationaler Übereinkommen beruhen, bei denen die Mitgliedstaaten oder die Gemeinschaft - insbesondere im Verkehrsbereich – Vertragsparteien sind, unterliegen nicht den Bestimmungen dieser Richtlinie. Art. 4 Klausel RL (2) Die Beurteilung der Mißbräuchlichkeit der Klauseln betrifft weder den Hauptgegenstand des Vertrages noch die Angemessenheit	§ 307 BGB **Inhaltskontrolle** (3) Die Absätze 1 und 2 sowie die §§ 308 und 309 gelten nur für Bestimmungen in Allgemeinen Geschäftsbedingungen, durch die von Rechtsvorschriften abweichende oder diese ergänzende Regelungen vereinbart werden. Andere Bestimmungen können nach Absatz 1 Satz 2 in Verbindung mit Absatz 1 Satz 1 unwirksam sein. Begründung RegE BT-Drs. 7/3919 S. 22, zu § 6 AGBG: Durch Inhaltskontrolle „soll weder eine Kontrolle der Preis oder Leistungsangebote ermöglicht noch sollen Vorschriften anderer Gesetze modifiziert werden“	II.-9:406 DCFR **Ausnahmen von der Prüfung der Unfairness** (1) Vertragsbestimmungen werden nicht auf Unfairness nach diesem Abschnitt geprüft, wenn sie beruhen auf: (a) Anwendbaren Rechtsvorschriften; (b) Internationalen Übereinkommen, bei denen die Mitgliedsstaaten oder die Europäische Union Vertragsparteien sind; oder (c) Diesen Regeln. (2) Für Vertragsbestimmungen, die in einfacher und verständlicher Sprache abgefasst sind, umfasst die Prüfung der Unfairness weder den Hauptgegenstand des Vertrags noch

zur Transparenz gemäß Art. 82 nachgekommen ist.	zwischen dem Preis bzw. dem Entgelt und den Dienstleistungen bzw. den Gütern, die die Gegenleistung darstellen, sofern diese Klauseln klar und verständlich abgefasst sind.		die Angemessenheit des zu zahlenden Preises.
Art. 81 GEKR **Zwingender Charakter der Vorschriften** Die Parteien dürfen die Anwendung dieses Kapitels weder ausschließen, noch davon abweichen, noch dessen Wirkungen abändern.	Ohne Entsprechung	§ 306a BGB **Umgehungsverbot** Die Vorschriften dieses Abschnitts finden auch Anwendung, wenn sie durch anderweitige Gestaltungen umgangen werden.	II.-9:401 DCFR **Zwingender Charakter der folgenden Vorschriften** Die Parteien dürften die Anwendung der Vorschriften dieses Abschnitts nicht ausschließen oder von ihren Wirkungen abweichen oder diese abändern
Klausellisten			
GEKR	**KlauselRL**	**BGB**	**DCFR**
Art. 84 GEKR**Per se unfaire Vertragsbestimmungen** Für die Zwecke dieses Abschnitts gilt eine Vertragsbestimmung als per se unfair, wenn deren Zweck oder Wirkung darin besteht,	Kein Klauselkatalog mit per se unfairen Vertragsbestimmungen!	§ 309 BGB **Klauselverbote ohne Wertungsmöglichkeit** Auch soweit eine Abweichung von den gesetzlichen Vorschriften zulässig ist, ist in Allgemeinen Geschäftsbedingungen unwirksam	Kein Klauselkatalog mit per se unfairen Vertragsbestimmungen!
Art. 85 GEKR **Vermutung der Unfairness** Für die Zwecke dieses Abschnitts besteht die Vermutung, dass eine Vertragsbestimmung unfair ist, wenn deren Zweck oder Wirkung darin besteht,	Art. 3 KlauselRL (3) Der Anhang enthält eine als Hinweis dienende und nicht erschöpfende Liste der Klauseln, die für mißbräuchlich erklärt werden können.	§ 308 BGB **Klauselverbote mit Wertungsmöglichkeit** In Allgemeinen Geschäftsbedingungen ist insbesondere unwirksam	II.-9:409 DCFR **Bestimmungen in Verträgen zwischen Unternehmern und Verbrauchern, bei denen Unfairness vermutet wird** (1) Es wird vermutet, dass eine Bestimmung in einem Vertrag zwischen einem Unternehmer und einem Verbraucher unfair im Sinne dieses Abschnitts ist, wenn sie vom Unternehmer gestellt wird und wenn sie:

Klauseln zum Vertragsschluss			
GEKR	**KlauselRL**	**BGB**	**DCFR**
Art. 85 GEKR **Vermutung** d) Dem Unternehmer zu gestatten, vom Verbraucher gezahlte Beträge einzubehalten, wenn sich dieser gegen einen Vertragsschluss oder gegen die Erfüllung vertraglicher Verpflichtungen entscheidet, ohne für den Verbraucher einen Entschädigung in entsprechender Höhe durch den Unternehmer für den umgekehrten Fall vorzusehen;	Anhang 1 KlauselRL d) Es dem Gewerbetreibenden gestattet wird, vom Verbraucher gezahlte Beträge einzubehalten, wenn dieser darauf verzichtet, den Vertrag abzuschließen oder zu erfüllen, ohne daß für den Verbraucher ein Anspruch auf eine Entschädigung in entsprechender Höhe seitens des Gewerbetreibenden vorgesehen wird, wenn dieser selbst es unterlässt;	Art. 308 BGB **mit Wertung** 7. (Abwicklung von Verträgen) eine Bestimmung, nach der der Verwender für den Fall, dass eine Vertragspartei vom Vertrag zurücktritt oder den Vertrag kündigt, a) eine unangemessen hohe Vergütung für die Nutzung oder den Gebrauch einer Sache oder eines Rechts oder für erbrachte Leistungen oder b) einen unangemessen hohen Ersatz von Aufwendungen verlangen kann; Art. 309 BGB **ohne Wertung** 5. (Pauschalierung von Schadensersatzansprüchen) die Vereinbarung eines pauschalierten Anspruchs des Verwenders auf Schadensersatz oder Ersatz einer Wertminderung, wenn a) die Pauschale den in den geregelten Fällen nach dem gewöhnlichen Lauf der Dinge zu erwartenden Schaden oder die gewöhnlich eintretende Wertminderung übersteigt oder	II.-9:410 DCFR **Vermutung** 1 d) Dem Unternehmer gestattet, vom Verbraucher gezahlte Beträge einzubehalten, wenn sich dieser gegen einen Vertragsschluss oder gegen die Erfüllung vertraglicher Verpflichtungen entscheidet, ohne für den Verbraucher eine Entschädigung in entsprechender Höhe durch den Unternehmer für den umgekehrten Fall vorzusehen;

		b) dem anderen Vertragsteil nicht ausdrücklich der Nachweis gestattet wird, ein Schaden oder eine Wertminderung sei überhaupt nicht entstanden oder wesentlich niedriger als die Pauschale;	
Art. 85 GEKR **Vermutung** k) Festzulegen, dass der Preis für die Waren, digitalen Inhalte oder verbundenen Dienstleistungen zum Zeitpunkt der Lieferung, Bereitstellung oder Erbringung festgesetzt wird, oder es dem Unternehmer zu ermöglichen, den Preis zu erhöhen, ohne dem Verbraucher das Recht einzuräumen, den Vertrag zu widerrufen, wenn der erhöhte Betrag im Verhältnis zu dem bei Vertragsschluss vereinbarten Preis zu hoch ist; dies berührt nicht Preisindexklauseln, wenn diese erlaubt sind, vorausgesetzt, dass die Methode, nach der sich die Preise ändern, ausdrücklich beschrieben wird;	Anhang 1 KlauselRL l) Der Verkäufer einer Ware oder der Erbringer einer Dienstleistung den Preis zum Zeitpunkt der Lieferung festsetzen oder erhöhen kann, ohne daß der Verbraucher in beiden Fällen ein entsprechendes Recht hat, vom Vertrag zurückzutreten, wenn der Endpreis im Verhältnis zu dem Preis, der bei Vertragsschluß vereinbart wurde, zu hoch ist; Anhang 2 KlauselRL d) Buchstabe l) steht Preisindexierungsklauseln nicht entgegen, wenn diese rechtmäßig sind und der Modus der Preisänderung darin ausdrücklich beschrieben wird.	§ 309 BGB **ohne Wertung** 1. (Kurzfristige Preiserhöhungen) eine Bestimmung, welche die Erhöhung des Entgelts für Waren oder Leistungen vorsieht, die innerhalb von vier Monaten nach Vertragsschluss geliefert oder erbracht werden sollen; dies gilt nicht bei Waren oder Leistungen, die im Rahmen von Dauerschuldverhältnissen geliefert oder erbracht werden; § 307 BGB **Inhaltskontrolle** (1) Bestimmungen in Allgemeinen Geschäftsbedingungen sind unwirksam, wenn sie den Vertragspartner des Verwenders entgegen den Geboten von Treu und Glauben unangemessen benachteiligen. Eine unangemessene Benachteiligung kann sich auch daraus ergeben, dass die Bestimmung nicht klar und verständlich ist.	II.-9:410 DCFR **Vermutung** 1 k) Festlegt, dass der Preis einer Ware oder eines anderen Vermögenswertes zum Zeitpunkt der Lieferung festgesetzt wird, oder es dem Unternehmer ermöglichen würde, den Preis zu erhöhen, ohne dem Verbraucher das Recht einzuräumen, vom Vertrag zurückzutreten, wenn der erhöhte Preis im Verhältnis zu dem beim Vertragsschluss vereinbarten Preis zu hoch ist; dies berührt nicht Preisindexklauseln, wenn diese erlaubt sind, vorausgesetzt, dass die Methode, nach der sich die Preise ändern, ausdrücklich beschrieben wird;

Art. 85 GEKR **Vermutung** o) Es dem Unternehmer zu gestatten, sich eine unangemessen lange oder nicht hinreichend bestimmte Frist für die Annahme oder Ablehnung eines Angebots vorzubehalten;	Ohne Entsprechung	§ 308 BGB **mit Wertung** 1. (Annahme- und Leistungsfrist) eine Bestimmung, durch die sich der Verwender unangemessen lange oder nicht hinreichend bestimmte Fristen für die Annahme oder Ablehnung eines Angebots oder die Erbringung einer Leistung vorbehält; ausgenommen hiervon ist der Vorbehalt, erst nach Ablauf der Widerrufs- oder Rückgabefrist nach § 355 Abs. 1 bis 3 und § 356 zu leisten;	Ohne Entsprechung
Klauseln zur Wirkung von Verträgen			
GEKR	**KlauselRL**	**BGB**	**DCFR**
Art. 84 GEKR **per se unfair** c) Die Verpflichtung des Unternehmers zur Einhaltung der von seinen Vertretern eingegangenen Zusagen einzuschränken oder seine Zusagen von der Erfüllung einer besonderen Bedingung abhängig zu machen, die ohne sein Zutun nicht zu erfüllen ist;	Anhang 1 KlauselRL c) der Verbraucher eine verbindliche Verpflichtung eingeht, während der Gewerbetreibende die Erbringung der Leistungen an eine Bedingungen knüpft, deren Eintritt nur von ihm abhängt; n) Die Verpflichtung des Gewerbetreibenden zur Einhaltung der von seinen Vertretern eingegangenen Verpflichtungen eingeschränkt wird oder diese Verpflichtung von der Einhaltung einer besonderen Formvorschrift abhängig gemacht wird;	§ 308 BGB **mit Wertung** 3.(Rücktrittsvorbehalt) die Vereinbarung eines Rechts des Verwenders, sich ohne sachlich gerechtfertigten und im Vertrag angegebenen Grund von seiner Leistungspflicht zu lösen; dies gilt nicht für Dauerschuldverhältnisse; § 307 BGB **Inhaltskontrolle** (2) Eine unangemessene Benachteiligung ist im Zweifel anzunehmen, wenn eine Bestimmung 1. mit wesentlichen Grundgedanken der gesetzlichen Regelung, von der abgewichen wird, nicht zu vereinbaren ist oder i.V.m. § 164 II BGB, § 56 HGB, §§ 43-47 VVG	II.-9:410 DCFR **Vermutung** 1 m) Die Verpflichtung des Unternehmers zur Einhaltung der von seinen Vertretern eingegangenen Verpflichtungen einschränkt oder diese Verpflichtung von der Einhaltung einer besonderen Formvorschrift abhängig macht;

Art. 84 GEKR **per se unfair** f) Dem Unternehmer das ausschließliche Recht einzuräumen, die Vertragsmäßigkeit der gelieferten Waren, der bereitgestellten digitalen Inhalte oder der erbrachten verbundenen Dienstleistungen festzustellen, oder ihm das ausschließliche Recht zur Auslegung der Vertragsbedingungen zuzugestehen;	Anhang 1 KlauselRL m) Dem Gewerbetreibenden das Recht eingeräumt ist, zu bestimmen, ob die gelieferte Ware oder erbrachte Dienstleistungen den Vertragsbestimmungen entspricht, oder ihm das ausschließliche Recht zugestanden wird, die Auslegung einer Vertragsklausel vorzunehmen;	§ 307 **Inhaltskontrolle** (1) Bestimmungen in Allgemeinen Geschäftsbedingungen sind unwirksam, wenn sie den Vertragspartner des Verwenders entgegen den Geboten von Treu und Glauben unangemessen benachteiligen. Eine unangemessene Benachteiligung kann sich auch daraus ergeben, dass die Bestimmung nicht klar und verständlich ist. (2) Eine unangemessene Benachteiligung ist im Zweifel anzunehmen, wenn eine Bestimmung 1. mit wesentlichen Grundgedanken der gesetzlichen Regelung, von der abgewichen wird, nicht zu vereinbaren ist oder	II.-9:410 DCFR **Vermutung** 1 l) Einem Unternehmer das Recht einräumt, zu bestimmen, ob die gelieferten Waren vertragsmäßig sind, oder dem Unternehmer das ausschließliche Recht zur Auslegung von Vertragsbestimmungen zugesteht;
Art. 84 GEKR **per se unfair** g) Den Verbraucher, nicht aber den Unternehmer, zur Einhaltung des Vertrags zu verpflichten;	Anhang 1 KlauselRL o) der Verbraucher allen seinen Verpflichtungen nachkommen muss, obwohl der Gewerbetreibende seine Verpflichtungen nicht erfüllt.	Art. 309 BGB **ohne Wertung** 2. (Leistungsverweigerungsrechte) eine Bestimmung, durch die a) das Leistungsverweigerungsrecht, das dem Vertragspartner des Verwenders nach § 320 zusteht, ausgeschlossen oder eingeschränkt wird oder	Ohne Entsprechung

Art. 84 GEKR **per se unfair** j) Vom Verbraucher die Bezahlung nicht gelieferter Waren, nicht bereitgestellter erbrachter verbundener Dienstleistungen zu verlangen;	Anhang 1 KlauselRL o) der Verbraucher allen seinen Verpflichtungen nachkommen muss, obwohl der Gewerbetreibende seine Verpflichtungen nicht erfüllt.	§ 309 BGB **ohne Wertung** 2. Leistungsverweigerungsrechte eine Bestimmung, durch die a) das Leistungsverweigerungsrecht, das dem Vertragspartner des Verwenders nach § 320 zusteht, ausgeschlossen oder eingeschränkt wird oder	Ohne Entsprechung
Art. 84 GEKR **per se unfair** k) Den nicht individuell ausgehandelten Vertragsbestimmungen im Sinne von Art. 7 Vorrang vor den individuell ausgehandelten Vertragsbestimmungen einzuräumen oder ihnen den Vorzug zu geben.	Ohne Entsprechung	§ 305 b BGB **Vorrang der Individualabrede** Individuelle Vertragsabreden haben Vorrang vor Allgemeinen Geschäftsbedingungen.	Ohne Entsprechung
Art. 85 GEKR **Vermutung** c) Das Recht auf Aufrechnung etwaiger Forderungen des Verbrauchers gegen den Unternehmer gegen etwaige Verbindlichkeiten des Verbrauchers gegenüber dem Unternehmer, in unangemessener Weise auszuschließen oder zu beschränken;	Anhang 1 KlauselRL b) Die Ansprüche des Verbrauchers gegenüber dem Gewerbetreibenden oder einer anderen Partei, einschließlich der Möglichkeit, eine Verbindlichkeit gegenüber dem Gewerbetreibenden durch eine etwaige Forderung gegen ihn auszugleichen, ausgeschlossen oder ungebührlich eingeschränkt werden, wenn der Gewerbetreibende eine der vertraglichen Verpflichtungen ganz oder teilweise nicht erfüllt oder mangelhaft erfüllt.	§ 309 BGB **ohne Wertung** 3. (Aufrechnungsverbot) eine Bestimmung, durch die dem Vertragspartner des Verwenders die Befugnis genommen wird, mit einer unbestrittenen oder rechtskräftig festgestellten Forderung aufzurechnen;	II.-9:410 DCFR **Vermutung** 1 b) Unangemessen Rechtsbehelfe, einschließlich des Rechts zur Aufrechnung, die dem Verbraucher wegen einer Nichterfüllung durch den Unternehmen gegen diesen oder einen Dritten zustehen, ausschließt oder beschränkt.

Art. 85 GEKR **Vermutung**	Anhang 1 KlauselRL	§ 307 BGB **Inhaltskontrolle**	II.-9:410 DCFR **Vermutung**
i) Es einem Unternehmer zu ermöglichen, Vertragsbestimmungen einseitig ohne triftigen Grund, der im Vertrag festgelegt ist, zu ändern; dies berührt nicht Vertragsbestimmungen, nach denen sich ein Unternehmer das Recht vorbehält, die Bestimmungen eines unbefristeten Vertrags einseitig zu ändern, vorausgesetzt, dass der Unternehmer verpflichtet ist, den Verbraucher rechtzeitig hiervon in Kenntnis zu setzen, und es diesem freisteht, den Vertrag zu beenden, ohne dass ihm hierdurch Kosten entstehen;	j) Der Gewerbetreibende die Vertragsklauseln einseitig und ohne triftigen und im Vertrag aufgeführten Grund ändern kann. Anhang 2 KlauselRL b) Buchstabe j) steht ferner Klauseln nicht entgegen, durch die sich der Gewerbetreibende das Recht vorbehält, einseitig die Bedingungen eines unbefristeten Vertrages zu ändern, sofern es ihm obliegt, den Verbraucher hiervon rechtzeitig in Kenntnis zu setzen, und es diesem freisteht, den Vertrag zu kündigen.	(1) Bestimmungen in Allgemeinen Geschäftsbedingungen sind unwirksam, wenn sie den Vertragspartner des Verwenders entgegen den Geboten von Treu und Glauben unangemessen benachteiligen. Eine unangemessene Benachteiligung kann sich auch daraus ergeben, dass die Bestimmung nicht klar und verständlich ist. (2) Eine unangemessene Benachteiligung ist im Zweifel anzunehmen, wenn eine Bestimmung 1. mit wesentlichen Grundgedanken der gesetzlichen Regelung, von der abgewichen wird, nicht zu vereinbaren ist oder	1 i) Es einem Unternehmer ermöglicht, ohne im Vertrag festgelegten triftigen Grund die Bestimmungen einseitig zu verändern; dies berührt nicht Bestimmungen, nach denen der Erbringer von Finanzdienstleistungen sich das Recht vorbehält, die von bzw. an den Verbraucher zu zahlenden Zinsen oder sonstigen Kosten von Finanzdienstleistungen bei Vorliegen eines triftigen Grundes ohne Vorankündigung zu ändern, vorausgesetzt, dass der Erbringer verpflichtet wird, den Verbraucher zum frühestmöglichen Zeitpunkt zu informieren, und es dem Verbraucher freisteht, das Vertragsverhältnis mit sofortiger Wirkung zu beenden; dies berührt auch nicht Bestimmungen, mit denen sich der Unternehmer das Recht vorbehält, die Bedingungen eines zeitlich unbeschränkten Vertrages einseitig zu ändern, vorausgesetzt, dass der Unternehmer verpflichtet wird, den Verbraucher hiervon rechtzeitig in Kenntnis zu setzen, und es diesem freisteht, den Vertrag zu beenden;

Art. 85 GEKR **Vermutung** j) Es dem Unternehmer zu ermöglichen, einseitig ohne triftigen Grund Merkmale der zu liefernden Waren, digitalen Inhalte oder der zu erbringenden verbundenen Dienstleistungen oder sonstigen Leistungsmerkmale zu ändern;	Anhang 1 KlauselRL k) der Gewerbetreibende die Merkmale des zu liefernden Erzeugnisses oder der zu erbringenden Dienstleistung einseitig ohne triftigen Grund ändern kann;	§ 308 BGB **mit Wertung** 4. (Änderungsvorbehalt) die Vereinbarung eines Rechts des Verwenders, die versprochene Leistung zu ändern oder von ihr abzuweichen, wenn nicht die Vereinbarung der Änderung oder Abweichung unter Berücksichtigung der Interessen des Verwenders für den anderen Vertragsteil zumutbar ist;	II.-9:410 DCFR **Vermutung** 1 j) Es dem Unternehmer ermöglicht, ohne triftigen Grund die Merkmale der zu liefernden Waren oder anderen Vermögenswerte oder zu erbringenden Dienstleistungen einseitig zu ändern;
Art. 85 GEKR **Vermutung** m) Dem Unternehmer zu gestatten, seine vertraglichen Rechte und Verpflichtungen ohne Zustimmung des Verbraucher zu übertragen, es sei denn, er überträgt sie auf eine von ihm beherrschte Tochtergesellschaft, oder die Übertragung ist das Ergebnis eines Zusammenschlusses oder eines ähnlich rechtmäßigen gesellschaftsrechtlichen Vorgangs und es ist nicht zu erwarten, dass der Verbraucher durch die Übertragung in seinen Rechten beeinträchtigt wird;	Anhang 1 KlauselRL p) Die Möglichkeit vorgesehen wird, daß der Vertrag ohne Zustimmung des Verbrauchers vom Gewerbetreibenden abgetreten wird, wenn dies möglicherweise eine Verringerung der Sicherheiten für den Verbraucher bewirkt;	§ 309 BGB **ohne Wertung** 10. (Wechsel des Vertragspartners) eine Bestimmung, wonach bei Kauf-, Darlehens-, Dienst- oder Werkverträgen ein Dritter anstelle des Verwenders in die sich aus dem Vertrag ergebenden Rechte und Pflichten eintritt oder eintreten kann, es sei denn, in der Bestimmung wird a) der Dritte namentlich bezeichnet oder b) dem anderen Vertragsteil das Recht eingeräumt, sich vom Vertrag zu lösen;	II.-9:410 DCFR **Vermutung** 1 o) Dem Unternehmer gestattet, seine vertraglich vereinbarten Rechte und Verpflichtungen ohne Zustimmung des Verbrauchers zu übertragen, wenn dies zu einer Verringerung der dem Verbraucher zustehenden Sicherheiten führen könnte.
Art. 85 GEKR **Vermutung** n) Dem Unternehmer zu gestatten, wenn das Bestellte nicht verfügbar ist, etwas Gleichwertiges zu liefern, ohne dass der Verbraucher ausdrücklich über diese	Ohne Entsprechung	§ 308 BGB **mit Wertung** 4. (Änderungsvorbehalt) die Vereinbarung eines Rechts des Verwenders, die versprochene Leistung zu ändern oder von ihr abzuweichen, wenn nicht die Vereinbarung der	II.-9:410 DCFR **Vermutung** 1 q) Dem Unternehmer erlaubt, wenn das Bestellte nicht lieferbar ist, etwas Vergleichbares zu liefern, ohne dass der Verbraucher

Möglichkeit und darüber informiert worden ist, dass der Unternehmer, wenn der Verbraucher ein Recht auf Ablehnung der Leistung ausübt, die Kosten der Rücksendung des vom Verbraucher im Rahmen des Vertrags Empfangenen tragen muss;		Änderung oder Abweichung unter Berücksichtigung der Interessen des Verwenders für den anderen Vertragsteil zumutbar ist;	ausdrücklich über diese Möglichkeit und darüber, dass der Unternehmer im Falle des Widerrufs durch den Verbraucher die Kosten der Rücksendung des vom Verbraucher im Rahmen des Vertrages Empfangenen tragen muss, informiert worden ist.
Art. 85 GEKR **Vermutung** p) Es dem Unternehmer zu gestatten, sich eine unangemessen lange oder nicht hinreichend bestimmte Frist für die Erfüllung der vertraglichen Verpflichtungen vorzubehalten;	Ohne Entsprechung	§ 308 BGB **mit Wertung** 1. (Annahme- und Leistungsfrist) eine Bestimmung, durch die sich der Verwender unangemessen lange oder nicht hinreichend bestimmte Fristen für die Annahme oder Ablehnung eines Angebots oder die Erbringung einer Leistung vorbehält; ausgenommen hiervon ist der Vorbehalt, erst nach Ablauf der Widerrufs- oder Rückgabefrist nach § 355 Abs. 1 bis 3 und § 356 zu leisten; 2. (Nachfrist) Eine Bestimmung, durch die sich der Verwender für die von ihm zu bewirkende Leistung abweichend von Rechtsvorschriften eine unangemessen lange oder nicht hinreichend bestimmte Nachfrist vorbehält.	Ohne Entsprechung
Art. 85 GEKR **Vermutung** r) Die Erfüllung von vertraglichen Verpflichtungen durch den Unternehmer oder andere für den Verbraucher vorteilhafte	Ohne Entsprechung	§ 309 BGB **ohne Wertung** 13. (Form von Anzeigen und Erklärungen) eine Bestimmung, durch die Anzeigen oder Erklärungen, die dem Verwender oder einem	Ohne Entsprechung

Wirkungen des Vertrags besonderen Formerfordernissen zu unterwerfen, die unangemessen und gesetzlich nicht vorgeschrieben sind;		Dritten gegenüber abzugeben sind, an eine strengere Form als die Schriftform oder an besondere Zugangserfordernisse gebunden werden.	
Art. 85 GEKR **Vermutung** s) Vom Verbraucher überhöhte Vorauszahlungen oder überhöhte Sicherheiten für die Erfüllung der Verpflichtungen zu verlangen;	Ohne Entsprechung	§ 307 **Inhaltskontrolle** (1) Bestimmungen in Allgemeinen Geschäftsbedingungen sind unwirksam, wenn sie den Vertragspartner des Verwenders entgegen den Geboten von Treu und Glauben unangemessen benachteiligen. Eine unangemessene Benachteiligung kann sich auch daraus ergeben, dass die Bestimmung nicht klar und verständlich ist.	Ohne Entsprechung
Art. 85 GEKR **Vermutung** t) Den Verbraucher ohne Grund daran zu hindern, Lieferungen oder Reparaturleistungen von Dritten zu beziehen;	Ohne Entsprechung	§ 307 BGB **Inhaltskontrolle** (1) Bestimmungen in Allgemeinen Geschäftsbedingungen sind unwirksam, wenn sie den Vertragspartner des Verwenders entgegen den Geboten von Treu und Glauben unangemessen benachteiligen. Eine unangemessene Benachteiligung kann sich auch daraus ergeben, dass die Bestimmung nicht klar und verständlich ist.	Ohne Entsprechung
Art. 85 GEKR **Vermutung** u) Den Vertrag ohne Grund an einen anderen Vertrag mit dem Unternehmen,	Ohne Entsprechung	§ 305c BGB **Überraschende und mehrdeutige Klauseln** (1) Bestimmungen in Allgemeinen Geschäftsbedingungen, die nach den	Ohne Entsprechung

einem Tochterunternehmen oder einem Dritten in einer für den Verbraucher nicht zu erwartenden Weise zu koppeln;		Umständen, insbesondere nach dem äußeren Erscheinungsbild des Vertrags, so ungewöhnlich sind, dass der Vertragspartner des Verwenders mit ihnen nicht zu rechnen braucht, werden nicht Vertragsbestandteil.	

Klauseln zur Nichterfüllung

GEKR	KlauselRL	BGB	DCFR
Art. 84 GEKR **per se unfair** a) Die Haftung des Unternehmers infolge einer Handlung oder Unterlassung des Unternehmers oder einer in seinem Auftrag handelnden Person, durch die der Verbraucher Schaden an Leib oder Leben nimmt, auszuschließen oder einzuschränken;	Anhang 1 KlauselRL a) Die gesetzliche Haftung des Gewerbetreibenden ausgeschlossen oder eingeschränkt wird, wenn der Verbraucher aufgrund einer Handlung oder Unterlassung des Gewerbetreibenden sein Leben verliert oder einen Körperschaden erleidet;	§ 309 BGB **ohne Wertung** 7. (Haftungsausschluss bei Verletzung von Leben, Körper, Gesundheit und bei grobem Verschulden) a) (Verletzung von Leben, Körper, Gesundheit) ein Ausschluss oder eine Begrenzung der Haftung für Schäden aus der Verletzung des Lebens, des Körpers oder der Gesundheit, die auf einer fahrlässigen Pflichtverletzung des Verwenders oder einer vorsätzlichen oder fahrlässigen Pflichtverletzung eines gesetzlichen Vertreters oder Erfüllungsgehilfen des Verwenders beruhen;	II.-9:410 DCFR **Vermutung** 1 a) Die Haftung des Unternehmers für Fälle ausschließt oder einschränkt, in denen der Verbraucher aufgrund einer Handlung oder Unterlassung des Unternehmers sein Leben verliert oder einen Körperschaden erleidet.
Art. 84 GEKR **per se unfair** b) Die Haftung des Unternehmers für einen vorsätzlich oder grob fahrlässig verursachten Verlust oder Schaden beim Verbraucher auszuschließen oder einzuschränken;	Anhang 1 KlauselRL b) die Ansprüche des Verbrauchers gegenüber dem Gewerbetreibenden oder einer anderen Partei, einschließlich der Möglichkeit, eine Verbindlichkeit gegenüber dem Gewerbetreibenden durch eine etwaige Forderung gegen ihn	§ 309 BGB **ohne Wertung** 7. (Haftungsausschluss bei Verletzung von Leben, Körper, Gesundheit und bei grobem Verschulden) b) (Grobes Verschulden) ein Ausschluss oder eine Begrenzung der Haftung für sonstige Schäden, die auf einer grob fahrlässigen Pflichtverletzung des	II.-9:410 DCFR **Vermutung** 1 b) Unangemessen Rechtsbehelfe, einschließlich des Rechts zur Aufrechnung, die dem Verbraucher wegen einer Nichterfüllung durch den Unternehmen gegen diesen oder einen Dritten zustehen, ausschließt oder beschränkt.

	auszugleichen, ausgeschlossen oder ungebührlich eingeschränkt werden, wenn der Gewerbetreibende eine der vertraglichen Verpflichtungen ganz oder teilweise nicht erfüllt oder mangelhaft erfüllt;	Verwenders oder auf einer vorsätzlichen oder grob fahrlässigen Pflichtverletzung eines gesetzlichen Vertreters oder Erfüllungsgehilfen des Verwenders beruhen;	
Art. 85 GEKR **Vermutung** b) Die Abhilfen, die dem Verbraucher gegen den Unternehmer oder einen Dritten wegen Nichterfüllung der vertraglichen Verpflichtung durch den Unternehmer zustehen, in unangemessener Weise auszuschließen oder zu beschränken	Anhang 1 KlauselRL b) Die Ansprüche des Verbrauchers gegenüber dem Gewerbetreibenden oder einer anderen Partei, einschließlich der Möglichkeit, eine Verbindlichkeit gegenüber dem Gewerbetreibenden durch eine etwaige Forderung gegen ihn auszugleichen, ausgeschlossen oder ungebührlich eingeschränkt werden, wenn der Gewerbetreibende eine der vertraglichen Verpflichtungen ganz oder teilweise nicht erfüllt oder mangelhaft erfüllt;	§ 309 BGB **ohne Wertung** 2. (Leistungsverweigerungsrechte) eine Bestimmung, durch die a) das Leistungsverweigerungsrecht, das dem Vertragspartner des Verwenders nach § 320 zusteht, ausgeschlossen oder eingeschränkt wird oder b) ein dem Vertragspartner des Verwenders zustehendes Zurückbehaltungsrecht, soweit es auf demselben Vertragsverhältnis beruht, ausgeschlossen oder eingeschränkt, insbesondere von der Anerkennung von Mängeln durch den Verwender abhängig gemacht wird; 8. (Sonstige Haftungsausschlüsse bei Pflichtverletzung) a) (Ausschluss des Rechts, sich vom Vertrag zu lösen) eine Bestimmung, die bei einer vom Verwender zu vertretenden, nicht	II.-9:410 DCFR **Vermutung** 1 b) Unangemessen Rechtsbehelfe, einschließlich des Rechts zur Aufrechnung, die dem Verbraucher wegen einer Nichterfüllung durch den Unternehmen gegen diesen oder einen Dritten zustehen, ausschließt oder beschränkt.

		in einem Mangel der Kaufsache oder des Werkes bestehenden Pflichtverletzung das Recht des anderen Vertragsteils, sich vom Vertrag zu lösen, ausschließt oder einschränkt; dies gilt nicht für die in der Nummer 7 bezeichneten Beförderungsbedingungen und Tarifvorschriften unter den dort genannten Voraussetzungen; b) (Mängel) eine Bestimmung, durch die bei Verträgen über Lieferungen neu hergestellter Sachen und über Werkleistungen aa) (Ausschluss und Verweisung auf Dritte) die Ansprüche gegen den Verwender wegen eines Mangels insgesamt oder bezüglich einzelner Teile ausgeschlossen, auf die Einräumung von Ansprüchen gegen Dritte beschränkt oder von der vorherigen gerichtlichen Inanspruchnahme Dritter abhängig gemacht werden; bb) (Beschränkung auf Nacherfüllung) die die Ansprüche gegen den Verwender insgesamt oder bezüglich einzelner Teile auf ein Recht auf Nacherfüllung beschränkt werden, sofern dem anderen	

		Vertragsteil nicht ausdrücklich das Recht vorbehalten wird, bei Fehlschlagen der Nacherfüllung zu mindern oder, wenn nicht eine Bauleistung Gegenstand der Mängelhaftung ist, nach seiner Wahl vom Vertrag zurückzutreten; cc) (Aufwendungen bei Nacherfüllung) die Verpflichtung des Verwenders ausgeschlossen oder beschränkt wird, die zum Zwecke der Nacherfüllung erforderlichen Aufwendungen, insbesondere Transport-, Wege-, Arbeits- und Materialkosten, zu tragen; dd) (Vorenthalten der Nacherfüllung) der Verwender die Nacherfüllung von der vorherigen Zahlung des vollständigen Entgelts oder eines unter Berücksichtigung des Mangels unverhältnismäßig hohen Teils des Entgelts abhängig macht; ee) (Ausschlussfrist für Mängelanzeige) der Verwender dem anderen Vertragsteil für die Anzeige nicht offensichtlicher Mängel eine Ausschlussfrist setzt, die kürzer ist als die nach dem Doppelbuchstaben ff zulässige Frist;	

		ff) (Erleichterung der Verjährung) die Verjährung von Ansprüchen gegen den Verwender wegen eines Mangels in den Fällen des § 438 Abs. 1 Nr. 2 und des § 634a Abs. 1 Nr. 2 erleichtert oder in den sonstigen Fällen eine weniger als ein Jahr betragende Verjährungsfrist ab dem gesetzlichen Verjährungsbeginn erreicht wird;	
Art. 85 GEKR **Vermutung** e) Dem Verbraucher, der seinen vertraglichen Verpflichtungen nicht nachkommt, eine unverhältnismäßig hohe Entschädigung oder eine festgelegte Zahlung wegen Nichterfüllung abzuverlangen;	Anhang 1 KlauselRL e) Dem Verbraucher, der seinen Verpflichtungen nicht nachkommt, ein unverhältnismäßig hoher Entschädigungsbetrag auferlegt wird.	Art. 309 BGB **ohne Wertung** 5. (Pauschalierung von Schadensersatzansprüchen) Die Vereinbarung eines pauschalierten Anspruchs des Verwenders auf Schadensersatz oder Ersatz einer Wertminderung, wenn a) die Pauschale den in den geregelten Fällen nach dem gewöhnlichen Lauf der Dinge zu erwartenden Schaden oder die gewöhnlich eintretende Wertminderung übersteigt oder b) dem anderen Vertragsteil nicht ausdrücklich der Nachweis gestattet wird, ein Schaden oder eine Wertminderung sei überhaupt nicht entstanden oder wesentlich niedriger als die Pauschale.	II.-9:410 DCFR Vermutung 1 e) Dem Verbraucher, der seinen Verpflichtungen nicht nachkommt, eine unverhältnismäßig hohe Entschädigung abverlangt.

		6. (Vertragsstrafe) eine Bestimmung, durch die dem Verwender für den Fall der Nichtabnahme oder verspäteten Abnahme der Leistung, des Zahlungsverzugs oder für den Fall, dass der andere Vertragsteil sich vom Vertrag löst, Zahlung einer Vertragsstrafe versprochen wird;	
Art. 85 GEKR **Vermutung** f) Dem Unternehmer zu gestatten, nach freiem Ermessen den Vertrag zu widerrufen oder den Vertrag im Sinne von Art. 8 zu beenden, ohne dem Verbraucher dasselbe Recht einzuräumen, oder dem Unternehmer zu gestatten, für noch nicht erbrachte Leistungen bereits gezahlte Beträge einzubehalten, wenn dieser den Vertrag widerruft oder den Vertrag beendet; l) Den Verbraucher zu verpflichten, seine sämtlichen vertraglichen Verpflichtungen zu erfüllen, auch wenn der Unternehmer seine eigenen Verpflichtungen nicht erfüllt.	Anhang 1 KlauselRL f) Es dem Gewerbetreibenden gestattet wird, nach freiem Ermessen den Vertrag zu kündigen, wenn das gleiche Recht nicht auch dem Verbraucher eingeräumt wird, und es dem Gewerbetreibenden für den Fall, daß er selbst den Vertrag kündigt, gestattet wird, die Beträge einzubehalten, die für von ihm noch nicht erbrachte Leistungen gezahlt wurden; o) Der Verbraucher allen seinen Verpflichtungen nachkommen muss, obwohl der Gewerbetreibende seine Verpflichtungen nicht erfüllt;	Art. 308 BGB **mit Wertung** 3. (Rücktrittsvorbehalt) die Vereinbarung eines Rechts des Verwenders, sich ohne sachlich gerechtfertigten und im Vertrag angegebenen Grund von seiner Leistungspflicht zu lösen; dies gilt nicht für Dauerschuldverhältnisse; 8. (Nichtverfügbarkeit der Leistung) die nach Nummer 3 zulässige Vereinbarung eines Vorbehalts, sich von der Verpflichtung zur Erfüllung des Vertrags bei Nichtverfügbarkeit der Leistung zu lösen, wenn sich der Verwender nicht verpflichtet, a) den Vertragspartner unverzüglich über die Nichtverfügbarkeit zu informieren und b) Gegenleistungen des Vertragspartners unverzüglich zu erstatten.	II.-9:410 DCFR **Vermutung** 1 f) Dem Unternehmer gestattet, nach freiem Ermessen den Vertragsverhältnis zu widerrufen oder zu beenden, ohne dem Verbraucher das gleiche Recht einzuräumen; oder dem Unternehmer gestattet, für noch nicht erbrachte Leistungen bereits gezahlte Beträge einzubehalten, wenn dieser das Vertragsverhältnis widerruft oder beendet; 1 n) Den Verbraucher verpflichtet, all seinen Verpflichtungen nachzukommen, obwohl der Unternehmer seine Verpflichtungen nicht erfüllt

		Art. 309 BGB **ohne Wertung** 2. (Leistungsverweigerungsrechte) eine Bestimmung, durch die a) das Leistungsverweigerungsrecht, das dem Vertragspartner des Verwenders nach § 320 zusteht, ausgeschlossen oder eingeschränkt wird oder b) ein dem Vertragspartner des Verwenders zustehendes Zurückbehaltungsrecht, soweit es auf demselben Vertragsverhältnis beruht, ausgeschlossen oder eingeschränkt, insbesondere von der Anerkennung von Mängeln durch den Verwender abhängig gemacht wird; 6. (Vertragsstrafe) eine Bestimmung, durch die dem Verwender für den Fall der Nichtabnahme oder verspäteten Abnahme der Leistung, des Zahlungsverzugs oder für den Fall, dass der andere Vertragsteil sich vom Vertrag löst, Zahlung einer Vertragsstrafe versprochen wird;	
Klauseln zur Beendigung bzw. Verlängerung des Vertrages			
GEKR	**KlauselRL**	**BGB**	**DCFR**
Art. 84 GEKR **per se unfair** h) Vom Verbraucher zu verlangen, dass er für die	Ohne Entsprechung	§ 309 BGB **ohne Wertung** 13. (Form von Anzeigen und Erklärungen) eine Bestimmung, durch die Anzeigen oder	Ohne Entsprechung

Beendigung des Vertrags im Sinne des Art. 8 strengere Formerfordernisse erfüllt als diejenigen, die für den Vertragsschluss galten;		Erklärungen, die dem Verwender oder einem Dritten gegenüber abzugeben sind, an eine strengere Form als die Schriftform oder an besondere Zugangserfordernisse gebunden werden.	
Art. 84 GEKR **per se unfair** i) Dem Unternehmer für die Beendigung des Vertrags eine kürzere Frist einzuräumen als dem Verbraucher;	Ohne Entsprechung	§ 307 BGB **Inhaltskontrolle** (1) Bestimmungen in Allgemeinen Geschäftsbedingungen sind unwirksam, wenn sie den Vertragspartner des Verwenders entgegen den Geboten von Treu und Glauben unangemessen benachteiligen. Eine unangemessene Benachteiligung kann sich auch daraus ergeben, dass die Bestimmung nicht klar und verständlich ist.	Ohne Entsprechung
Art. 85 GEKR **Vermutung** g) Es dem Unternehmer, außer bei Vorliegen schwerwiegender Gründe, zu ermöglichen, einen unbefristeten Vertrag ohne angemessene Frist zu beenden;	Anhang 1 KlauselRL g) Es dem Gewerbetreibenden – außer bei Vorliegen schwerwiegender Gründe – gestattet ist, einen unbefristeten Vertrag ohne angemessene Frist zu kündigen;	§ 307 BGB **Inhaltskontrolle** (1) Bestimmungen in Allgemeinen Geschäftsbedingungen sind unwirksam, wenn sie den Vertragspartner des Verwenders entgegen den Geboten von Treu und Glauben unangemessen benachteiligen. Eine unangemessene Benachteiligung kann sich auch daraus ergeben, dass die Bestimmung nicht klar und verständlich ist.	II.-9:410 DCFR **Vermutung** 1 g) Es dem Unternehmer, außer bei Vorliegen schwerwiegender Gründe, ermöglicht, ein unbefristetes Vertragsverhältnis ohne angemessene Frist zu beenden;

Art. 85 GEKR **Vermutung**	Anhang 1 KlauselRL	§ 309 BGB **ohne Wertung**	II.-9:410 DCFR **Vermutung**
h) Einen befristeten Vertrag automatisch zu verlängern, wenn der Verbraucher sich nicht gegenteilig äußert und im Vertrag einen unangemessen frühen Zeitpunkt dafür festzulegen;	h) Ein befristeter Vertrag automatisch verlängert wird, wenn der Verbraucher sich nicht gegenteilig geäußert hat und als Termin für diese Äußerung des Willens des Verbraucher, den Vertrag nicht zu verlängern, ein vom Ablaufzeitpunkt des Vertrages ungebührlich weit entferntes Datum festgelegt wurde;	9. (Laufzeit bei Dauerschuldverhältnissen) bei einem Vertragsverhältnis, das die regelmäßige Lieferung von Waren oder die regelmäßige Erbringung von Dienst- oder Werkleistungen durch den Verwender zum Gegenstand hat, b) eine den anderen Vertragsteil bindende stillschweigende Verlängerung des Vertragsverhältnisses um jeweils mehr als ein Jahr oder c) zu Lasten des anderen Vertragsteils eine längere Kündigungsfrist als drei Monate vor Ablauf der zunächst vorgesehenen oder stillschweigend verlängerten Vertragsdauer; dies gilt nicht für Verträge über die Lieferung als zusammengehörig verkaufter Sachen, für Versicherungsverträge sowie für Verträge zwischen den Inhabern urheberrechtlicher Rechte und Ansprüche und Verwertungsgesellschaften im Sinne des Gesetzes über die Wahrnehmung von Urheberrechten und verwandten Schutzrechten;	1 h) Einen befristeten Vertrag von selbst verlängert, wenn der Verbraucher sich nicht gegenteilig äußert und einen unangemessenen frühen Zeitpunkt dafür festlegt;

Art. 85 GEKR **Vermutung** v) Dem Verbraucher die Beendigung eines unbefristeten Vertrags übermäßig zu erschweren;	Ohne Entsprechung	Art. 308 BGB **mit Wertung** 7. (Abwicklung von Verträgen) eine Bestimmung, nach der der Verwender für den Fall, dass eine Vertragspartei vom Vertrag zurücktritt oder den Vertrag kündigt, a) eine unangemessen hohe Vergütung für die Nutzung oder den Gebrauch einer Sache oder eines Rechts oder für erbrachte Leistungen oder b) einen unangemessen hohen Ersatz von Aufwendungen verlangen kann; § 309 BGB **ohne Wertung** 9. (Laufzeit bei Dauerschuldverhältnissen) bei einem Vertragsverhältnis, das die regelmäßige Lieferung von Waren oder die regelmäßige Erbringung von Dienst- oder Werkleistungen durch den Verwender zum Gegenstand hat, a) eine den anderen Vertragsteil länger als zwei Jahre bindende Laufzeit des Vertrags, b) eine den anderen Vertragsteil bindende stillschweigende Verlängerung des Vertragsverhältnisses um jeweils mehr als ein Jahr oder	Ohne Entsprechung

		c) zu Lasten des anderen Vertragsteils eine längere Kündigungsfrist als drei Monate vor Ablauf der zunächst vorgesehenen oder stillschweigend verlängerten Vertragsdauer; dies gilt nicht für Verträge über die Lieferung als zusammengehörig verkaufter Sachen, für Versicherungsverträge sowie für Verträge zwischen den Inhabern urheberrechtlicher Rechte und Ansprüche und Verwertungsgesellschaften im Sinne des Gesetzes über die Wahrnehmung von Urheberrechten und verwandten Schutzrechten;	
Art. 85 GEKR **Vermutung** w) Die erstmalige Laufzeit eines Vertrags über die lang andauernde Lieferung von Waren, die Bereitstellung digitaler Inhalte oder die Erbringung verbundener Dienstleistungen und dessen etwaige Verlängerung auf mehr als ein Jahr festzusetzen, es sei denn, der Verbraucher kann unter Einhaltung einer Kündigungsfrist von höchstens 30 Tagen den Vertrag jederzeit beenden	Ohne Entsprechung	§ 309 BGB **ohne Wertung** 9. (Laufzeit bei Dauerschuldverhältnissen) bei einem Vertragsverhältnis, das die regelmäßige Lieferung von Waren oder die regelmäßige Erbringung von Dienst- oder Werkleistungen durch den Verwender zum Gegenstand hat, a) eine den anderen Vertragsteil länger als zwei Jahre bindende Laufzeit des Vertrags, b) eine den anderen Vertragsteil bindende stillschweigende Verlängerung des Vertragsverhältnisses um jeweils mehr als ein Jahr oder	Ohne Entsprechung

		dies gilt nicht für Verträge über die Lieferung als zusammengehörig verkaufter Sachen, für Versicherungsverträ-ge sowie für Verträge zwischen den Inhabern urheberrechtlicher Rechte und Ansprüche und Verwertungsgesellschaften im Sinne des Gesetzes über die Wahrnehmung von Urheberrechten und verwandten Schutzrechten;	
Klauseln zu Streitigkeiten aus dem Vertrag			
GEKR	**KlauselRL**	**BGB**	**DCFR**
Art. 84 GEKR **per se unfair** d) Dem Verbraucher die Möglichkeit zu nehmen oder ihn daran zu hindern, Rechtsbehelfe bei Gericht einzulegen oder sonstige Beschwerdemittel zu ergreifen, und zwar insbesondere dadurch, dass dem Verbraucher auferlegt wird, die Streitigkeit ausschließlich im Wege eines Schiedsverfahrens zu regeln, das in den auf Verträge zwischen Unternehmern und Verbrauchern anwendbaren Rechtsvorschriften im Allgemeinen nicht vorgesehen ist;	Anhang 1 KlauselRL q) Dem Verbraucher die Möglichkeit, Rechtsbehelfe bei Gericht einzulegen oder sonstige Beschwerdemittel zu ergreifen, genommen oder erschwert wird, und zwar insbesondere dadurch, daß er ausschließlich auf ein nicht unter die rechtlichen Bestimmungen fallenden Schiedsgerichtsverfahren verwiesen wird, die ihm zur Verfügung stehenden Beweismittel ungebührlich eingeschränkt werden oder ihm die Beweislast auferlegt wird, die nach dem geltenden Recht einer anderen Vertragspartei obläge	§ 307 BGB **Inhaltskontrolle** (1) Bestimmungen in Allgemeinen Geschäftsbedingungen sind unwirksam, wenn sie den Vertragspartner des Verwenders entgegen den Geboten von Treu und Glauben unangemessen benachteiligen. Eine unangemessene Benachteiligung kann sich auch daraus ergeben, dass die Bestimmung nicht klar und verständlich ist. § 1031 ZPO **Form der Schiedsvereinbarung** (5) Schiedsvereinbarungen, an denen ein Verbraucher beteiligt ist, müssen in einer von den Parteien eigenhändig unterzeichneten Urkunde enthalten sein. Die schriftliche	II.-9:410 DCFR **Vermutung** 1 p) Dem Verbraucher die Möglichkeit nimmt oder diese beschränkt, Rechtsbehelfe bei Gericht einzulegen oder sonstige Beschwerdemittel zu ergreifen, und zwar insbesondere dadurch, dass der Unternehmer den Verbraucher auf ein nicht durch Rechtsvorschriften geregeltes Schiedsgerichtsverfahren verweist, dadurch dass die ihm zur Verfügung stehenden Beweismittel ungebührlich eingeschränkt werden oder durch Verschiebung der Beweislast zu Lasten des Verbrauchers;

		Form nach Satz 1 kann durch die elektronische Form nach § 126 a des Bürgerlichen Gesetzbuchs ersetzt werden. Andere Vereinbarungen als solche, die sich auf das schiedsrichterliche Verfahren beziehen, darf die Urkunde oder das elektronische Dokument nicht enthalten; dies gilt nicht bei notarieller Beurkundung.	
Art. 84 GEKR **per se unfair** e) Den ausschließlichen Gerichtsstand für alle Streitigkeiten aus dem Vertrag einem Gericht zuzuweisen, das für den Ort zuständig ist, an dem der Unternehmer seinen Sitz hat, es sei denn, dieses Gericht ist auch für den Ort zuständig, an dem der Verbraucher seinen gewöhnlichen Aufenthalt hat;	Anhang 1 KlauselRL q) Dem Verbraucher die Möglichkeit, Rechtsbehelfe bei Gericht einzulegen oder sonstige Beschwerdemittel zu ergreifen, genommen oder erschwert wird, und zwar insbesondere dadurch, daß er ausschließlich auf ein nicht unter die rechtlichen Bestimmungen fallenden Schiedsgerichtsverfahren verwiesen wird, die ihm zur Verfügung stehenden Beweismittel ungebührlich eingeschränkt werden oder ihm die Beweislast auferlegt wird, die nach dem geltenden Recht einer anderen Vertragspartei obläge.	§ 38 ZPO **Zugelassene Gerichtsstandsvereinbarung** (1) Ein an sich unzuständiges Gericht des ersten Rechtszuges wird durch ausdrückliche oder stillschweigende Vereinbarung der Parteien zuständig, wenn die Vertragsparteien Kaufleute, juristische Personen des öffentlichen Rechts oder öffentlich-rechtliche Sondervermögen sind. (2) Die Zuständigkeit eines Gerichts des ersten Rechtszuges kann ferner vereinbart werden, wenn mindestens eine der Vertragsparteien keinen allgemeinen Gerichtsstand im Inland hat. Die Vereinbarung muss schriftlich abgeschlossen oder, falls sie mündlich getroffen wird, schriftlich bestätigt werden.	II.-9:409 DCFR **Ausschließliche Gerichtsstandsvereinbarung** (1) Eine Bestimmung in einem Vertrag zwischen einem Unternehmer und einem Verbraucher ist unfair im Sinne dieses Abschnitts, wenn sie durch den Unternehmer gestellt wird und einen ausschließlichen Gerichtsstand für alle vertraglichen Streitigkeiten bei dem Gericht bestimmt, in dessen Bezirk der Unternehmer seinen Sitz hat, schafft. (2) Absatz (1) findet keine Anwendung, wenn der Verbraucher im Bezirk des gewählten Gerichts ansässig ist.

		Hat eine der Parteien einen inländischen allgemeinen Gerichtsstand, so kann für das Inland nur ein Gericht gewählt werden, bei dem diese Partei ihren allgemeinen Gerichtsstand hat oder ein besonderer Gerichtsstand begründet ist. (3) Im Übrigen ist eine Gerichtsstandsvereinbarung nur zulässig, wenn sie ausdrücklich und schriftlich 1. nach dem Entstehen der Streitigkeit oder 2. für den Fall geschlossen wird, dass die im Klageweg in Anspruch zu nehmende Partei nach Vertragsschluss ihren Wohnsitz oder gewöhnlichen Aufenthaltsort aus dem Geltungsbereich dieses Gesetzes verlegt oder ihr Wohnsitz oder gewöhnlicher Aufenthalt im Zeitpunkt der Klageerhebung nicht bekannt ist. Art. 17 EuGVVO Von den Vorschriften dieses Abschnitts kann im Wege der Vereinbarung nur abgewichen werden: (1) wenn die Vereinbarung nach der Entstehung der Streitigkeit getroffen wird,	

		(2) wenn sie dem Verbraucher die Befugnis einräumt, andere als die in diesem Abschnitt angeführten Gerichte anzurufen, oder (3) Wenn sie zwischen einem Verbraucher und seinem Vertragspartner, die zum Zeitpunkt des Vertragsabschlusses ihren Wohnsitz oder gewöhnlichen Aufenthalt in demselben Mitgliedstaat haben, getroffen ist und die Zuständigkeit der Gerichte dieses Mitgliedstaats begründet, es sei denn, dass eine solche Vereinbarung nach dem Recht dieses Mitgliedstaats nicht zulässig ist.	
Art. 85 GEKR **Vermutung** a) Die für den Verbraucher verfügbaren Beweismittel einzuschränken oder dem Verbraucher die Beweislast aufzuerlegen, die rechtlich dem Unternehmer obliegen sollte;	Anhang 1 KlauselRL q) Dem Verbraucher die Möglichkeit, Rechtsbehelfe bei Gericht einzulegen oder sonstige Beschwerdemittel zu ergreifen, genommen oder erschwert wird, und zwar insbesondere dadurch, daß er ausschließlich auf ein nicht unter die rechtlichen Bestimmungen fallenden Schiedsgerichtsverfahren verwiesen wird, die ihm zur Verfügung stehenden Beweismittel ungebührlich eingeschränkt	§ 309 BGB **ohne Wertung** 12. (Beweislast) eine Bestimmung, durch die der Verwender die Beweislast zum Nachteil des anderen Vertragsteils ändert, insbesondere indem er a) diesem die Beweislast für Umstände auferlegt, die im Verantwortungsbereich des Verwenders liegen, oder b) den anderen Vertragsteil bestimmte Tatsachen bestätigen lässt; Buchstabe b gilt nicht für Empfangsbekenntnisse, die gesondert unterschrieben oder mit einer	II.-9:410 DCFR **Vermutung** 1 p) Dem Verbraucher die Möglichkeit nimmt oder diese beschränkt, Rechtsbehelfe bei Gericht einzulegen oder sonstige Beschwerdemittel zu ergreifen, und zwar insbesondere dadurch, dass der Unternehmer den Verbraucher auf ein nicht durch Rechtsvorschriften geregeltes Schiedsgerichtsverfahren verweist, dadurch dass die ihm zur Verfügung stehenden Beweismittel ungebühr

	werden oder ihm die Beweislast auferlegt wird, die nach dem geltenden Recht einer anderen Vertragspartei obläge.	gesonderten qualifizierten elektronischen Signatur versehen sind;	lich eingeschränkt werden oder durch Verschiebung der Beweislast zu Lasten des Verbrauchers;
Art. 85 GEKR **Vermutung** q) In unangemessener Weise die Abhilfen oder Einwände, die dem Verbraucher gegen den Unternehmer oder dessen Forderungen zustehen, auszuschließen oder zu beschränken;	Ohne Entsprechung	§ 309 BGB **ohne Wertung** 2. (Leistungsverweigerungsrechte) eine Bestimmung, durch die a) das Leistungsverweigerungsrecht, das dem Vertragspartner des Verwenders nach § 320 zusteht, ausgeschlossen oder eingeschränkt wird oder b) ein dem Vertragspartner des Verwenders zustehendes Zurückbehaltungsrecht, soweit es auf demselben Vertragsverhältnis beruht, ausgeschlossen oder eingeschränkt, insbesondere von der Anerkennung von Mängeln durch den Verwender abhängig gemacht wird; 3. (Aufrechnungsverbot) eine Bestimmung, durch die dem Vertragspartner des Verwenders die Befugnis genommen wird, mit einer unbestrittenen oder rechtskräftig festgestellten Forderung aufzurechnen; 8. (sonstige Haftungsausschlüsse bei Pflichtverletzung)	Ohne Entsprechung

		a) (Ausschluss des Rechts, sich vom Vertrag zu lösen) eine Bestimmung, die bei einer vom Verwender zu vertretenden, nicht in einem Mangel der Kaufsache oder des Werkes bestehenden Pflichtverletzung das Recht des anderen Vertragsteils, sich vom Vertrag zu lösen, ausschließt oder einschränkt; dies gilt nicht für die in der Nummer 7 bezeichneten Beförderungsbedingungen und Tarifvorschriften oder, unter den dort genannten Voraussetzungen; b) (Mängel) eine Bestimmung, durch die bei Verträgen über Lieferungen neu hergestellter Sachen und über Werkleistungen aa) (Ausschluss und Verweisung auf Dritte) die Ansprüche gegen den Verwender wegen eines Mangels insgesamt oder bezüglich einzelner Teile ausgeschlossen, auf die Einräumung von Ansprüchen gegen Dritte beschränkt oder von der vorherigen gerichtlichen Inanspruchnahme Dritter abhängig gemacht werden;	

		bb) (Beschränkung auf Nacherfüllung) die Ansprüche gegen den Verwender insgesamt oder bezüglich einzelner Teile auf ein Recht auf Nacherfüllung beschränkt werden, sofern dem anderen Vertragsteil nicht ausdrücklich das Recht vorbehalten wird, bei Fehlschlagen der Nacherfüllung zu mindern wenn nicht eine Bauleistung Gegenstand der Mängelhaftung ist, nach seiner Wahl vom Vertrag zurückzutreten; cc) (Aufwendungen bei Nacherfüllung) die Verpflichtung des Verwenders ausgeschlossen oder beschränkt wird, die zum Zwecke der Nacherfüllung erforderlichen Aufwendungen, insbesondere Transport-, Wege-, Arbeits- und Materialkosten, zu tragen; dd) (Vorenthalten der Nacherfüllung) der Verwender dem anderen Vertragsteil für die Anzeige nicht offensichtlicher Mängel eine Ausschlussfrist setzt, die kürzer ist als die nach dem Doppelbuchstaben ff zulässige Frist;	

		ff) (Erleichterung der Verjährung) die Verjährung von Ansprüchen gegen den Verwender wegen eines Mangels in den Fällen des § 438 Abs. 1 Nr. 2 und des § 634a Abs. 1 Nr. 2 erleichtert oder in den sonstigen Fällen eine weniger als ein Jahr betragende Verjährungsfrist ab dem gesetzlichen Verjährungsbeginn erreicht wird;	
Generalklausel			
GEKR	**KlauselRL**	**BGB**	**DCFR**
Art. 83 GEKR **Bedeutung von „unfair" in Verträgen zwischen einem Unternehmer und einem Verbraucher** (1) In einem Vertrag zwischen einem Unternehmer und einem Verbraucher ist eine im Sinne von Art. 7 nicht individuell ausgehandelte, vom Unternehmer gestellte Bestimmung im Sinne dieses Abschnitts unfair, wenn sie entgegen dem Gebot von Treu und Glauben und des redlichen Geschäftsverkehrs in Bezug auf die vertraglichen Rechte und Verpflichtungen der Vertragsparteien ein erhebliches Ungleichgewicht zu Lasten des Verbrauchers herstellt.	Art. 3 Klausel-RL (1) Eine Vertragsklausel, die nicht im Einzelnen ausgehandelt wurde, ist als mißbräuchlich anzusehen, wenn sie entgegen dem Gebot von Treu und Glauben zum Nachteil des Verbrauchers ein erhebliches und ungerechtfertigtes Mißverhältnis der vertraglichen Rechte und Pflichten der Vertragspartner verursacht. Art. 4 Klausel-RL Die Mißbräuchlichkeit einer Vertragsklausel wird unbeschadet des Art. 7 unter Berücksichtigung der Art der Güter oder Dienstleistungen, die Gegenstand des Vertrages sind, aller	§ 307 BGB **Inhaltskontrolle** (1) Bestimmungen in Allgemeinen Geschäftsbedingungen sind unwirksam, wenn sie den Vertragspartner des Verwenders entgegen den Geboten von Treu und Glauben unangemessen benachteiligen. Eine unangemessene Benachteiligung kann sich auch daraus ergeben, dass die Bestimmung nicht klar und verständlich ist. (2) Eine unangemessene Benachteiligung ist im Zweifel anzunehmen, wenn eine Bestimmung mit wesentlichen Grundgedanken der gesetzlichen	II-9:403 DCFR **Bedeutung von „unfair" in Verträgen zwischen Unternehmer und Verbraucher** In einem Vertrag zwischen einem Unternehmer und einem Verbraucher ist eine Bestimmung [die nicht im Einzelnen ausgehandelt worden ist] im Sinne dieses Abschnitts unfair, wenn sie durch den Unternehmer gestellt wird und den Verbraucher entgegen dem Gebot von Treu und Glauben und des redlichen Geschäftsverkehrs wesentlich benachteiligt. II.-9:407 DCFR **Bei der Beurteilung der Unfairness zu berücksichtigende Faktoren**

(2) Bei der Prüfung der Unfairness einer Vertragsbestimmung für die Zwecke dieses Abschnitts ist Folgendes zu berücksichtigen: a) Die Erfüllung der dem Unternehmer obliegenden Pflicht zur Transparenz gemäß Art. 82, b) Das Wesen des Vertragsgegenstands, c) Die Umstände des Vertragsschlusses, d) Die übrigen Bestimmungen des Vertrags und e) Die Bestimmungen sonstiger Verträge, von denen der Vertrag abhängt.	den Vertragsabschluss begleitenden Umstände sowie aller anderen Klauseln desselben Vertrages oder eines anderen Vertrages, von dem die Klausel abhängt, zum Zeitpunkt des Vertragsabschlusses beurteilt.	Regelung, von der abgewichen wird, nicht zu vereinbaren ist oder wesentliche Rechte oder Pflichten, die sich aus der Natur des Vertrags ergeben, so einschränkt, dass die Erreichung des Vertragszwecks gefährdet ist. (3) Die Absätze 1 und 2 sowie die §§ 308 und 309 gelten nur für Bestimmungen in Allgemeinen Geschäftsbedingungen, durch die von Rechtsvorschriften abweichende oder diese ergänzende Regelungen vereinbart werden. Andere Bestimmungen können nach Absatz 1 Satz 2 in Verbindung mit Absatz 1 Satz 1 unwirksam sein. § 310 BGB (3) Bei Verträgen zwischen einem Unternehmer und einem Verbraucher (Verbraucherverträge) finden die Vorschriften dieses Abschnitts mit folgenden Maßgaben Anwendung: bei der Beurteilung der unangemessenen Benachteiligung nach § 307 Abs. 1 und 2 sind auch die den Vertragsschluss begleitenden Umstände zu berücksichtigen.	(1) Bei der Beurteilung der Unfairness einer Vertragsbestimmung für Zwecke dieses Abschnitts sind die Transparenzpflicht gemäß II.-9:402 (Pflicht zur Transparenz nicht im Einzelnen ausgehandelter Bestimmungen), die Art der nach dem Vertrag zu erbringenden Leistungen, die den Vertragsschluss begleitenden Umstände, die anderen Bestimmungen des Vertrages oder eines anderen Vertrages, von dem der Vertrag abhängt, zu beachten. (2) Für die Zwecke des II.-9:403 (Bedeutung von „unfair" in Verträgen zwischen Unternehmer und Verbraucher) schließen die den Vertragsschluss begleitenden Umstände das Ausmaß ein, in welchem dem Verbraucher die tatsächliche Möglichkeit gegeben wurde, sich mit der Bestimmung vor Vertragsschluss vertraut zu machen

Rechtsfolgen

GEKR	KlauselRL	BGB	DCFR
Art. 79 GEKR **Wirkung unfairer Vertragsbestimmungen** (1) Eine von einer Partei gestellte Vertragsbestimmung, die unfair im Sinne der Abschnitte 2 und 3 dieses Kapitels ist, ist für die andere Partei nicht bindend. (2) Wenn der Vertrag ohne die unfaire Bestimmung Bestand haben kann, bleiben die übrigen Bestimmungen verbindlich.	Art. 6 Klausel-RL (1) Die Mitgliedstaaten sehen vor, daß mißbräuchliche Klauseln in Verträgen, die ein Gewerbetreibender mit einem Verbraucher geschlossen hat, für den Verbraucher unverbindlich sind, und legen die Bedingungen hierfür in ihren innerstaatlichen Rechtsvorschriften fest; sie sehen ferner vor, daß der Vertrag für beide Parteien auf derselben Grundlage bindend bleibt, wenn er ohne die mißbräuchlichen Klauseln bestehen kann. (2) Die Mitgliedstaaten treffen die erforderlichen Maßnahmen, damit der Verbraucher den durch diese Richtlinie gewährten Schutz nicht verliert, wenn das Recht eines Drittlands als das auf den Vertrag anzuwendende Recht gewählt wurde und der Vertrag einen engen Zusammenhang mit dem Gebiet der Mitgliedstaaten aufweist.	§ 306 BGB **Rechtsfolgen bei Nichteinbeziehung und Unwirksamkeit** (1) Sind Allgemeine Geschäftsbedingungen ganz oder teilweise nicht Vertragsbestandteil geworden oder unwirksam, so bleibt der Vertrag im Übrigen wirksam. (2) Soweit die Bestimmungen nicht Vertragsbestandteil geworden oder unwirksam sind, richtet sich der Inhalt des Vertrags nach den gesetzlichen Vorschriften. (3) Der Vertrag ist unwirksam, wenn das Festhalten an ihm auch unter Berücksichtigung der nach Absatz 2 vorgesehenen Änderung eine unzumutbare Härte für eine Vertragspartei darstellen würde.	II.-9:408 DCFR **Wirkungen unfairer Bestimmungen** (1) Eine Bestimmung, die im Sinne dieses Abschnitts unfair ist, ist für die Partei, die sie nicht gestellt hat, nicht verbindlich. (2) Wenn der Vertrag in angemessener Weise ohne die unfaire Bestimmung Bestand haben kann, bleiben die übrigen Bestimmungen für die Parteien verbindlich

Quellenverzeichnis

Abels, Michael
Die Lieferkette im unternehmerischen Bereich - gibt es dafür angemessene Regelungen im BGB? in: Abels, Michael/Lieb, Manfred (Hrsg.), AGB im Wirtschaftsverkehr, Baden-Baden 2011, S. 27–38
(zitiert: *Abels* in: Abels/Lieb, AGB im Wirtschaftsverkehr).

Alpmann & Schmidt Juristische Lehrgänge/F. A. Brockhaus (Hrsg.)
Fachlexikon Recht, 2. Auflage, Münster, Mannheim 2005.

Augenhofer, Susanne
Aktuelle Entwicklungstendenzen im Europäischen Verbraucherrecht in: Augenhofer, Susanne (Hrsg.), Verbraucherrecht im Umbruch, Tübingen 2012, S. 1–30
(zitiert: *Augenhofer* in: Augenhofer, Verbraucherrecht im Umbruch).

Ayad, Patrick/Schnell, Sebastian
Gemeinsames Europäisches Kaufrecht – für Unternehmen attraktiv?, BB 2012, 1487-1495.

Balthasar, Stephan
Das Gemeinsame Europäische Kaufrecht, RIW 2012, S. 361–369.

Basedow, Jürgen
The Optional Instrument of European Contract Law: Opting-in through Standard Terms, ERCL 2012, S. 82–87.

Billen, Gerd
Suchen die Verbraucherschützer denn nur das Haar in der Suppe? in: Hahn, Jörg-Uwe (Hrsg.), Gemeinsames Europäisches Kaufrecht, München 2012, S. 63–67
(zitiert: *Billen* in: Hahn, Gemeinsames Europäisches Kaufrecht).

Brönneke, Tobias
Widerrufsrecht und Belehrungspflichten, Rechtsdogmatische Analyse und rechtspolitische Vorschläge, Baden-Baden 2009.

Budde, Robert / Eckhoff, Lars
Rechtssicherheit und Verringerung der Transaktionskosten? Das GEKR aus dem Blickwinkel der Praxis in: Hahn, Jörg-Uwe (Hrsg.), Gemeinsames Europäisches Kaufrecht, München 2012, S. 113–132
(zitiert: *Budde/Eckhoff* in: Hahn, Gemeinsames Europäisches Kaufrecht).

Bundesrechtsanwaltskammer
Stellungnahme Nr. 38/2011, 2011,<http://www.brak.de/zur-rechtspolitik/stellungnahmen-pdf/stellungnahmen-europa/2011/juni/stellungnahme-der-brak-2011-38.pdf>, besucht am 03.09.2013,12.51 Uhr
(zitiert: BRAK, Stellungnahme Nr. 38/2011).

Stellungnahme Nr. 2/2012, 2012,<http://www.brak.de/zur-rechtspolitik/stellungnahmen-pdf/stellungnahmen-deutschland/2012/januar/stellungnahme-der-brak-2012-02.pdf>, besucht am 03.09.2013, 12.52 Uhr
(zitiert: BRAK, Stellungnahme Nr. 2/2012).

Stellungnahme Nr. 15/2012, 2012,<http://www.brak.de/zur-rechtspolitik/stellungnahmen-pdf/stellungnahmen-deutschland/2012/april/stellungnahme-der-brak-2012-15.pdf>, besucht am 03.09.2013, 12.53 Uhr
(zitiert: BRAK, Stellungnahme Nr. 15/2012).

Bundesverband der Deutschen Industrie
Stellungnahme zum Vorschlag für eine Verordnung über das Gemeinsame Europäische Kaufrecht,<http://www.bdi.eu/download_content/RechtUndOeffentlichesAuftragswesen/Stn_GB_D485.pdf>, besucht am 03.09.2013, 12.53 Uhr
(zitiert: BDI, Stellungnahme D0485).

Busch, Christoph
Die aufgeklärte Entscheidung? in: Gebauer, Martin (Hrsg.), Gemeinsames Europäisches Kaufrecht, München 2013, S. 89–101
(zitiert: *Busch* in: Gebauer, Gemeinsames Europäisches Kaufrecht).

Conte, Guiseppe
The Proposed Regulation on a Common European Sales Law - An Italian Perspective in: Alpa, Guido/Conte, Guiseppe/Perfetti, Ubaldo/von Westphalen, Friedrich (Hrsg.), The proposed Common European Sales Law - the lawyers view, München 2013, S. 61–78
(zitiert: *Conte* in: Alpa et al., Proposed Common European Sales Law).

Creifelds, Carl (Begr.)/Weber, Klaus (Hrsg.)
Rechtswörterbuch, 21. Auflage, München 2013.

Damm, Reinhard
Europäisches Verbrauchervertragsrecht und AGB-Recht; JZ 1994, S. 161–178.

Dauses, Manfred A.
Handbuch des EU-Wirtschaftsrechts, 34. Ergänzungslieferung, München 2014
(zitiert: Dauses/*Verfasser*, EU-Wirtschaftsrecht).

De Cristofaro, Giovanni
"Invalidity" of Contracts and Contract Terms in the Feasibility Study on a Future Instrument for European Contract Law in: Schulze, Reiner/Stuyck, Jules (Hrsg.), Towards a European contract law, München 2011, S. 97–120
(zitiert: *De Cristofaro* in: Schulze/Stuyck, Towards a European contract law).

Deutscher Anwaltsverein
Stellungnahme des Deutschen Anwaltvereins durch den Ausschuss „Europäisches Vertragsrecht" zum VORSCHLAG FÜR EINE VERORDNUNG DES EUROPÄISCHEN PARLAMENTS UND DES RATES über ein Gemeinsames Europäisches Kaufrecht, Nr. 39/2012, 2012,<http://www.anwaltverein.de/downloads/stellungnahmen/12-04-24-Stellungnahme-Europaeisches-Kaufrecht-endgueltig-ohne-Logo.pdf>, besucht am 03.09.2013, 12.54 Uhr
(zitiert: DAV, Stellungnahme Nr. 39/2012).

Deutscher Bundesrat
Drucksache 274/12 vom 01.03.2013, Beschluss des Bundesrats, 2013, <http://dipbt.bundestag.de/dip21/brd/2012/0274-12B.pdf>, besucht am 03.09.2013, 12.54 Uhr
(zitiert: Deutscher Bundesrat, BR-Drs. 274/12).

Drucksache 7/3919 vom 06.08.1975, Gesetzentwurf der Bundesregierung, Entwurf eines Gesetzes zur Regelung des Rechts der Allgemeinen Geschäftsbedingungen (AGB-Gesetz), 1975, <http://dip21.bundestag.de/dip21/btd/07/039/0703919.pdf>, besucht am 03.09.2013, 12.55 Uhr
(zitiert: Deutscher Bundestag, BT-Drs. 7/3919).

Drucksache 7/5422 vom 23.06.1976, Bericht des Rechtsausschusses (6. Ausschuss) zu dem von den Abgeordneten Vogel, Thürk, Frau Will-Feld, Dr. Wittmann, Erhard, Picard, Frau Schleicher und der Fraktion der CDU/CSU eingebrachten Entwurf eines Gesetzes über Allgemeine Geschäftsbedingungen (GAGB) – Drucksachen 7/3200, 7/5412 -, zu dem von der Bundesregierung eingebrachten Entwurf eines Gesetzes über die Regelung des Rechts der Allgemeinen Geschäftsbedingungen (AGB-Gesetz) – Drucksachen 7/3919, 7/5412 -, 1976, <http://dip21.bundestag.de/dip21/btd/07/054/0705422.pdf>, besucht am 03.09.2013, 12.55 Uhr
(zitiert: Deutscher Bundestag, BT-Drs. 7/5422).

Drucksache 17/8000 vom 30.11.2011, Beschlussempfehlung und Bericht des Rechtsausschusses (6. Ausschuss) zu der Unterrichtung – Drucksache 17/7713 Nr. A.5 –, 2011,<http://dipbt.bundestag.de/dip21/btd/17/080/1708000.pdf>, besucht am 03.09.2013, 12.56 Uhr
(zitiert: Deutscher Bundestag, BT-Drs. 17/8000).

Docekal, Ulrike
Das Gemeinsame Europäische Kaufrecht – Anmerkungen aus Verbrauchersicht in: Wendehorst, Christiane/Zöchling-Jud, Brigitta (Hrsg.), Am Vorabend eines Gemeinsamen Europäischen Kaufrechts, Zum Verordnungsentwurf der Europäischen Kommission vom 11.10.2011, Wien 2012, S. 297-317
(zitiert: *Docekal* in: Wendehorst/Zöchling-Jud, Am Vorabend eines Gemeinsamen Europäischen Kaufrechts).

Ebers, Martin
Die Kontrolle unfairer Vertragsbestimmungen im Kommissionsvorschlag für ein Optionales Kaufrecht in: EWeRK e.V. (Hrsg.), Festgabe für Hans-Peter Schwintowski, Baden-Baden 2012, S. 43–73
(zitiert: *Ebers* in: EWeRK e.V., Festgabe H.-P. Schwintowski).

C. Klausel-Richtlinie (93/13) in: Schulte-Nölke, Hans(Hrsg.)/Twigg-Flesner, Christian(Hrsg.)/Ebers, Martin (Hrsg.), EG-Verbraucherrechtskompendium – Rechtsvergleichende Studie, Bielefeld 2007, <http://ec.europa.eu/consumers/cons_int/safe_shop/acquis/comp_analysis_de.pdf>, besucht am 03.09.2013, 12.57 Uhr, S. 356-459
(zitiert:*Ebers* in: Schulte-Nölke/Twigg-Flesner/Ebers, EG-Verbraucherrechtskompendium).

Eidenmüller, Horst
Privatautonomie, Verteilungsgerechtigkeit und das Recht des Vertragsschlusses im DCFR in: Schulze, Reiner(Hrsg.)/von Bar, Christian(Hrsg.)/Schulte-Nölke, Hans (Hrsg.), Der akademische Entwurf für einen Gemeinsamen Referenzrahmen, Tübingen 2008, S. 73–96
(zitiert: *Eidenmüller* in: Schulze/von Bar/Schulte-Nölke, Der akademische Entwurf für einen Gemeinsamen Referenzrahmen).

Eidenmüller, Horst/Jansen, Nils/Kieninger, Eva-Maria/Wagner, Gerhard/Zimmermann, Reinhard
Der Vorschlag für eine Verordnung über ein Gemeinsames Europäisches Kaufrecht, JZ 2012, S. 269–289.
Erman, Walter (Begr.)/Westermann, Peter/Grunewald, Barbara/Maier-Reimer, Georg (Hrsg.)

Bürgerliches Gesetzbuch Handkommentar mit AGG, EGBGB (Auszug), ErbbauRG, LPartG, ProdHaftG, UKlaG, VBVG, VersAusglG und WEG, 13. Auflage, Köln 2011
(zitiert: Erman/*Verfasser*, BGB).

Ernst, Gundula
Vertragsschluss im Internet unter besonderer Berücksichtigung der E-Commerce-Richtlinie, Hamburg 2007
(zitiert: *Ernst*, Vertragsschluss im Internet).

Ernst, Wolfgang
Das AGB-Recht des Gemeinsamen Europäischen Kaufrechts in: Remien, Oliver(Hrsg.)/Herrler, Sebastian(Hrsg.)/Limmer, Peter (Hrsg.), Gemeinsames Europäisches Kaufrecht für die EU?, München 2012, S. 93–106
(zitiert: *Ernst* in: Remien/Herrler/Limmer, Gemeinsames Europäisches Kaufrecht).

Europäische Kommission
Commission Staff Working Paper, Report on the outcome of the public consultation on the Green Paper on the Review ofthe Consumer Acquis, 2007, <http://ec.europa.eu/consumers/cons_int/safe_shop/acquis/acquis_working_doc.pdf>,besucht am 03.09.2013, 12.57 Uhr
(zitiert: Europäische Kommission, Commission Staff Working Paper).

Green Paper on the Revision of the Consumer Acquis, COM (2006) 744, 2007, <http://eur-lex.europa.eu/LexUriServ/LexUriServ.do?uri=COM:2006:0744:FIN:en:PDF>, besucht am 03.09.2013, 12.58 Uhr.

Europäischer Wirtschafts- und Sozialausschuss
STELLUNGNAHME des Europäischen Wirtschafts- und Sozialausschusses zu dem „Vorschlag für eine Verordnung des Europäischen Parlaments und des Rates über ein Gemeinsames Europäisches Kaufrecht“ COM(2011) 635 final – 2011/0284 (COD) und der „Mitteilung der Kommission an das Europäische Parlament, den Rat, den Europäischen Wirtschafts- und Sozialausschuss und den Ausschuss der Regionen: Ein Gemeinsames Europäisches Kaufrecht zur Erleichterung grenzübergreifender Geschäfte im Binnenmarkt“ COM(2011) 636 final, 2012,<http://eescopinions.eesc.europa.eu/eescopiniondocument.aspx?language=de&docnr=800&year=2012>, besucht am 03.09.2013, 12.58 Uhr
(zitiert: Europäischer Wirtschafts- und Sozialausschuss, Stellungnahme).

Europäisches Parlament
In der Sitzung vom Mittwoch, 26. Februar 2014 angenommene Texte Teil 3, P7_TA-PROV(2014)02-26, Vorläufige Ausgabe, PE 526.539, Oral P7_TA-PROV (2014) 0159, S. 87-201, 2014 <http://www.europarl.europa.eu/sides/getDoc.

do?pubRef=-//EP//NONSGML+TA+20140226+SIT-03+DOC+WORD+V0//DE&language=DE>, besucht am 23.03.2014, 21.08 Uhr
(zitiert: Europäisches Parlament, Angenommene Texte, PE 526.539, Oral P7_TA-PROV (2014) 0159).

Faust, Florian
Regressfalle Lieferkette in: Abels, Michael/Lieb, Manfred (Hrsg.), AGB im Wirtschaftsverkehr, Baden-Baden 2011, S. 39–54
(zitiert: *Faust* in: Abels/Lieb, AGB im Wirtschaftsverkehr).

Gabler Verlag
Gabler Kompakt-Lexikon Wirtschaft, 11. Auflage, Wiesbaden 2013.

Grigoleit, Hans Christoph
Öffentliche Anhörung des BT-Rechtsausschusses (21.11.2011) Vorschlag der EU-Kommission für ein Gemeinsames Europäisches Kaufrecht KOM(2011) 635 – KOM(2011) 636 Schriftliche Vorab-Stellungnahme (17.11.2011), 2011,<http://www.bundestag.de/bundestag/ausschuesse17/a06/anhoerungen/archiv/16_Europaeisches_Kaufrecht/04_Stellungnahmen/Stellungnahme_Grigoleit.pdf>, besucht am 03.09.2013, 12.59 Uhr
(zitiert: *Grigoleit* in: Schriftliche Vorab-Stellungnahme).

Der Entwurf für ein Gemeinsames Europäisches Kaufrecht: Funktionsbedingungen, EU-Kompetenz und Perspektiven in: Remien, Oliver/Herrler, Sebastian/Limmer, Peter (Hrsg.), Gemeinsames Europäisches Kaufrecht für die EU?, München 2012, S. 67–85
(zitiert: *Grigoleit* in: Remien/Herrler/Limmer, Gemeinsames Europäisches Kaufrecht).

Gsell, Beate
Der Verordnungsentwurf für ein Gemeinsames Europäisches Kaufrecht und die Problematik seiner Lücken in: Remien, Oliver/Herrler, Sebastian/Limmer, Peter (Hrsg.), Gemeinsames Europäisches Kaufrecht für die EU?, München 2012, S. 145–159
(zitiert: *Gsell* in: Remien/Herrler/Limmer, Gemeinsames Europäisches Kaufrecht).

Interne und externe Lücken des GEK in: Gebauer, Martin (Hrsg.), Gemeinsames Europäisches Kaufrecht, München 2013, S. 105–127
(zitiert: *Gsell* in: Gebauer, Gemeinsames Europäisches Kaufrecht).

Harłacz, Ewa
Die Bedeutung Allgemeiner Geschäftsbedingungen im Handelsverkehr zwischen Deutschland und Polen nach dem Beitritt Polens zur Europäischen Union, Jena 2012
(zitiert: *Harłacz*, Bedeutung Allgemeiner Geschäftsbedingungen).

Hellwege, Phillip
Allgemeines Vertragsrecht und „Rechtsgeschäfts"-lehre im Draft Common Frame of Reference (DCFR), AcP (211) 2011, S. 665–702.

Herresthal, Carsten
Zur Dogmatik und Methodik des Gemeinsamen Europäischen Kaufrechts nach dem Vorschlag der Kaufrechts-Verordnung in: Schulte-Nölke, Hans/Zoll, Fryderyk/Jansen, Nils/Schulze, Reiner (Hrsg.), Der Entwurf für ein optionales europäisches Kaufrecht, München 2012, S. 85–149
(zitiert: *Herresthal* in: Schulte-Nölke et al., Entwurf für ein optionales europäisches Kaufrecht).

Hesselink, Martijn/Loos, Marco B. M.
Unfair contract terms in B2C contracts, 2012,<http://www.europarl.europa.eu/document/activities/cont/201205/20120530ATT46066/20120530ATT46066EN.pdf>, besucht am 03.09.2013, 12.59 Uhr
(zitiert: *Hesselink/Loos*, Unfair contract terms in B2C contracts).

Hommelhoff, Peter/Wiedenmann, Kai-Udo
Allgemeine Geschäftsbedingungen gegenüber Kaufleuten und unausgehandelte Klauseln in Verbraucherverträgen, ZIP 1993, S. 562–572.

Jaeger, Thomas
Inhaltliche und methodische Vollständigkeit des Vorschlags für ein Gemeinsames Europäisches Kaufrecht, RabelsZ 77 (2013), 465-503.

Jansen, Nils
Klauselkontrolle im europäischen Privatrecht, ZEuP 2010, S. 69–106.
Klauselkontrolle in: Eidenmüller, Horst/Faust, Florian/Grigoleit, Hans-Christoph/Jansen, Nils/Wagner, Gerhard/Zimmermann, Reinhard (Hrsg.), Revision des Verbraucher-acquis, Tübingen 2011, S. 53–107
(zitiert: *Jansen* in: Eidenmüller et al., Revision des Verbraucher-acquis).

Jauernig, Othmar (Hrsg.)
Bürgerliches Gesetzbuch Kommentar, 14. Auflage, München 2011
(zitiert: Jauernig/*Verfasser*, BGB).

Kamphausen, Brigitte
Das geplante Gemeinsame Europäische Kaufrecht aus der Sicht der richterlichen Praxis in: Hahn, Jörg-Uwe (Hrsg.), Gemeinsames Europäisches Kaufrecht, München 2012, S. 167–185
(zitiert: *Kamphausen* in: Hahn, Gemeinsames Europäisches Kaufrecht).

Kieninger, Eva-Maria
Die Vollharmonisierung des Rechts der Allgemeinen Geschäftsbedingungen - eine Utopie?, RabelsZ (73) 2009, S. 793–817.

Knapp, Andreas
Europarecht und Vertragsgestaltung, Baden-Baden, München 2011
(zitiert: *Knapp*, Europarecht und Vertragsgestaltung).

Kötz, Hein
Der Schutzzweck der AGB-Kontrolle, JuS 2003, S. 209–214.

Lehmann, Matthias
Dogmatische Konstruktion der Einwahl in das EU-Kaufrecht (2., 28. oder integriertes Regime) und die praktischen Folgen in: Gebauer, Martin (Hrsg.), Gemeinsames Europäisches Kaufrecht, München 2013, S. 67–88
(zitiert: *Lehmann* in: Gebauer, Gemeinsames Europäisches Kaufrecht).

Leible, Stefan
Der räumlich-persönliche Anwendungsbereich des Gemeinsamen Europäischen Kaufrechts in: Remien, Oliver/Herrler, Sebastian/Limmer, Peter (Hrsg.), Gemeinsames Europäisches Kaufrecht für die EU?, München 2012, S. 21–33
(zitiert: *Leible* in: Remien/Herrler/Limmer, Gemeinsames Europäisches Kaufrecht).

Leyens, Patrick C./Schäfer, Hans-Bernd
Inhaltskontrolle allgemeiner Geschäftsbedingungen, AcP (210) 2010, S. 771–803.

Loos, Marco B. M.
Standard Contract Terms Regulation in the Proposal for a Common European Sales Law - Comment to Nils Jansen -, ZEuP 2012, 776-796.

Looschelders, Dirk/Makowsky, Mark
Inhalt und Wirkungen von Verträgen, Schmidt-Kessel, Martin (Hrsg.), Ein einheitliches europäisches Kaufrecht?, München 2012, S. 227–254
(zitiert: *Looschelders/Makowsky* in: Schmidt-Kessel, Einheitliches europäisches Kaufrecht?).

Maier-Reimer, Georg
The Common European Sales Law - A German Perspective on the CESL in: Alpa, Guido/Conte, Guiseppe/Perfetti, Ubaldo/von Westphalen, Friedrich (Hrsg.), The proposed Common European Sales Law - the lawyers view, München 2013, S. 79–92
(zitiert: *Maier-Reimer* in: Alpa et al., Proposed Common European Sales Law).

Mankowski, Peter
CESL - who needs it?, IHR 2012, S. 45–53:
Der Vorschlag für ein Gemeinsames Europäisches Kaufrecht (CESL) und das Internationale Privatrecht, RIW 2012, S. 97–105.

Maultzsch, Felix
Art. 58 - 65: Auslegung in: Schmidt-Kessel, Martin (Hrsg.), Ein einheitliches europäisches Kaufrecht?, München 2012, S. 203–226
(zitiert: *Maultzsch* in: Schmidt-Kessel, Einheitliches europäisches Kaufrecht?).

Mazeud, Denis
Unfairness and Non-negotiated Terms in: Schulze, Reiner(Hrsg.)/Stuyck, Jules (Hrsg.), Towards a European contract law, München 2011, S. 123–129
(zitiert: *Mazeaud* in: Schulze/Stuyck, Towards a European contract law).

McMeel, Gerard
Unfair Contract Terms Provisions in CESL, 2012,<http://www.europarl.europa.eu/document/activities/cont/201205/20120530ATT46060/20120530ATT46060EN.pdf>, besucht am 03.09.2013, 13.00 Uhr
(zitiert: *McMeel*, Unfair Contract Terms Provisions).

Miethaner, Tobias
AGB-Kontrolle versus Individualvereinbarung, Tübingen 2010
(zitiert: *Miethaner*, AGB-Kontrolle vs. Individualvereinbarung).

Moser, Claudia
Der Kommissionsvorschlag für eine Verordnung über ein Gemeinsames Europäisches Kaufrecht in:Remien, Oliver/Herrler, Sebastian/Limmer, Peter (Hrsg.), Gemeinsames Europäisches Kaufrecht für die EU?, München 2012, S. 7–13
(zitiert: *Moser* in: Remien/Herrler/Limmer, Gemeinsames Europäisches Kaufrecht).

Möslein, Florian
Kontrolle vorformulierter Vertragsklauseln in: Schmidt-Kessel, Martin (Hrsg.), Ein einheitliches europäisches Kaufrecht?, München 2012, S. 255–286
(zitiert: *Möslein* in: Schmidt-Kessel, Einheitliches europäisches Kaufrecht?).

Müller-Graff, Peter-Christian
Der Introitus des optionalen Europäischen Kaufrechts: Das erste Kapitel im Kontext von Kodifikationskonzept und Primärrecht in: Schmidt-Kessel, Martin (Hrsg.), Ein einheitliches europäisches Kaufrecht?, München 2012, S. 30–86

(zitiert: *Müller-Graff* in: Schmidt-Kessel, Einheitliches europäisches Kaufrecht?).

Münchener Kommentar zum Bürgerlichen Gesetzbuch
Säcker, Franz-Jürgen/Rixecker, Roland (Hrsg.)
Münchener Kommentar zum Bürgerlichen Gesetzbuch, Band 2, Schuldrecht, Allgemeiner Teil, §§ 241, 432, 6. Auflage, München 2012
(zitiert: MüKo/*Verfasser*, BGB).

Nebbia, Paolisa
Unfair contract terms in European law, Oxford, Portland, Oregon 2007
(zitiert: *Nebbia,* Unfair contract terms).

Niebling, Jürgen
Allgemeine Geschäftsbedingungen, 9. Auflage, Stuttgart u.a. 2011
(zitiert: *Niebling*, Allgemeine Geschäftsbedingungen).

Pachl, Ursula/Reyna, Agustín
Unfair contract terms in business-to-consumer contracts in the proposed Common European Sales Law: BEUC's viewpoint, 2012, <http://www.europarl.europa.eu/document/activities/cont/201205/20120530ATT46064/20120530ATT46064EN.pdf>, besucht am 03.09.2013, 13.00 Uhr
(zitiert: *Pachl/Reyna,* Unfair contract terms).

Palandt, Otto (Begr.)
Bürgerliches Gesetzbuch mit Nebengesetzen, 72. Auflage, München 2013
(zitiert: Palandt/*Verfasser*, BGB).

Palige, Dirk
Das Gemeinsame Europäische Kaufrecht aus Sicht der Praxis in: Hahn, Jörg-Uwe (Hrsg.), Gemeinsames Europäisches Kaufrecht, München 2012, S. 149–155
(zitiert: *Palige* in: Hahn, Gemeinsames Europäisches Kaufrecht).

Peck, Elke
Stellungnahme der Wirtschaftskammer Österreich in: Wendehorst, Christiane/Zöchling-Jud, Brigitta (Hrsg.), Am Vorabend eines Gemeinsamen Europäischen Kaufrechts, Zum Verordnungsentwurf der Europäischen Kommission vom 11.10.2011, Wien 2012, S. 289-296
(zitiert: *Peck* in: Wendehorst/Zöchling-Jud, Am Vorabend eines Gemeinsamen Europäischen Kaufrechts).

Perfetti, Ubaldo

Draft Optional Regulation on a Common European Sales Law - First Considerations in: Alpa, Guido/Conte, Guiseppe/Perfetti, Ubaldo/von Westphalen,

Friedrich (Hrsg.), The proposed Common European Sales Law - the lawyers view, München 2013, S. 49–57
(zitiert: *Perfetti* in: Alpa et al., Proposed Common European Sales Law).

Perner, Stefan
Zum Anwendungsbereich des Gemeinsames Europäischen Kaufrechts (Art 1 – Art 16 VO-Entwurf) in: Wendehorst, Christiane(Hrsg.)/Zöchling-Jud, Brigitta (Hrsg.), Am Vorabend eines Gemeinsamen Europäischen Kaufrechts, Zum Verordnungsentwurf der Europäischen Kommission vom 11.10.2011, Wien 2012, S. 21-40
(zitiert: *Perner* in: Wendehorst/Zöchling-Jud, Am Vorabend eines Gemeinsamen Europäischen Kaufrechts).

Pfeiffer, Thomas
Non-negotiated terms in: Schulze, Reiner (Hrsg.), Common Frame of Reference and Existing EC Contract Law, München 2008, S. 177–185
(zitiert: *Pfeiffer* in: Schulze, Common Frame of Reference).

Unfaire Vertragsbestimmungen, ERPL 2011 (6), 835-853.

Von den Principles of European Contract Law zum Draft Common Frame of Reference, ZEuP 2008, S. 679–707.

Ranieri, Filippo
Europäisches Obligationenrecht, 3. Auflage, Wien 2009
(zitiert: *Ranieri*, Europäisches Obligationenrecht).
Rechtsausschuss des Europäischen Parlaments
2011/0284(COD), ***I Bericht über den Vorschlag für eine Verordnung des Europäischen Parlaments und des Rates über ein Gemeinsames Europäisches Kaufrecht PE505.998v03-00, 2013 <http://www.europarl.europa.eu/sides/getDoc.do?pubRef=-//EP//NONSGML+REPORT+A7-2013-0301+0+-DOC+PDF+V0//DE>, besucht am 23.03.2014, 20.54 Uhr.
(zitiert: Rechtsausschuss des Europäischen Parlaments, Bericht PE505.998).

2011/0284(COD), ***I Entwurf eines Berichts über den Vorschlag für eine Verordnung des Europäischen Parlaments und des Rates über ein Gemeinsames Europäisches Kaufrecht PE505.998v02-00, 2013, <http://www.europarl.europa.eu/sides/getDoc.do?pubRef=-//EP//NONSGML+COMPARL+PE-505.998+02+DOC+PDF+V0//DE&language=DE>, besucht am 03.09.2013, 13.01 Uhr
(zitiert: Rechtsausschuss des Europäischen Parlaments, Entwurf eines Berichts PE505.998).

2011/0284(COD), Änderungsanträge 206-531 PE510.560v01-00,<http://www.europarl.europa.eu/sides/getDoc.do?pubRef=-%2f%2fEP%2f%2f

NONSGML%2bCOMPARL%2bPE-510.560%2b01%2bDOC%2bPDF%2bV0%2f%2fDE>, besucht am 03.09.2013, 13.01 Uhr
(zitiert: Rechtsausschuss des Europäischen Parlaments, Änderungsanträge 206-531 PE 510.560).

Reding, Viviane
Das optionale Gemeinsame Europäische Kaufrecht in der politischen Diskussion; Hahn, Jörg-Uwe (Hrsg.), Gemeinsames Europäisches Kaufrecht, München 2012, S. 1–7
(zitiert: *Reding* in: Hahn, Gemeinsames Europäisches Kaufrecht).

Reich, Norbert/Micklitz, Hans-Wolfgang
Wie „optional" ist ein „optionales" EU-Vertragsrecht, EWS 2011, S. 113–118.

Roßnagel, Alexander (Hrsg.)
Beck'scher Kommentar zum Recht der Telemediendienste, München 2013
(zitiert: Roßnagel/*Verfasser*, Recht der Telemediendienste).

Schäfer, Hans-Bernd/Leyens, Patrick C.
Judicial Control of Standard Terms and European Private Law in: Larouche, Pierre/Chirico, Filomena (Hrsg.), Economic Analysis of the DCFR, München 2010, S. 97–119
(zitiert: *Schäfer/Leyens* in: Larouche/Chirico, Economic Analysis).

Schäfer, Hans-Bernd/Ott, Claus
Lehrbuch der ökonomischen Analyse des Zivilrechts, 5. Auflage, Berlin, Heidelberg 2012
(zitiert: *Schäfer/Ott,* ökonomische Analyse des Zivilrechts).

Schmidt, Martin
Konkretisierung von Generalklauseln im Europäischen Privatrecht, Berlin 2009
(zitiert: *Schmidt*, Konkretisierung von Generalklauseln).

Schmidt-Kessel, Martin
Anwendungsbereich, Ausgestaltung der Option und andere Fragen zur Verordnung in: Schmidt-Kessel, Martin (Hrsg.), Ein einheitliches europäisches Kaufrecht?, München 2012, S. 29–50
(zitiert: *Schmidt-Kessel,* Einheitliches europäisches Kaufrecht?).

Der Vorschlag der Kommission für ein Optionales Instrument in:-Schmidt-Kessel, Martin (Hrsg.), Ein einheitliches europäisches Kaufrecht?, München 2012, S. 1–27
(zitiert: *Schmidt-Kessel,* Einheitliches europäisches Kaufrecht).

Schomburg, Gerhard
Mehr Verbraucherschutz bei Kosten für Nebenleistungen – Die Regelungen des neuen § 312 a Abs. 2 bis 6 BGB, VuR 2014, 18-23

Schulte-Nölke, Hans
Consumer Protection under the Proposal for a Common European Sales Law, 2012, <http://www.europarl.europa.eu/committees/en/studiesdownload.html?languageDocument=EN&file=79165>, besucht am 03.09.2013, 13.02 Uhr
(zitiert: *Schulte-Nölke*, Consumer Protection).

Schulte-Nölke, Hans/Twigg-Flesner, Christian/Ebers, Martin (Hrsg.)
EG-Verbraucherrechtskompendium – Rechtsvergleichende Studie, Bielefeld 2007, <http://ec.europa.eu/consumers/cons_int/safe_shop/acquis/comp_analysis_de.pdf>, besucht am 03.09.2013, 12.57 Uhr
(zitiert: *Verfasser* in: Schulte-Nölke/Twigg-Flesner/Ebers, EG-Verbraucherrechtskompendium).

Schulze, Reiner (Hrsg.)
Common European Sales Law (CESL), Baden-Baden 2012
(zitiert: Schulze/*Verfasser*, CESL).

Schulze, Reiner/Dörner, Heinrich/Ebert, Ina/Hoeren, Thomas/Kemper, Rainer/Saenger, Ingo/Schreiber, Klaus/Schulte-Nölke, Hans/Staudinger, Ansgar
Bürgerliches Gesetzbuch Handkommentar, 7. Auflage, Baden-Baden 2012
(zitiert: Schulze et al./*Verfasser*, BGB).

Stabentheiner, Johannes,
Der Entwurf für ein Gemeinsames Europäisches Kaufrecht - Charakteristika und rechtspolitische Aspekte, in: Wendehorst, Christiane/Zöchling-Jud, Brigitta (Hrsg.), Am Vorabend eines Gemeinsamen Europäischen Kaufrechts, Zum Verordnungsentwurf der Europäischen Kommission vom 11.10.2011, Wien 2012, S. 3-19
(zitiert: *Stabentheiner* in: Wendehorst/Zöchling-Jud, Am Vorabend eines Gemeinsamen Europäischen Kaufrechts).

Staudenmayer, Dirk
Der Kommissionsvorschlag für eine Verordnung zum Gemeinsamen Europäischen Kaufrecht, NJW 2011, S. 3491–3498.

Vorschlag für eine Verordnung des Europäischen Parlaments und des Rates über ein Gemeinsames Europäisches Kaufrecht, München 2011
(zitiert: *Staudenmayer*, Vorschlag für eine Verordnung über ein GEKR).

Wozu ein Gemeinsames Europäisches Kaufrecht? - Bedarf, Mehrwert und Reichweite in: Hahn, Jörg-Uwe (Hrsg.), Gemeinsames Europäisches Kaufrecht, München 2012, S. 33–37
(zitiert: *Staudenmayer* in: Hahn, Gemeinsames Europäisches Kaufrecht).

Tamm, Marina
Das Gemeinsame Europäische Kaufrecht als optionales Instrument - eine kritische Analyse zur Binnenmarktharmonisierungskompetenz der Kommission, VuR 2012, S. 3–11.

Tamm, Marina (Hrsg.)/Tonner, Klaus (Hrsg.)
Verbraucherrecht, Rechtliches Umfeld, Vertragstypen, Rechtsdurchsetzung, Beratungshandbuch; Baden-Baden 2011
(zitiert: Tamm/Tonner/*Verfasser*, Verbraucherrecht).

Thomas, John
Proposal for a Regulation on a Common European Sales Law: Making the Proposal simpler and more certain, 2012, <http://www.europarl.europa.eu/committees/en/juri/studiesdownload.html?languageDocument=EN&file=79153>, besucht am 03.09.2013, 13.02 Uhr
(zitiert: *Thomas*, Proposal for a Regulation).

Ulmer, Peter/Brandner, Hans Erich/Hensen, Horst-Diether (Hrsg.)
AGB-Recht, Kommentar zu den §§ 305-310 BGB und zum UKlaG, 11. Auflage, Köln 2011
(zitiert: Ulmer/Brandner/Hensen/*Verfasser*, AGB-Recht).

van Gool, Roeland
Die Problematik des Rechts der missbräuchlichen Klauseln und die EG-Richtlinie über missbräuchliche Klauseln in Verbraucherverträgen, Frankfurt am Main 2002
(zitiert: *van Gool*, Problematik des Rechts der missbräuchlichen Klauseln).

Verbraucherzentrale Bundesverband e.V. vzbv
Ein Gemeinsames Europäisches Kaufrecht (Teil I), 2012,<http://www.vzbv.de/cps/rde/xbcr/vzbv/Stellungnahme-vzbv-Gemeinsames-Europaeisches-Kaufrecht-2012-01-13.pdf>, besucht am 03.09.2013, 13.03 Uhr
(zitiert: vzbv, Ein Gemeinsames Europäisches Kaufrecht Teil I).

Ein Gemeinsames Europäisches Kaufrecht (Teil II), 2012,<http://www.vzbv.de/cps/rde/xbcr/vzbv/Gemeinsames_Europaeisches_Kaufrecht-Stellungnahme-vzbv-2012-05-13.pdf>, besucht am 03.09.2013, 13.04 Uhr
(zitiert: vzbv, Ein Gemeinsames Europäisches Kaufrecht Teil II).

von Bar, Christian/Clive Eric (Hrsg),
Principles, Definitions and Model Rules of European Private Law, Full edition, München 2009
(zitiert: *von Bar/Clive,* DCFR).

von Westphalen, Friedrich
Allgemeine Verkaufsbedingungen, 6. Auflage, München 2007
(zitiert: *von Westphalen,* Allgemeine Verkaufsbedingungen).

Auswirkungen auf den Verbraucherschutz in: Hahn, Jörg-Uwe (Hrsg.), Gemeinsames Europäisches Kaufrecht, München 2012, S. 39–61
(zitiert: *von Westphalen* in: Hahn, Gemeinsames Europäisches Kaufrecht).

Das optionale Europäische Kaufrecht, ZIP 2011, S. 1985–1995.

Zu Art 83 und 84 des Entwurfs des Gemeinsamen Europäischen Kaufrechts in: Geimer, Reinhold/Schütze, Rolf A./Garber, Thomas, Europäische und internationale Dimension des Rechts: Festschrift für Daphne-Ariane Simotta, Wien 2012
(zitiert: *von Westphalen* in: Geimer/Schütze/Garber, Europäische und internationale Dimension des Rechts).

Zwingendes Recht vs. Vertragsfreiheit, ZGS 2006, S. 81.

von Westphalen, Friedrich/Thüsing, Gregor (Hrsg.)
Vertragsrecht und AGB-Klauselwerke, 32. EL, München 2013
(zitiert: von Westphalen/Thüsing/*Verfasser,* Vertragsrecht und AGB-Klauselwerke).

Wagner, Gerhard
Zwingendes Vertragsrecht in: Eidenmüller, Horst/Faust, Florian/Grigoleit, Hans-Christoph/Jansen, Nils/Wagner, Gerhard/Zimmermann, Reinhard (Hrsg.), Revision des Verbraucher-acquis, Tübingen 2011, S. 1–52
(zitiert: *Wagner* in: Eidenmüller et al., Revision des Verbraucher-acquis).

Weller, Matthias
Widerrufsrecht bei Fernabsatz- und Haustürgeschäften in: Schmidt-Kessel, Martin (Hrsg.), Ein einheitliches europäisches Kaufrecht?, München 2012, S. 147–177
(*Weller* in: Schmidt-Kessel, Einheitliches europäisches Kaufrecht?).

Wendehorst, Christiane
Regelungen über den Vertragsinhalt (Teil III CESL-Entwurf) in: Wendehorst, Christiane/Zöchling-Jud, Brigitta (Hrsg.), Am Vorabend eines Gemeinsamen

Europäischen Kaufrechts, Zum Verordnungsentwurf der Europäischen Kommission vom 11.10.2011, Wien 2012, S. 87-105
(zitiert: *Wendehorst* in: Wendehorst/Zöchling-Jud, Am Vorabend eines Gemeinsamen Europäischen Kaufrechts).

Wernicke, Stephan/Groß, Christian
Das Gemeinsame Europäische Kaufrecht aus dem Blickwinkel der IHK-Organisation in: Hahn, Jörg-Uwe (Hrsg.), Gemeinsames Europäisches Kaufrecht, München 2012, S. 157–166
(zitiert: *Wernicke/Groß* in: Hahn, Gemeinsames Europäisches Kaufrecht).

Wojcik, Karl-Philipp
Kollisionsrechtliche Einordnung der Wahl des Gemeinsamen Europäischen Kaufrechts und kompetenzrechtliche Überlegungen in: Gebauer, Martin (Hrsg.), Gemeinsames Europäisches Kaufrecht, München 2013, S. 51–65
(zitiert: *Wojcik* in: Gebauer, Gemeinsames Europäisches Kaufrecht).

Zöller, Richard (Begr.)
Zivilprozessordnung mit FamFG (§§ 1-185, 200-270, 433-484) und Gerichtsverfassungsgesetz, den Einführungsgesetzen, mit Internationalem Zivilprozessrecht, EU-Verordnungen, Kostenanmerkungen, Kommentar, 29. Auflage, Köln 2012
(zitiert: Zöller/*Verfasser*, ZPO).

Rechtsprechungsverzeichnis

Amtsgericht Aachen
Urteil vom 30.03.1990 – 81 C 436/89, NJW-RR 1990, 1015-1016.

Bundesgerichtshof
Urteil vom 11.11.1968 – VIII ZR 151/66, NJW 1969, 230-233.
Urteil vom 08.02.1978 – VIII ZR 240/76,NJW 1978, 945-947.
Urteil vom 11.06.1980 – VIII ZR 174/79, NJW 1980, 2518-2519.
Urteil vom 20.01.1983 – VII ZR 105/81, NJW 1983, 1322-1326.
Urteil vom 10.03.1983 – VII ZR 302/82, NJW 1983, 1489-1491.
Urteil vom 23.02.1984 – VII ZR 274/82, NJW 1985, 3016-3018.
Urteil vom 08.03.1984 – IX ZR 144/83, NJW 1984, 1531-1533.
Urteil vom 03.07.1985 - IVa ZR 246/83, NJW-RR 1986, 54, 55.
Urteil vom 06.03.1986 – III ZR 234/84, NJW 1986, 1807-1809.
Urteil vom 26.05.1986 – VIII ZR 218/85, NJW 1986, 3134, 3135.
Urteil vom 28.01.1987 – IVa ZR 173/85, NJW 1987, 1634,-1636.
Urteil vom 09.04.1987 – III ZR 84/86, NJW 1987, 2011-2012.
Urteil vom 20.04.1989 – IX ZR 214/99, NJW-RR 1989, 817-818.
Urteil vom 09.02.1990 – V ZR 200/88, NJW 1990, 1601-1603.
Urteil vom 09.07.1991 – XI ZR 72/90, NJW 1991, 2559-2564.
Urteil vom 20.10.1992 – X ZR 95/90, NJW 1993, 1128-1130.
Urteil vom 04.11.1992 – VIII ZR 235/91, NJW 1993, 326-330.
Urteil vom 11.11.1992 – VIII ZR 238/91, NJW 1993, 335-336.
Urteil vom 02.12.1992 – VIII ARZ 5/92, NJW 1993, 532-533.
Urteil vom 10.12.1992 – I ZR 186/90, NJW 1993, 721-723.
Urteil vom 26.01.1993 – X ZR 90/91, NJW-RR 1993, 560-561.
Urteil vom 17.03.1993 – VIII ZR 180/92, NJW 1993, 1651-1653.
Beschluss vom 19.10.1993 - 1 BvR 567/89 u. a., NJW 1993, 36-39.
Urteil vom 26.01.1994 – VIII ZR 39/93, NJW 1994, 1069-1071.
Urteil vom 30.06.1994 – VII ZR 116/93, NJW 1994, 2825-2827.
Urteil vom 13.07.1994 – IV ZR 107/93, NJW 1994, 2693-2696.
Urteil vom 27.10.1994 – IX ZR 168/93, NJW 1995, 190-192.
Urteil vom 15.02.1995 – VIII ZR 93/94, NJW 1995, 1488-1490.
Urteil vom 30.06.1995 – V ZR 184/94, NJW 1995, 2637-2639.
Urteil vom 07.02.1996 – IV ZR 16/95, NJW 1996, 1676-1678.

Urteil vom 09.05.1996 – III ZR 209/95, NJW-RR 1996, 1009-1010.
Urteil vom 09.05.1996 – VII ZR 259/94, NJW 1996, 2155-2156.
Urteil vom 03.04.1998 – V ZR 6/97, NJW 1998, 2600-2602.
Beschluss vom 24.09.1998 – III ZR 219/97, NJW 1999, 864-865.
Urteil vom 10.03.1999 – VIII ZR 204/98, NJW 1999, 2180-2182.
Urteil vom 24.03.1999 – IV ZR 90/98, NJW 1999, 2279-2284.
Urteil vom 03.11.1999 – VIII ZR 269/98, NJW 2000, S. 1110-1114.
Urteil vom 13.09.2000 – VIII ZR 34/00, NJW 2001, 303-304.
Urteil vom 27.09.2000 – VIII ZR 155/99, NJW 2001, 292-302.
Urteil vom 22.11.2000 - IV ZR 235/99, NJW 2001, 1132-1134.
Urteil vom 16.01.2001 – XI ZR 84/00, NJW 2001, 1416-1417.
Urteil vom 21.02.2001 – IV ZR 11/00, NJW 2001, 3406-3408.
Urteil vom 12.06.2001 – XI ZR 274/00, NJW 2001, 2635-2638.
Urteil vom 18.04.2002 – III ZR 199/01, NJW 2002, 2386-2387.
Urteil vom 18.04.2002 – VII ZR 192/01, NJW 2002, 2388-2389.
Urteil vom 24.09.2002 – KZR 38/99, NJW-RR 2003, 834-836.
Urteil vom 29.11.2002 – V ZR 105/02, NJW 2003, 888-892.
Urteil vom 11.12.2003 – III ZR 118/03, NJW-RR 2004, 780-781.
Urteil vom 01.02.2005 – X ZR 10/04, NJW 2005, 1774-1775.
Urteil vom 21.09.2005 – VIII ZR 38/05, NJW-RR 2005, 1717-1718.
Urteil vom 05.10.2005 – VIII ZR 16/05, NJW 206, 47-51.
Urteil vom 14.06.2006 – I ZR 75/03, NJW 2006, S. 2976-2978.
Urteil vom 08.05.2007 – KZR 14/04, NJW 2007, 3568-3570.
Urteil vom 15.11.2007 – III ZR 247/06, NJW 2008, 360-363.
Urteil vom 05.03.2008 – VIII ZR 95/07, NJW 2008, 1438-1439.
Urteil vom 15.04.2008 – X ZR 126/06, NJW 2008, 2250-2254.
Teilurteil vom 29.04.2008 – KZR 2/07, NJW 2008, 2172-2175.
Urteil vom 09.07.2008 – VIII ZR 181/07, NJW 2008, 2840-2842.
Urteil vom 27.01.10 – VIII ZR 326/08, NJW-RR 2010, 1205-1210.
Urteil vom 04.03.2010 – III ZR 79/09, NJW 2010, 1449-1453.
Urteil vom 18.03.2010 – III ZR 254/09, NJW 2010, 3222-3226.
Urteil vom 11.06.2010 – V ZR 85/09, NJW 2010, 2873-2876.
Urteil vom 15.04.2010 – Xa ZR 89/09, NJW 2010, 2942-2944.

Europäischer Gerichtshof
Urteil vom 27.06.2000, verb. Rs. C-240/98 – C-244/98,NZW 2000, 2571-2573.
Urteil vom 01.04.2004, C-J023/02, BeckEURS 2004, 287601.
Urteil vom 04.06.2009, C-243/08, EuZW 2009, S. 503-505.
Urteil vom 14.06.2012, C-618/10, NJW 2012, 2257-2262.

Kammergericht Berlin
Beschluss vom 20.03.2009 – 9 W 49/09, NJW-RR 2009, 1212-1214.

Oberlandesgericht Celle
Urteil vom 11.08.2004 – 7 U 17/04, NJW-RR 2004, 1645-1647.

Oberlandesgericht Frankfurt am Main
Urteil vom 11.12.2002 – 23 U 185/01, NJW-RR 2003, 704-706.

Oberlandesgericht Hamburg
Beschluss vom 13.11.2006 – 5 W 162/06, NJW 2007, 2264-2266.

Oberlandesgericht Köln
Urteil vom 21.05.1999 – 6 U 122/98, NJW-RR 2001, 198-201.

Oberlandesgericht Naumburg
Urteil vom 11.12.1997 – 3 U 144-96, NJW-RR 1998, 1351.

Rechts- und Rechtserkenntnisquellenverzeichnis

Acquis Principles (ACQP)

Research Group on the Existing EC Private Law (Acquis Group)
Contract I, Pre-contractual obligations, conclusion of contract, unfair terms, München 2007.

Bürgerliches Gesetzbuch (BGB)
Bürgerliches Gesetzbuch in der Fassung der Bekanntmachung vom 2. Januar 2002 (BGBl. I S. 42, 2909, 2003 I S. 738), das durch Artikel 1 des Gesetzes vom 4. Juli 2013 (BGBl. I S. 2176) geändert worden ist.

Draft Common Frame of Reference (DCFR)
vonBar, Christian/Clive, Eric
Principles, Definitions and Model Rules of European Private Law - Draft Common Frame of Reference (DCFR).

Feasibility Study (FS)
A European contract law for consumers and businesses: Publication of the results of the feasibility study carried out by the Expert Group on European contract law for stakeholders' and legal practitioners' feedback, April 2011,<http://ec.europa.eu/justice/contract/files/feasibility_study_final.pdf>, besucht am 03.09.2013, 13.04 Uhr.

Gesetz zur Umsetzung der Verbraucherrechterichtlinie und zur Änderung des Gesetzes zur Regelung der Wohnungsvermittlung (VRRL - UmsG)
Gesetz zur Umsetzung der Verbraucherrechterichtlinie und zur Änderung des Gesetzes zur Regelung der Wohnungsvermittlung in der Fassung der Bekanntmachung vom 20. September 2013 (BGBl. I S. 3643).

Principles of European Contract Law (PECL)
Lando, Ole/Beale, Hugh (Hrsg.)
Principles of European Contract Law, Parts I and II, The Hague 2000.

Richtlinie über missbräuchliche Klauseln (KlauselRL)
Richtlinie 93/13/EWG des Rates vom 5. April 1993 über mißbräuchliche Klauseln in Verbraucherverträgen, ABl. EG Nr. L 95/29.

Richtlinie über Verbraucherrechte (VerbraucherrechteRL)
Richtlinie 2011/83/EU des Europäischen Parlaments und des Rates vom 25. Oktober 2011 über die Rechte der Verbraucher, zur Abänderung der Richtlinie 93/13/EWG des Rates und der Richtlinie 1999/44/EG des Europäischen Parlaments und des Rates sowie zur Aufhebung der Richtlinie 85/577/EWG des Rates und der Richtlinie 97/7/EG des Europäischen Parlaments und des Rates, ABl. L 304/64.

Richtlinie über Verbraucherrechte, Vorschlag
Vorschlag für eine Richtlinie des Europäischen Parlaments und des Rates über Rechte der Verbraucher, KOM(2008) 614 endgültig, Stand 08.10.2008.

UNIDROIT Principles (UNIDROIT PICC)
UNIDROIT International Institute for the Unification of Private Law
UNIDROIT Principles of International Commercial Contracts 2010, 3. Edition, Rome 2010.

UN-Kaufrecht (CISG)
Übereinkommen der Vereinten Nationen über Verträge über den internationalen Warenkauf, 11.04.1980, BGBl. 1989 II S. 588, im Folgenden: CISG.

Verordnung über die gerichtliche Zuständigkeit (EuGVVO)
Verordnung Nr. 44/2001 des Rates vom 22.12.2000 über die gerichtliche Zuständigkeit und die Anerkennung und Vollstreckung von Entscheidungen in Zivil- und Handelssachen, ABl. Nr. L 12, ber. ABl. L 307.

Verordnung über ein Gemeinsames Europäisches Kaufrecht, Entwurf (GEKR-VO)
Entwurf für eine Verordnung des Europäischen Parlaments und des Rates über ein Gemeinsames Europäisches Kaufrecht, KOM (2011) 635 endgültig, Stand 11.10.2011, <http://eur-lex.europa.eu/LexUriServ/LexUriServ.do?uri=COM:2011:0635:FIN:de:PDF>, besucht am 03.09.2013, 13.06 Uhr.

Zivilprozessordnung (ZPO)
Zivilprozessordnung in der Fassung der Bekanntmachung vom 5. Dezember 2005 (BGBl. I S. 3202; 2006 I S. 431; 2007 I S. 1781), die durch Artikel 3 des Gesetzes vom 15. Juli 2013 (BGBl. I S. 2379) geändert worden ist.

www.ingramcontent.com/pod-product-compliance
Ingram Content Group UK Ltd.
Pitfield, Milton Keynes, MK11 3LW, UK
UKHW022100051026
15623UKWH00003B/579

9 783631 654729